我
思

敢于运用你的理智

湖北省公益学术著作
Hubei Special Funds 出版专项资金
for Academic and Public-interest
Publications

沉沦与拯救

克尔凯戈尔精神哲学研究

杨大春 著

长江出版传媒 | 崇文书局

图书在版编目（CIP）数据

沉沦与拯救 ： 克尔凯戈尔精神哲学研究 / 杨大春著 .
武汉 ： 崇文书局， 2025. 8. --（崇文学术文库）.
ISBN 978-7-5403-8271-1

Ⅰ . B534；B022

中国国家版本馆 CIP 数据核字第 2025X4R086 号

2025 年度湖北省公益学术著作出版专项资金项目

沉 沦 与 拯 救

CHENLUN YU ZHENGJIU

出 版 人　韩　敏
出　　品　崇文书局人文学术编辑部 · 我思
策 划 人　黄显深(bithxs@qq.com)
责任编辑　黄显深
责任印制　李佳超
封面设计　甘淑媛
出版发行　长江出版传媒 | 崇 文 书 局
地　　址　武汉市雄楚大街 268 号 C 座 11 层
电　　话　（027）87679712　　邮政编码　430070
印　　刷　湖北新华印务有限公司
开　　本　880mm × 1230mm　1/32
印　　张　11.625
字　　数　261 千
版　　次　2025 年 8 月第 1 版
印　　次　2025 年 8 月第 1 次印刷
定　　价　98.00 元

ISBN 978-7-5403-8271-1

(读者服务电话：027—87679738)

前　言

“前言”往往包含着一个悖论：它总是在正文完成之后写就，却始终被放在正文之前，因此，“前言”实为“后语”。这一悖论表明了前言的边缘性：它既在文本之内，又在文本之外。从写作的角度看，它是作者工作的最后完成；从阅读的角度看，它是作者作为正文的第一位读者（批评者）的反应。因此，前言既可以充当结论，是作者对全书进行的总结，是作者意图的最后完成；也可以充当导读，是作者作为第一位读者对全书进行的某种介绍性说明。

这部著作的前身系我的博士论文，名为“索仑·克尔凯戈尔的精神概念”（*The Concept of Spirit in Søren Kierkegaard*），初稿完成于1990年底，定稿于1992年初并于同年6月通过答辩。放置两年有余，现在付梓出版。由于时间变化，心境变迁，予以修改是必要的，主要是删除了一些累赘多余之处，同时也对一些章节作了调整或改写。为了保持连贯性，我没有作大的改动，否则就得推倒重写，另起炉灶。在如今的“后现代”和“解构”的语境中，若要我重新写一本关于克尔凯戈尔的研究著作，我会感到束手无策。我也知道，尽管改动不太大，但原文已是面目全非了。由此看来，文本自身也始终在解构着。

按照解构主义的看法，我们对文本有两种研究（阐释）方式。一是重复性研究，一是批评性研究。前者是一种译解，旨在理解文本的“本意”，力图寻找到文本所表达的“真理”，也即考虑作者在文本中说了些什么，是如何说的，如此等等，这是研究者（批评者、读者）与作者对话、交流的努力。后者是一种游戏，它认为“作者死了”，不存在作者意图，作者无法干预研究者的视界，文本向研究者的自由游戏开放，文本甚至是由研究者（读者）完成的。重复性研究寻求客观解释，批评性研究主要是阐发研究者自身的主张。

如何研究克尔凯戈尔文本呢？我们的工作是重建克尔凯戈尔的哲学体系，这无疑属于重复性研究（传统研究）方式，我们力图在其纷繁复杂的作品中寻觅他的思想主旨。然而，由于接受解构主义的熏陶，我们的研究不可能完全是传统的，批评性研究在不知不觉中侵入并浸入其中。事实上，在克尔凯戈尔的哲学中很少见到精神这一概念，如果纯粹以传统方式进行研究，就很难把它当作克尔凯戈尔哲学的中心观念。我们的研究发现，一种无形的“精神”渗透了克尔凯戈尔的全部作品。正像海德格尔（M. Heidegger）很少用精神一词，而德里达（J. Derrida）却在他的作品中寻觅到了其踪迹，并以之解构他的作品、解释他的人生一样，本书也包含了我们对克尔凯戈尔精神概念的独特理解。

克尔凯戈尔的作品常常以间接沟通（indirect communication）的“欺骗”方式表达出来，因此，不同的研究者可以从不同的角度，从不同方面去看出不同的克尔凯戈尔哲学来，正像柏拉图（Plato）、色诺芬（Xenophon）、阿里斯托芬（Aristophanes）的读者会发现不同的苏格拉底（Socrates）形象一样。更不用说德里达用一个“药”字仿佛就颠覆了柏拉图和苏格拉底的传统形象。就我们所接触的国内外研究克尔凯戈尔哲学的资料看，还没有把克尔凯戈尔思想的中心放在“精神”概念之上者，它们大多把他看作是一个实存主义者existentialist，或译存在主义者），更多地关注其哲学中与实存主义（existentialism，或译存在主义）相一致的方面。我们也考虑到了克尔凯戈尔对后世实存主义的影响，并且认为，可以用实存主义的观点展开他的思想。但是，我们尤其发掘了其文本自身所具有的价值。也就是说，我们主要考虑了其哲学自身的统一性。

尽管克尔凯戈尔采取了间接沟通方式，但其目标却是非常明确的，那就是要以“不确定”的方式获得“确定性”，因此，我们的研究也是从不确定通达确定。在德里达那里，情况则相反，他的研究是从某一确定的意义开始，通过解构的游戏而达到意义的播撒。如果接受德里达的看法，我们就无法重构克尔凯戈尔的哲学，重复本身会自身解构掉，最终不会有结论性的东西。克尔凯戈尔的那些作品的解构特征是显然的，但是，精神概念却可以使它们形散而神不散。从某种意义上也可以表明，他的思想还包含有较多传统的烙印，正因为此，它也使我们无法脱离传统来进行研究。这样，用精神这一概念来研究克尔凯戈尔思想表明，我们无法在传统研究和批评研究之间二者择一，而只能徘徊于两者之间。当读者看到“克尔凯戈尔的精神哲学研究”

这一名称时，无疑会想到黑格尔（G. W. F. Hegel）的精神哲学观念。恰恰是在这里，反映出了克尔凯戈尔与黑格尔说不尽的牵涉。尽管他反对黑格尔主义，其思想仍然是传统的、现代主义的，他与黑格尔的关系属于传统内部的两极对立，与后现代主义精神是格格不入的。然而，克尔凯戈尔的“精神”毕竟瓦解了黑格尔的“精神”，这无疑反映了精神自身的解构性。这同时表明，我们进行的体系重建工作并没有稳固的基础，它是完全开放性的。

我们采用的操作程序，也即所做的结构安排遵循这一思路：突破生活道路三阶段论的束缚，不为断裂和飞跃所迷惑，把克尔凯戈尔哲学看作一个有机的整体，认为表面上的断裂不应当掩饰内在的统一。这就需要综合其全部作品：早期的美学作品、中期的哲学作品和晚期的宗教作品，以及他留下的大量日志和论文。根据这样的思路，我们以精神概念为枢纽，进行了重构克尔凯戈尔哲学体系的初步尝试。

最后，我要说的是，我之所以选择克尔凯戈尔作为博士论文选题，完全出于偶然。我碰巧在阅览室读到了他的书，觉得他古怪有趣，于是就开始了对他进行系统的阅读和研究。他是一个富贵闲人，也是一个忧郁的基督徒。有钱、有闲和内心忧郁使克尔凯戈尔成了作家、哲学家、宗教思想家。他从自己的暴发户父亲那里继承了大量财产，这使他终生不用操劳烦神而衣食富足,并且可以用大量闲钱玩“文字游戏”。他是一个闲人，白天在哥本哈根街头“东游西荡”，晚上在歌剧院的固定包厢中露面。“哥本哈根人啊，你们看，我多么闲适，多么无所事事！”然而，当舞台上帷幕拉开时，细心的观众会发现，那个固定的包厢空了，他的主人溜回住宅，开始了辛勤的笔耕。他的忧郁如影随形，于是他立志终生献身于神。然而，他并没有直接表达自己的信念，而是写了大量的“美学作品”，以间接沟通的方式，欺骗性地引导人们成为神的羔羊。正是有钱、有闲和忧郁的虔诚使他写成了许多当时少有人问津,后来却大放异彩的“假名著作”。

上述三点是哲人克尔凯戈尔产生的条件。哲学研究曾经是神圣、崇高的事业，如果为了职称、荣誉和生存而研究哲学，很难想象这种研究还有什么神圣和崇高可言。然而，时间改变了一切，逆神圣、逆崇高似乎已经成为时尚。克尔凯戈尔以《诱惑者日记》（更有诱惑性的是被译为《勾引家日记》）来把人们从美感生活中引离。国人仍“继续着”这一事业，他们用《勾引家日记》来勾引读者，用《曾经男人的三少女》（克尔凯戈尔《非此即彼》和《生活道路诸阶段》一些片断的选译，《曾经男人的三少女》的原标题叫《影子戏》，分析的是三部文学作品中三个失身少女的内心忧郁，中译改为这一具有诱惑性的标题，并作为整个全书的书名）来诱惑读者，这些诱人的名字带来了极高的商业价值。克尔凯戈尔，这个虔诚的教徒，似乎也成了诲淫者。其实，完全不是这么回事，克尔凯戈尔毕竟是一个正人君子。他在这些著作中表达的理念是那些寻找刺激的人无法明白的。尽管《勾引家日记》（共四个版本）在中国发行了十多万册，然而真正读懂的则是屈指可数。我无法给我的这部著作取一个诱人的名字，克尔凯戈尔先生也只得委屈自己，和有生之年一样，他不得不心平气和地面对冷遇。

1994 年 9 月

目　录

导 论

丹麦哲学家克尔凯戈尔（S. Kierkegaard，1813—1855）是西方思想史上的杰出人物之一，在哲学、宗教、心理学、文学批评、文化批判等诸多方面作出了独特的贡献。与尼采（F. W. Nietzsche）一样，这位生不逢时的哲学家在有生之年倍受冷遇。但在20世纪，他的思想却产生了较为广泛的影响。弗洛伊德（S. Freud）对他的心理学洞见深表钦佩；实存主义者奉其为实存哲学（philosophy of existence）之父；新正统神学家在他的宗教沉思中寻找启迪；西方马克思主义者卢卡奇（G. Lukács）赞同他对人的异化处境的分析；法兰克福学派的阿多诺（T. W. Adorno）在自己的博士论文中极力赞赏他对美感生活的分析；现象学家梅洛-庞蒂（M. Merleau-Ponty）认为他和黑格尔、马克思（K. Marx）、尼采、弗洛伊德一样，已经走在通向现象学的途中；解构主义者德里达也受到其风格的某种影响；甚至连英美分析哲学家维特根斯坦（L. J. J. Wittegenstein）也在他的著作中找到了慰藉。正如德国实存主义哲学家雅斯贝尔斯（K. Jaspers）在其代表作《哲学》（1955年版）一书的“跋”中评说的："今天，我觉得，如果没有他，就没有哲学。"[①] 这种评价虽然有些拔高，但也不无道理。在雅斯贝尔斯的时代，尤其是20世纪50年代，实存主义几乎一统天下，而克尔凯戈尔既为该派之先驱，其贡献也就是独一无二的了。

然而，我们更应该从克尔凯戈尔所从事的工作本身，而不是从他作为"实存哲学之父"的角度来探讨其哲学思想。他以独特的方式与历史上的思想家进行实存沟通（existential communication），以此寻找自己理论的生长点。通过对传统思想进行的广泛批判和有限继承，他建立起了自己独特的思想"体系"。我们至少可以从三个重要的方面来分析克尔凯戈尔与传统思想的关系，它们分别涉及古希腊思想、基督教传统和早期现代哲学。简单地表述，我们注意到的是：他批判古希腊哲学中的客观化倾向，但接受苏格拉底引出的主观实存论；他批判中世纪基督教的教义化倾向，但承认一种"实存沟通"的宗教哲学观；他批判黑格尔哲学倡导的客观辩证法（objective dialectic），但认可一种主观辩证法（subjective dialectic）。我们首先需要简单地勾勒他与西方哲学主流传统的这种复杂关系，进而确立他作为一个哲学家的地位和意义。也就是说，我们应该而且可以从他散漫繁杂的诸多文献中清理其思想，并因此重构其哲学体系。

---

① Jaspers, *Philosophy*, Vol. 1, University of Chicago Press, 1969, Epilogue.

一、主观实存而非科学理性

古希腊思想是西方一切思想的源头，我们很难想象有哪一位西方思想家忽略了古希腊传统而能够有真正的理论建树。在现当代西方思想界，各位思想家都争相在古希腊思想宝库中寻找灵感和慰藉。当然，他们的出发点不同，各自的收获也大不一样。有些人赞同它的主流思想，有些人则赞赏那些叛逆的观念，还有些人则要寻找更原初的源泉。意志哲学家尼采追寻的是古希腊的原始悲剧情愫；现象学家胡塞尔（E. Husserl）和解释学家伽达默尔（H.-G. Gadamer）怀念的是古希腊的“理性之光”；存在哲学家海德格尔在前苏格拉底哲学中追问未被遮蔽的“存在”；解构理论家德里达却发现了柏拉图式“逻各斯中心主义”，尤其是其中的“声音中心主义”对“书写”以及“神话”的压制；列维纳斯批判由希腊哲学而来的哲理视觉主义和光的暴力，认为胡塞尔和海德格尔仍然是希腊人。相较于这些后来者，克尔凯戈尔有其针对古希腊哲学思想的独特姿态。

克尔凯戈尔一度通读过柏拉图的全部作品，同时也曾经遍览其他主要希腊哲人的重要著作，比如毕达哥拉斯（Pythagoras）、亚里士多德（Aristotle）等人的著作。查阅用索引构成的其《日志和论文》第 7 卷可以看出，在古希腊哲学中，克尔凯戈尔谈论苏格拉底和柏拉图最多，然后是亚里士德，而涉及毕达哥拉斯的地方也不少[①]。他声称自己在这些先哲的作

① Kierkegaard, *Journals and Papers*, Vol. 7, Indiana University Press, 1978, pp. 72 73, 88-89, 78, 7-8.

品中寻找到了“慰藉”。他以反讽概念为其硕士学位论文的选题，标题为“反讽的概念：特别论及苏格拉底”，这显然是他在这段时间阅读和思考希腊哲学，尤其是苏格拉底哲学的重大收获。在古希腊思想中有三个最根本的观念：科学理性、民主、哲学人生。希腊哲学家大多相信并坚持这些观念，苏格拉底是一个例外者。克尔凯戈尔对这三个方面进行了批判，从而为他接受苏格拉底有关主观性 / 主体性(subjectivity)的思想奠定了基础。

通常，苏格拉底被认为是整个西方理性（包括科学理性）之父。真正说来，古希腊的科学理性倾向早在前苏格拉底时代就出现了，它最初属于自然哲学家们的独特贡献。这些先哲寻求对外部事物和外在现象进行说明，以观察等方式研究自然，为科学的观察和实验提供了最初尝试。与此同时，毕达哥拉斯的数理思想则为这些工作提供了数学方法和精密性原则。当然，科学之父应推后苏格拉底时代的亚里士多德。作为西方逻辑学的奠基者，亚里士多德既注重归纳逻辑，也推崇演绎逻辑，他第一个系统地表达了科学方法论原则。无论如何，经过自然哲学家们的努力，西方科学精神已经奠基，而经过亚里士多德等人的工作，这种科学理性精神全面地确立起来了。苏格拉底用于人文和伦理目的的辩证法给人以智慧的启迪，作为副产物启迪了西方科学精神，因此，把他作为科学理性之父，不无根据，但并不充分。

应该说，古希腊的理性精神是完备的，包含了对主观和客观两个方面的同等关注，但科学理性却只关注客观的方面。作为一位具有明确的伦理关怀的哲学家，苏格拉底与科学理性有点格格不入，而这就是他从自然转向心灵、由天上回归人间，甚至宁愿身处闹市而不愿走到城外的原因。克尔凯戈尔形象地表示：苏格拉底之所以不愿意走出雅典城，是因为他认识到了，“一个人不能够从树那里学到任何东西，但他可以从城里面的人那里学到某种东西”①。苏格拉底当然不是要让自己消融在人群中，他其实是以“认识你自己”取代了认识自然，以听从内心的永恒律令代替了仰望头上的无垠星空。克尔凯戈尔钦佩的正是苏格拉底离开科学、回归自身的立场。在他们两人那里，人应当追求的是精神需要或伦理理想，而自然科学却无助于此等目标。无论如何，古希腊的一般精神都囿于自然科学（自然哲学）中，以自然的眼光解释一切，而没有达到一种超自然的境地。克尔凯戈尔这样写道：“古希腊缺乏一种奇迹感，即便在艺术中它也没有用超自然的维度来描绘理想。”②

阿波罗之光使人们处于理性的宁静中，音乐、艺术、哲学都是理性的，都是符合科学精神的。克尔凯戈尔认为，柏拉图和亚里士多德是这种科学客观主义的典型，他们都将科学的普遍性原则凌驾于个人的独特实存处境之上。然而，苏格拉底却不是这样。根据克尔凯戈尔的独特看法，唯一实在的是个体的伦理的现实，而苏格拉底正是因为关注伦理才远离了自然科学研究。在克尔凯戈尔看来，苏格拉底最初沉溺于自然（自然科学、宇宙学等），然后作为一个伦理学家研究人并且坚持下去；而现代社会却相反，我们开始于与人打交道，由于厌倦了，转而研

① Kierkegaard, *Journals and Papers*, Vol. 4, 1975, p. 216.

② Kierkegaard, *Journals and Papers*, Vol. 2, 1970, p. 192.

究自然，比如在卢梭那里就是这样[①]。这两种不同倾向表明，现代社会需要苏格拉底式的改革者，而苏格拉底曾经是并且仍然是他所知的唯一改革者[②]。无论如何，克尔凯戈尔之所以赞赏苏格拉底，是因为他们两个人都不愿意受制于古希腊的科学理性精神。

西方民主发端于古希腊城邦。民主意味着什么呢？从字面上讲，它指的是大多数人执政，也就是大多数公民都有权管理城邦。其实，这种所谓的民主制度是以排斥奴隶和外邦人为前提的，他们不可能获得公民权。在这种制度下，拥有公民权的公民通过抽签的方式被选举出来参与国家管理与司法审判。通常选举出五百人会议，凡事都以投豆作裁决。豆有黑白两种，各代表赞成与反对，最后以黑白豆之多寡决定胜负。克尔凯戈尔认为群众只是乌合之众，只有个体才是真正的决断者，因此他反对民主。

苏格拉底被控告，最后经由民主投票被判死刑，这给克尔凯戈尔留下了深刻的印象。他这样写道："苏格拉底实际上是数目的殉道者，投票要求的牺牲品。"[③]在他看来，相信数目的人不仅没有信仰，甚至没有理性，完全凭借本能："动物人立即、自发地与数目联系在一起，这就是他相信的东西。"[④]让他备受鼓舞的是，即便苏格拉底受指控，面对公民审判大会时，"他也

---

① Kierkegaard, *Journals and Papers*, Vol. 4, pp. 215-216.

② 祁克果：《祁克果日记》，台湾水牛出版社，1973，第 156 页。

③ Kierkegaard, *Journals and Papers*, Vol. 4, p. 213.

④ Kierkegaard, *Journals and Papers*, Vol. 2, p. 373.

不是看重群众，而是看重个人”[1]。他认为自己从苏格拉底思想和苏格拉底受审中获得的经验教训就是要远离群众，回归自身。他在《日志和论文》中承认，“群众”从根本上来说乃是他的争辩所攻击的目标；进而表示，正是苏格拉底教会他这样做的[2]。由于相信苏格拉底这个榜样，他完全抛弃了古希腊的群众观念和民主理想。尼采后来对群众和民主的批判几乎与克尔凯戈尔是一致的。当然，他们两个人针对苏格拉底的态度是完全不一样的。前者把重点放在批判苏格拉底式的理性和理性主义，而后者立足于充分发掘其思想中的个体实存姿态。

古希腊思想中的另一个重要方面是哲学人生和智慧人生。柏拉图把哲学家界说为追求真理、崇尚智慧的人，并把智慧和理性主宰下的人格和谐作为人生目标。亚里士多德把求知看作人的本性，智慧在人生中具有中心地位。在他看来，知识越纯粹，也就越高贵、越优越。晚期希腊各派，包括斯多亚派、伊壁鸠鲁派和怀疑论派，无不以追求智慧与内心和谐、以服从理性为最高快乐。胡塞尔对古希腊的评价是中肯的。他说：“对于古希腊罗马人来说，什么是根本性的呢？通过比较分析可以肯定，它无非是‘哲学的人生’的存在形式。根据纯粹理性，根据哲学，自由地塑造他们自己，塑造他们的整个生活，塑造他们的法律。”[3]伽达默尔实际上表达了同样精辟的见解，他比较

---

① Kierkegaard, *Diary of Soren Kierkegaard*, Citadel Press, 1960, p. 106.

② Kierkegaard, *Diary of Soren Kierkegaard*, p. 104.

③ 胡塞尔：《欧洲科学危机与超验现象学》，上海译文出版社，1988，第8页。

了现代思想与古希腊思想，认为“古希腊思想则显得更为宁静，它坚信达到知识的清晰和理论的幸福是人类生活的最高形式，并把这作为最美好生活的理想”①。

这种宁静的求知人生观表明，古希腊欣赏的是哲学家和理论家，而不是实存者。克尔凯戈尔对哲学家是持否定态度的，认为他们用思想代替了实存。苏格拉底的道德践履似乎是一个例外，因为他“是在一个最理智民族的最发达时期达到了无知姿态”②。在克尔凯戈尔看来，与智者视无知为罪恶相反，对于苏格拉底来说，无知乃是健康的恢复③。他要求在古希腊哲学中区别出注重思辨者与注重实存者来，由此揭示出苏格拉底与柏拉图的根本对立。在谈到两人关于“知识即回忆”这一原则的不同看法时，克尔凯戈尔指出:“苏格拉底本质上是强调实存的，而柏拉图忘记了这一点，使自己失落于思辨中。”“苏格拉底常常离开这一原则以达到实存。如果他死死抱住不放，他就成了一个思辨哲学家，而不是实存思想家。”④他进一步对比他们师徒两人，认为相比于苏格拉底，柏拉图本身就是一种误解，因为只有苏格拉底设法坚持自己的不妥协的持续表达实存的姿态，而柏拉图则花费时间建构学说，伴随实存消失的程度，其学说教条地越来越宽广⑤。克尔凯戈尔显然注意到了，苏格拉底与其

① 伽达默尔:《科学时代的理性》,国际文化出版公司,1988,第3页。

② Kierkegaard, *Journals and Papers*, Vol. 1, 1967, p. 424.

③ Kierkegaard, *Journals and Papers*, Vol. 4, p. 354.

④ Kierkegaard, *Concluding Unscientific Postscript*, Princeton University Press, 1968, p. 184.

⑤ Kierkegaard, *Journals and Papers*, Vol. 4, pp. 212-213.

他希腊哲学家之间的强烈反差，因为他以主观性对抗客观性："对苏格拉底而言，毕竟恰恰是主观性被认为推翻了希腊客观性。"[①]

我们可以从上述几个方面看出，克尔凯戈尔对于古希腊的一般精神是持否定态度的。但是，这并不意味着他对古希腊思想就完全失望了。苏格拉底这个例外者的思想与人格给予他以极大的影响。他常常表示，他自己的思想是从这位希腊先哲开始的。他对于苏格拉底的思想与事迹有着极大的兴趣。实际上，在他所处的时代，苏格拉底仍然是一个谜，不同的研究者眼中有不同的苏格拉底形象。这促使他去探究这一问题，并在自己的硕士论文《反讽的概念》中给出了独特的回答。他将苏格拉底的反讽精神和精神接生术观念发挥为一种间接沟通理论，其实质是要让个体回归主观实存。他在《哲学片断》中进一步解读了苏格拉底的精神接生术，集中探讨沟通与间接沟通问题；而他的那些美学作品基本上是按照这种间接沟通的方式写成的。

反讽、精神接生术与间接沟通都意在表达某种独特的沟通方式，其根本特征是不给出肯定的答复（结论），以便为个体的独立判断留下空间。然而，这里存在着某种反讽，因为根本就不存在一个高贵的凡人教授你如何做人、如何生活。克尔凯戈尔这样表示：那个摧毁希腊感性美的人——苏格拉底——是木匠和接生婆的儿子，是多么反讽啊[②]。其实，苏格拉底是且始终是一个接生婆，不是因为他不拥有积极的东西，而是因为他洞

---

① Kierkegaard, *Journals and Papers*, Vol. 4, p. 224.

② Kierkegaard, *Journals and Papers*, Vol. 1, p. 10.

见到这种关系是一个人能够拥有的与另一个人的最高的关系[①]。《反讽的概念》英译本“历史导言”指出：“克尔凯戈尔研究柏拉图，其结果是一种间接沟通理论，一种模仿苏格拉底对话经验的文学手法。”[②]事实上，克尔凯戈尔在《日志和论文》中强调，柏拉图的许多对话都以没有结论结束，有其更深层的基础[③]。正因为如此，他经常以“真理可以被学得吗”和“品德是否可以被教授”等苏格拉底式的问题开始其“思想计划”[④]。

这样的计划是一种解放个体的计划，是让个体获得自由的计划，而苏格拉底对权力艺术的更深刻的理解就是，让他人自由。当然，最终只有创造主，也就是从虚无中创造万物的神才真正能让人自由[⑤]。克尔凯戈尔和苏格拉底一样关注伦理个体及其个体性（individuality），强调实存主体及其主体性。他们在某种意义上都是导师，但不可能像神那样是真正的导师，因为他们既不能为个体提供条件，也不能为其提供真理。他们只能间接地引导个体，让每个人都内向地、实存地体验到真理。克尔凯戈尔明确表明，自己要做基督教中的苏格拉底。在他眼里，苏格拉底并不首先搜集灵魂不朽的证据，以便随后去生活，也就是靠证据而信仰；相反，其生活就是灵魂不朽的证据，而这

---

① Kierkegaard, *Philosophical Fragment*, Princeton University Press, 1985, p. 10.

② Kierkegaard, *The Concept of Anxiety*, Princeton University Press, 1980, p. 37.

③ Kierkegaard, *Journals and Papers*, Vol. 4, p. 210.

④ Kierkegaard, *Philosophical Fragment*, p. 9.

⑤ Kierkegaard, *Journals and Papers*, Vol. 2, p. 63.

也适用于成为基督徒[①]。的确，苏格拉底真正重视的不是知识而是实存，他并不确定性地知道存在着不朽，但他的生活却表达出存在着不朽，而且他是不朽的[②]。

按克尔凯戈尔的理解，苏格拉底思想对于基督教来说是非常具有教益的，而最重要的就在于，“德性是不可能被教会的，也就是说，它不是一个学说，它是一种能够存在（being-able），一种练习、一种实存、一种实存的转换”[③]。正因为如此，就像苏格拉底全身心投入到伦理实践中去一样，克尔凯戈尔立志将自己全部的身心都献给神，同时以自己为典范，引导其他人以自己的方式成为神面前的罪人。每一个个体都应该像苏格拉底一样，做一个改革者，把自己从堕落中拯救出来。显然，克尔凯戈尔接受了苏格拉底的主体性、实存性、个体性、间接沟通等观念，并据此而动摇了科学理性、民主、知识、客观性等观念。所有这一切为他的非理性的个体实存哲学作好了理论准备。

二、个体信仰而非外在权威

在其《悲剧的诞生》《偶像的黄昏》等著作中，尼采一方面把苏格拉底看作西方科学理性之父，另一方面也将其看作是道德精神的楷模。然而，这并不是一种正面评价，而是一种批评性的定位。这位意志哲学家表示，科学理性及其伴随的乐观主

① Kierkegaard, *Journals and Papers*, Vol. 1, p. 27.

② Kierkegaard, *Journals and Papers*, Vol. 1, p. 108.

③ Kierkegaard, *Journals and Papers*, Vol. 1, p.463.

义破坏了古希腊文化中具有原始生命力的悲剧情愫；宁静、和谐、节制的道德理想则与基督教的忍让、屈从精神合流，两者的结合产生了颓废的、轻视生命的基督教道德。尼采的前辈哲人克尔凯戈尔显然不会同意这样的看法，因为他着眼于主体的自觉来看待苏格拉底的道德观念。诚如黑格尔所言，苏格拉底要通过个体的自觉，从个体自身中发掘出道德的普遍性来。从这一方面看，克尔凯戈尔经由苏格拉底而设计了自我奋斗的目标，这就是人性自我的肯定方面。但这不是精神的最高层面，精神的最本真的意义表现为个体把自己与神关联起来，成为神性自我，这就必须走向基督教。也就是说，苏格拉底精神不仅应当与基督教精神结合起来，而且还应当服从并服务于它。可以看出，尼采和克尔凯戈尔都认识到了苏格拉底的道德精神与基督教精神是联姻的，只不过一个蔑视它、反对它，将其视为传统批判的首要目标，而另一个却赞成它、力主它，把它当作思想更新的起点。

基督教的根本观念是关于原罪（Original Sin）和救赎（Salvation）的观念。原罪说给每一个个体一个质的界定：你是有罪的人。这并不是说你在日常生活中犯了错误，甚至犯了法，而是指违逆神意。当亚当与夏娃不安守本分，经受不住诱惑而偷吃禁果时，这种罪就开始了。后来的人与这种亚当之罪始终有牵涉，因此一生下来就是有罪的。克尔凯戈尔比较注重的却是"本罪"这一观念，也即，一个人的罪总是他自己造成的。由此，宗教个体的地位凸显出来，这使得他的思想与基督教界的信众观念有了区别。也就是说，信仰既然是自己的事情，个体就应当回归主观实存，在宗教体验中面对自己与神之间的关系。克尔凯戈尔反对“教条地”对待基督教，认为我们不能将信仰问题转化为知识问题。他明确表示，“基督教不是一种学说，它是一种实存，一种实存活动”①。然而，这里的实存活动并不意味着外在活动，它与人的内向性（inwardness）联系在一起。中世纪把基督教徒的行动、生活、个体实存的转换联系起来，这是它有价值的一面，但是让他们进入修道院，采取外在行动，则是一种错误②。克尔凯戈尔坚持认为，基督徒主张是“内向性”，也就是“内在地深化”③。在他看来，内向性就是永恒，从而与追求暂时的东西的欲望区分开来④。

信仰也对生活充满期望，但需要充分注意的是，它借助的正好是悖谬（Absurd），而不是人的知性，否则它就成了常识而不是信仰⑤。真正说来，对于理性来说的悖谬，对于信仰来说却不是⑥。换句话说，如果信仰仅仅被当作是关于历史事实的知识，那么你会很自然地陷入如此荒谬的境地，以至认为地球是平面的或圆的都可以成为信仰的事情。《圣经》是神的话，如同“问候信”或“情书”，它要求信徒读出其间的情感来，而不是阅读出它包含了什么知识。于是，《圣经》影响着个体的实存，

---

① Kierkegaard, *Journals and Papers*, Vol. 1, p. 463.

② Kierkegaard, *Self-examination and Judge for Yourself, The Unchangeableness of God*, Princeton University Press, 1970, p. 201.

③ Kierkegaard, *The Corsair Affair etc.*, Princeton University Press, 1982, p. 53.

④ Kierkegaard, *Journals and Papers*, Vol. 2, p. 461.

⑤ Kierkegaard, *Journals and Papers*, Vol. 1, p. 4.

⑥ Kierkegaard, *Journals and Papers*, Vol. 1, p. 6.

而不涉及纯粹的知识问题。法国新黑格尔主义者、克尔凯戈尔研究专家华尔（J. Wahl）明确表示："实存哲学实质上滥觞于克尔凯戈尔的宗教沉思。"[①] 这种看法无疑是正确的，正是克尔凯戈尔对于教义的个体体验所触发的宗教情感为一般的实存情感提供了基础和方向。难怪，当华尔追溯实存哲学的起源时，不仅提到了历史上人们对于实存的重视，而且要追溯情感方面的源头。

华尔赞同法国著名哲学史家布埃耶（E. Brehier）的看法："实存哲学把形而上学经验论和人的忧郁感结合起来了。"[②] 形而上学经验论体现的是人的事实性处境，诸如被抛状态之类，而忧郁感主要体现在宗教沉思中。克尔凯戈尔的宗教忧郁是实存主义情感论的源头，而他则从基督教［诸如亚伯拉罕（Abraham）等圣经人物］、从中世纪宗教思想家那里吸收了许多营养。华尔表示，我们对这种情感的追溯是可行的，我们可以上溯到12世纪的非理性主义者，上溯到圣伯纳德（S. Bernard），还可以上溯到圣奥古斯丁（Saint Aurelius Augustinus），甚至上溯到《旧约》全书里所反映的一些伤感情绪[③]。事实上，克尔凯戈尔还经常提及17世纪的帕斯卡尔（B. Pascal）以及和自己同时代的人物哈曼（J. G. Hamann）等人。这些人物给他以灵感，一方面是由于他们的人格魅力，另一方面则是因为他们的基督教情绪感染。从其著作和日志中可以看出，他尤其接受了来自奥古

---

① 华尔：《存在哲学》，生活·读书·新知三联书店，1987，第2页。

② 华尔：《存在哲学》，第7页。

③ 华尔：《存在哲学》，第8页。

斯丁、帕斯卡尔、路德（M. Luther）等人的影响。他认可他们对实存的体验，但抵制他们思想中包含的客观化、教义化的努力。

《忏悔录》表明，奥古斯丁一直生活在浓厚的宗教情感氛围中，他回归孤独个体，而这种回归又强化着宗教情感。克尔凯戈尔赞赏奥古斯丁的情感体验，但他坚决反对其思想中的理智化倾向。他批评说，奥古斯丁使信仰理智化了。他这样写道，"很显然，奥古斯丁重新提出了柏拉图、亚里士多德、整个古希腊哲学异端的信仰定义"，也就是说，"根据古希腊观念，信仰乃是属于理智范畴的概念"，而进一步地说，"信仰即知识"。[①] 克尔凯戈尔认为，基督教的精髓是我们的理智无法通达的，因为它们恰恰是悖谬的、悖理的。无论如何，信仰是一种实存关注，而不是一种知识探索。克尔凯戈尔同时发现，奥古斯丁也在许多时候突出实存和选择，他将成为基督徒与三阶段创造联系在一起："创造——堕落和随之而来的死亡与无能的状况；新创造——人被安置在一个他可以选择的位置上；然后，如果他选择了——基督教"[②]。很显然，神恩和个体选择是统一的。因此，在奥古斯丁那里，克尔凯戈尔一方面受到了其浓厚的宗教情绪的感染，另一方面又通过剔除其信仰概念中的理智成分加强了实存体验的精神内蕴。尤其值得注意的是，克尔凯戈尔提升了奥古斯丁对于受难的强调，认为成为基督徒就意味着纯粹的受难[③]。但最终说来，克尔凯戈尔喜欢苏格拉底甚过奥古斯丁，这

① Kierkegaard, *Journals and Papers*, Vol. 1, p. 71.

② Kierkegaard, *Journals and Papers*, Vol. 1, p. 14.

③ Kierkegaard, *Journals and Papers*, Vol. 4, p. 403.

是因为，后者经常维护整个基督教界、强调信仰的数量基础，而对于前者来说，基督教与单独个体联系在一起。[①]

早期现代哲学家帕斯卡尔、后期现代哲学克尔凯戈尔和韦伊（S. Weil）被称为三个局外人。[②]这是因为，他们都是基督教哲学家，但并不是完全意义上的基督教人士，而且对于自己所处时代的基督教状况都非常不满意，强烈地要求变革，从而很难为时代所理解和接受。不过，在内心深处，他们都是虔诚的教徒。帕斯卡尔给人以深刻影响的是其《思想录》。这是一部未完成的作品，克尔凯戈尔从书中接受了诸多启发和灵感。帕斯卡尔为我们描述了人性的卑微，说明了人如何需要神的帮助。人在自然中是十分渺小的，他在各方面都是有限的，他只是一个虚无。[③]然而，人一旦拥有了精神，他在这个世界上却又伟大了。因此，人既渺小又伟大。渺小在自然方面，伟大在人格方面。人格伟大来源于神，人没有神是可悲的，有了神则是幸福的。[④]因此，帕斯卡尔要求人们服从神。在克尔凯戈尔看来，人们虽然利用了帕斯卡尔的思想，却没有真正懂得他对时代的意义。他写道："现代有谁像帕斯卡尔那样被牧师和教授们利用？他们挪用了他的思想，却忽略了帕斯卡尔是个苦行僧，还穿着发衫（hair shirt）到处走的事实。或者，他们把这解释为时代的烙印，对我们没有任何意义。好极了！在所有其他方面，帕

---

① Kierkegaard, *Journals and Papers*, Vol. 4, p. 220.

② Allen, *Three Outsiders: Pascal, Kierkegaard, Simone Weil*, Cowley Publication, 1988.

③ 帕斯卡尔：《思想录》，商务印书馆，1985，第 2 页。

④ 帕斯卡尔：《思想录》，第 24 页。

斯卡尔都是独创的，但在这里却不是。”①

帕斯卡尔虽然是一位科学家，但他把科学和信仰严格区分开来。克尔凯戈尔引述并赞同法国哲学家库赞（V. Consin）的如下断语：“帕斯卡尔是一切哲学的敌人，他绝望于通过理性发现真理，他把自己投入权威信仰的怀抱，并且以令人震惊的虔诚与无限的怀疑主义作斗争。”②此处的怀疑主义指的是笛卡尔式的怀疑主义。实际上，帕斯卡尔并不反对这位现代哲学之父在知识论上的怀疑主义，而是指责其没有真正的信仰。他因此写道：“我不能原谅笛卡尔，他在其全部哲学之中都想能够撇开神。”③笛卡尔是一个重知识而轻德行、轻信仰的人；帕斯卡尔则推崇德行和信仰在实存中的意义。笛卡尔把神作为一种理性设定，尽管为其存在作出了本体论证明，导致的却是信仰的危机。帕斯卡尔以打赌的方式证明神的存在，尽管不无理性算计，但最终把一切建立在信仰和信念基础之上。克尔凯戈尔告诉我们：“帕斯卡尔说，后来的基督教借助于一些圣礼，将自己从爱神的行列中解脱出来，这句话很有道理，也很中肯。”④正是由于关注信仰，关注个体人格发展，使得帕斯卡尔与其他宗教人士区别开来，成了神的真正信徒。

路德是克尔凯戈尔那些所谓的基督教谈话中经常提及的人物，或是受褒扬，或是被贬损，他总在那里有一席之地。在《日

---

① Kierkegaard, *Journals and Papers*, Vol. 1, p. 69.

② Kierkegaard, *Journals and Papers*, Vol. 3, 1973, p. 420.

③ 帕斯卡尔：《思想录》，第 39 页。

④ Kierkegaard, *Journals and Papers*, Vol. 1, p. 222.

志和论文》中，他更是经常被提到。[1]克尔凯戈尔基于路德对信仰的强调，认为他是宗教思想发展中的一个转折点[2]，信仰在他那里是一个既有一定积极意义，又具消极性的概念。按克尔凯戈尔对于路德的解读，在后者看来，当一个人请求神帮助自己的时候，他是在让自己回到内在自我，以便看看自己是什么样的人。[3]这显然表明，信仰主要与个体紧密相关，与个体是否真正信仰神联系在一起。在他那里，不是好工作造就了好人，而是好人做了好工作，而一个人是通过信仰成为好人的。[4]无论如何，"因信得救"观念表明，信仰是基督教的本质，正是信仰构成为基督教的一切："路德表达了一种卓越的看法，正如财产继承者不需要工作而占有一样，信仰者也如此，因为他在信仰中拥有一切，正如继承者拥有遗产一样。"[5]

克尔凯戈尔谈到了在路德那里似乎很荒谬的所谓的"信仰的升华"。路德这样谈到自己的信心是如何增长的：起初，他相信基督只要降临就能帮助他，但当基督没有降临时，他又相信基督不降临也能帮助他。[6]在一切宗教活动中，信心是最重要的，这是克尔凯戈尔乐于接受的。他赞赏路德与教皇决裂的姿态，同时也鼓励不惟《圣经》是从[7]。个体维持自己对神的信念

---

① Kierkegaard, *Journals and Papers*, Vol. 7, p. 58-59.

② Kierkegaard, *Journals and Papers*, Vol. 2, p .16.

③ Kierkegaard, *Journals and Papers*, Vol. 1, p. 65.

④ Kierkegaard, *Journals and Papers*, Vol. 1, pp. 428-429.

⑤ Kierkegaard, *Journals and Papers*, Vol. 3, p. 66.

⑥ Kierkegaard, *Journals and Papers*, Vol. 2, p. 12.

⑦ Kierkegaard, *Journals and Papers*, Vol. 1, p. 84.

似乎就够了。然而，在这种信仰概念中也包含有一种无法接受的简单化倾向。克尔凯戈尔为此批评说："在一定意义上，路德把事情看得太轻松。"[①] 为什么会这样说呢？他表示，路德之所以提出"因信得救"观念，并不是为了让人们把注意力转向信仰，而是为了给信仰者减轻负担，"他欣赏的是减轻负担，从而使生活变得容易起来的改革"[②]。路德的布道十分简单：信仰吧，你的罪就会得到宽恕！宗教仪式被简化，永福被预示为唾手可得的礼物，从而使信仰基督教变得容易起来，这与克尔凯戈尔要求增加难度的立场相冲突。

在克尔凯戈尔看来，路德是使基督教大众化、世俗化的罪魁祸首，他使成为基督徒的严肃性遭致破坏。事实上，出现的是"我们用对信仰的保证来代替信仰"[③]。尽管如此，路德对传统教会的攻击是有意义的，这一点应当得到肯定，而且这一改革相当于一场哥白尼式的革命。克尔凯戈尔写道："天主教发生了如同发生在整个地球上同样的事情，另一个哥白尼（路德）站了出来，他发现罗马不是一切东西为之环绕的中心，它只不过是一个外围点。"[④] 路德的意义在于，他推翻了教皇和教会决定人的永福的观点，使个人能够直接与神会面。但在另一方面，路德也推倒了权威和榜样，从而把群众扶上了宝座。从克尔凯戈尔的立场看，推翻教皇当然是对的，但接下来的事情不是把

---

① Kierkegaard, *Journals and Papers*, Vol. 3, p. 80.

② Kierkegaard, *Journals and Papers*, Vol. 3, p. 63.

③ Kierkegaard, *Journals and Papers*, Vol. 2, p. 16.

④ Kierkegaard, *Journals and Papers*, Vol. 3, p. 62.

群众扶植起来，因为群众是无信仰的。他攻击路德派把大众树立为评判标准，认为“路德派的修正行为已经产生了最为典型的世俗智慧和异端”[①]，因此导致“现在唯一的暴君是群众”[②]。也就是说，应当做的事情是以基督的榜样感召个人，但路德的改革则是因群众而牺牲了个人。

克尔凯戈尔实际上主张复归，要求回到中世纪的权威观念，但教皇和教会已经不再是权威。他所说的权威其实是一些典范，一些“信仰的骑士”，只有那些典范才能启迪个体的信仰。克尔凯戈尔表示，使徒们具有权威，被人看重，但他们一无所有，他们不是来自最贫苦家庭，不是天才人物，不是议会成员，不是执政官员，他们是渔夫，他们全部的权威只能来自神。无论如何，权威不是国王、不是皇帝、不是将军，而是为了事业而奉献自己的一切乃至生命的人。[③]这就要求让有形教会让位于无形教会。个体无须凭借传统教会，他以某些权威为榜样，完全可以在内心深处与神照面。克尔凯戈尔告诉我们：“对我来说越来越清楚的是，只有一个使徒才能够在更严格的意义上宣称是基督徒，因为只有他有权威以这种方式成为彻底的基督徒。”[④]进而言之，“基督是典范，与此相应的是一种模仿，只有一条真正成为基督的路，作一个使徒”[⑤]。

---

① 祁克果：《祁克果日记》，第 287 页。

② 祁克果：《祁克果日记》，第 155 页。

③ Kierkegaard, *Journals and Papers*, Vol. 1, p. 73.

④ Kierkegaard, *Journals and Papers*, Vol. 4, p. 240.

⑤ Kierkegaard, *Self-examination and Judge for Yourself*, *The Unchangeableness of God*, p. 215.

总结上面诸种论述，克尔凯戈尔对基督教传统采取了批判继承的态度：接受并强调了宗教典范观念，人的本罪观念，个体主观内向性观念；批判了外在努力及世俗化、简单化倾向。他显然使自己的思想立足于情感性、个体性、内向性基础之上，而信仰强化了这一切。

三、充满激情的主观辩证法

早期现代是西方思想史上的一个重要发展时期，出现了波及整个欧洲的文艺复兴运动、英国经验论与大陆唯理论的论争、法国启蒙运动、德国古典哲学运动等，相关思潮使西方哲学的发展直逼巅峰。这些运动无疑都给克尔凯戈尔以深刻影响，而他尤其留恋拿破仑革命时代，因为那种岁月让人热血沸腾。每个人都充满着激情，从生活、爱情到思想、学术，任何活动似乎都激动人心。革命后的时代，一切都安宁了，一切都寻常化了，一切都让人倍感厌倦。克尔凯戈尔认为，在这样的平庸岁月里，激情消失了。如果说康德还要求把真实的一百元钱与思想上的一百元钱区别开来，因而还真诚地对待生活的话，黑格尔就不那么诚实了，因为他把一切都放在思想中加以解决。克尔凯戈尔这样描述说："总体而言，我们不得不说，现代哲学，即使是其最宏伟的形式，实际上也只是一种使从事哲学活动成为可能的入门。不可否认，黑格尔完成了从康德开始的、以知识为目标的发展。在黑格尔那里，人们以一种更深刻的形式发现了早期哲学未经反思而假定的开端——从总体上说，在思想中存在着现实。”[①]

大地宁静，一切都是“理”所当然。克尔凯戈尔对这一时期的哲学感到十分不满和恼火。他猛烈地抨击了黑格尔哲学及其在丹麦的代表海伯格（J. L. Heiberg）和马滕森（H. L. Martensen）的思想。正像《日志和论文》的编者所说的：“克尔凯戈尔的著作从一开始就包含了与丹麦黑格尔派的论战，但同时也是对黑格尔基本哲学思想的清算。在与黑格尔的论战中，克尔凯戈尔把黑格尔视为现代世界破坏基督教信仰的潮流的主要代表。”[②]当然，他也利用了黑格尔等人思想中的诸多“合理性因素”。克尔凯戈尔其实是在德国哲学氛围中接受哲学教养的，黑格尔对他的影响也因此是深刻的。他最初接受的神学与哲学教育大抵处于黑格尔观念的范畴之内，即便他的硕士论文《反讽的概念》也仍然带有浓厚的黑格尔主义色彩。《反讽的概念》英译本“导言”称它是“半黑格尔主义的”[③]。克尔凯戈尔力图表明，黑格尔是一位伟大的思想家，却不是一位主观思想家，他生活在他所建立的大厦之外。美国学者克莱门克(Klemke)指出：“在任何引用黑格尔的地方，克尔凯戈尔似乎都很失望。如此有才能和细心的学者竟然在如此毫无实效的任务中发展。克尔凯戈尔真实地承认黑格尔的理智能力，他曾说过，如果黑格尔承认自己的体系仅仅是一个假设的话，那么它将是已经创立的最

① Kierkegaard, *Journals and Papers*, Vol. 1, pp.16-17.

② Kierkegaard, *Journals and Papers*, Vol. 2, p. 577.

③ Capel, “Historical Introduction”, in Kierkegaard, *The Concept of Irony*, Indianna University Press, 1968.

宏伟的哲学工程。但是，他不承认这一点，并宣称自己陈述了拥有客观确定性的真理，这使克尔凯戈尔把他看作本质上可笑的人物。”①

黑格尔把思想看作实存的本质，从而忽视实存，理所当然地要遭到克尔凯戈尔的批判。在克尔凯戈尔心目中，只有诸如苏格拉底式的主观思想家才是值得赞颂的，因为他们围绕实存目标而思考，并且不以思想牺牲实存。他这样写道：“如果有人要描述黑格尔，并且说他表达思想，那么我们有权利回答说，噢，这等于什么都没有说，我们应该对他表达了什么思想有一个更好的看法。”②思想不应该是客观思想，而应该是主观思想，也就是关于内向性的思想。克尔凯戈尔所说的内向性有别于黑格尔关注的内在性，前者与内在信仰紧密相关，也因此涉及个体实存，而后者与抽象概念联系在一起，维护的是纯粹思维。在谈到康德的本体概念时，克尔凯戈尔表示：“康德关于思维无法把握的‘本体’（an sich）的讨论，是把现实性之为现实性（actuality as actuality）与思联系在一起而产生的误解。在康德与黑格尔的关系中，我们已经清楚地看到了‘内在性’的不足。”③很显然，内在性和内向性都否定外在倾向，但一个与客观思辨、一个与主观实存联系在一起。客观思辨导致黑格尔把个体纳入普遍性，并因此关心世界历史胜过关心个体，“我们人类自以为

---

① Klemke, *Studies in the Philosophy of Kierkegaard,* Martinus Nijhoff-The Hague, 1976, p. 69.

② Kierkegaard, *Journals and Papers*, Vol. 2, p. 461.

③ Kierkegaard, *Journals and Papers*, Vol. 2, p. 515.

是地认为世界历史非常重要”[①]。

在克尔凯戈尔看来，与过分关注客观思维和求知联系在一起，现代社会往往十分在意所谓的聪明和智慧，而不理解服从和信仰的本质，不知道权威和典范的意义。他嘲讽地表示：人们之所以服从国王，因为国王更聪明；人们之所以服从神，因为神是非常伟大的天才，或许差不多是最伟大的，甚至比黑格尔更伟大。[②]然而，他真正想要表达的是，我们不要太在乎哲学家们的宏大理想，他们的著作并非出于高尚的目标。他嘲讽地说，是什么促使黑格尔碰巧成了一位伟大哲学家，即十七卷书的作者？他或许靠了有一个好的脑子、靠了非常勤奋，读了学士和硕士，然后成了教授，接下来开始工作，开始写书，然而这其实是他谋生的一种方式。[③]黑格尔主张客观性，认为脱离客观性（和普遍性）的主观性是一种罪恶。[④]但主观性却成了克尔凯戈尔用以反对思辨的武器。他们两位哲学家显然是针锋相对的。黑格尔反复强调客观性与客观真理，当绝对精神辩证地发展时，真理的客观性就一步一步地自动展现出来；在到达“思维与存在同一”时，这种客观性或真理性就达到了完全的实现。这就是黑格尔“逻辑学”的根本逻辑。

美国学者科林斯（J. D. Collins）评论克尔凯戈尔针对黑格尔“逻辑学”的态度时说：“克尔凯戈尔从黑格尔的逻辑学的

---

① Kierkegaard, *Journals and Papers*, Vol. 4, p. 598.

② Kierkegaard, *Journals and Papers*, Vol. 1, p. 74.

③ Kierkegaard, *Journals and Papers*, Vol. 1, p. 91.

④ 黑格尔：《小逻辑》，商务印书馆，1982，第 62 页。

研究中获益匪浅，但是他总结道：黑格尔将思维结构与存在结构统一起来乃是与人类经验相矛盾的。”[①]也就是说，克尔凯戈尔在乎的并不是思维与存在的同一，而是其分离，并在主观性中求得真理。任何真理都只体现在个体的行动中。因此，克尔凯戈尔用主观性对抗黑格尔强调的客观性，用主观真理论取代其客观真理论。黑格尔建立了一个庞大的逻辑体系，他要把宇宙中的一切事物都包容在这一逻辑体系中，人的实存也不例外。克尔凯戈尔写道："当然，黑格尔的逻辑三一式也可以像任何事物一样来处理，可以通过把它运用到那些最简单的对象而将它发挥到极致，它在这些对象中无疑是正确的，但很不幸却是荒谬的。因此，有人可能会把它用在靴子上，展示直接立场，然后是辩证立场（它们开始吱吱作响），以及作为综合的第三种立场。”[②]人及其活动最终只是客观思想的负载者，因此思想高于人。克尔凯戈尔批评了这种建立包罗万象的体系的企图。他认为，黑格尔如果在自然与思想的基础上建立逻辑体系，那是无可厚非的，因为思想总可以自身圆满，不致出现矛盾。逻辑体系的特征是无矛盾性，只要符合这一点，逻辑体系的建构就宣告成功。但是，如果要在实存基础上建立体系，只会让思想与实存相混淆，以思想取代实存，使实存失去激情。克尔凯戈尔因此断言："逻辑的体系是可能的，思想的体系是不可能的。”[③]黑格尔的辩

---

① Collins, *The Mind of Kierkegaard*, Princeton University Press, 1983, p. 48.

② Kierkegaard, *Journals and Papers*, Vol. 2, p. 208.

③ Kierkegaard, *Concluding Unscientific Postscript*, p. 99.

证法主张“现象即本质，本质即现象”，但在克尔凯戈尔式的反讽中，“现象不是本质，而是本质的反面”[①]。

实存的动力就是矛盾，以逻辑来规范它显然是不可能的。强调逻辑体系必定强调普遍性，也因此以抽象替代具体，就会造成把个人消融在集合或集体中。按克尔凯戈尔的说法，基督教强调人之为人是成为单独个体，而在黑格尔主义那里，一切东西都是联合。[②]黑格尔的绝对精神观念力图把宗教哲学化，或者说宗教是走向绝对精神的“哲学之路”的一个环节。神因此只不过是一种象征，宗教被淹灭在哲学之中。克尔凯戈尔对这一立场持明确的反对态度。就他自己而言，宗教高于哲学，只有宗教才能够表达人的实存。他因此批评哲学家（尤其是黑格尔派哲学家）以思辨的态度对待宗教。他的《结论性的非科学附笔》一书的主要目标就是超越哲学、超越思辨，从而走向宗教。克尔凯戈尔把宗教区分为“内在的宗教”（immanent religion）和“超越的宗教”（transcendent religion）两个层次或两个阶段，黑格尔的宗教观由于还带有太多的思辨成分，因此或许尚处于内在的宗教水平。真正的宗教，也即基督教，是悖理的宗教（paradoxical religion），是与哲学、思辨、理性完全绝缘的一种宗教，从而完全排斥了理智成分，让信仰成为最后的因素。

黑格尔对克尔凯戈尔有正面影响吗？历来的克尔凯戈尔研究专家都不太注意这一方面。他们仿佛是生死之敌，不可能有共同因素。从克尔凯戈尔作品的批判锋芒看，情况似乎如此。

---

① Kierkegaard, *The Concept of Irony*, p. 264.

② Kierkegaard, *Journals and Papers*, Vol. 2, p. 293.

但是，我们应当从精神的深层内蕴中去看两者的关系，应该明确，黑格尔对克尔凯戈尔的正面影响是不容忽视的。克尔凯戈尔的哲学思考深受黑格尔辩证法观念的影响，他的辩证技巧主要利用的是黑格尔。[①] 事实上，他的主要工作是要探讨普遍、单独个体和例外个体的辩证关系[②]，而这无疑意味着把黑格尔的辩证方法运用到了伦理和宗教领域。在他的著作中，到处都可以看到有限与无限、现实与理想、必然与可能等一系列成对的辩证法范畴。他们两个人都认识到，辩证法是一种根本的原则，但是黑格尔强调辩证法的客观性、普遍性，而克尔凯戈尔只承认辩证法在个体和主观性范围内的意义。在西方现代思想中，许多学派，许多人物都否认客观辩证法，只承认主观辩证法（例如萨特只承认所谓的人学辩证法），克尔凯戈尔或许是开了这一先河。黑格尔认为矛盾对立是事物自身所具有的客观本质，而克尔凯戈尔以为，矛盾乃是人面对抉择时的一种两难处境。

更进一步地讲，黑格尔主张矛盾的对立转化，承认量的作用，主张对立面的统一，因此他承认了一种“两者……都……”（both...and...）的调和原则，坚持的是一种“量的辩证法”。而克尔凯戈尔认为，在人的生活中处处充满激情，调和原则是不存在的，存在的只是非此即彼，人生抉择不是渐进地作出的，而是当下的两者择一、非此即彼，因此他坚持的是一种“要么……要么……”（either...or...）的“质的辩证法”。量的辩证法处在

① Kierkegaard, *Journals and Papers*, Vol. 1, p. xxv.

② Kierkegaard, *Journals and Papers*, Vol. 2, p. 409.

逻辑中，质的辩证法则处在实存中[①]。黑格尔哲学从总体上看坚持的是“客观辩证法”，但这并不排除其思想中有可以为克尔凯戈尔所利用的“主观辩证法”因素。通常认为，克尔凯戈尔作品中的忧郁氛围和悲剧意识来源于黑格尔的不幸 / 苦恼意识（unhappy consciousness），而不幸 / 苦恼意识表达了某种主观辩证法观念。在《精神现象学》中，黑格尔把不幸 / 苦恼意识理解为从一个人内部产生的二元对立，“于是现在就出现了自我意识在自身之内的二元化。这种二元化在精神的概念里是本质的。不过这两个方面的统一却还没有达到——这就是苦恼意识，苦恼意识就是那意识到自身是二元化的、分裂的、仅仅是矛盾着的东西。”[②]克尔凯戈尔把这种不幸 / 苦恼意识理解为个体实存中一系列辩证冲突所导致的激情状态，这与黑格尔的理解并不存在根本的不同，后者看到的是矛盾冲突不能为普遍性所调和时的情景。

当然，他们两个人的解决方式是不一样的，克尔凯戈尔希望个体在永恒帮助下，通过成为自我的努力让矛盾得以解决，而黑格尔把这种矛盾推给客观性和普遍性进程。克尔凯戈尔认为，黑格尔的体系包含有直接性、反思性和统一性三个阶段，而他本人关注的个体实存或者说生活则包含四个阶段[③]。这其实表明，他还要引入宗教体验，而不是将其纳入思辨的体系中。不少实存主义的黑格尔研究专家（或实存主义者）和新黑格尔

---

① Kierkegaard, *Journals and Papers*, Vol. 1, p. 352.

② 黑格尔：《精神现象学》，商务印书馆，1983，第 139—140 页。

③ Kierkegaard, *Journals and Papers*, Vol. 4, p. 279.

主义者都极力夸大黑格尔的不幸/苦恼意识对实存主义思想的重要影响，认为它是实存主义的泛悲剧主义和悲观主义人生观的渊源。有人这样提出：“不是克尔凯戈尔，而是他的老师黑格尔才是实存主义哲学的创始人。”[①] 华尔在论及黑格尔对于实存主义的影响时写道：“有些实存哲学家也受到了黑格尔的影响，但事实上，黑格尔与实存哲学的主张是根本敌对的，特别是在它刚产生的时候。不过，在《精神现象学》里，黑格尔企图去研究人类精神的具体发展，这倒可以看作是实存哲学的先声，也可以说是它的先驱。”[②] 并且他在注释中表明，这种影响的主要表现是萨特和梅洛-庞蒂接受了“主人—奴隶”的辩证法和不幸/苦恼意识。华尔没有提到克尔凯戈尔在这方面所受到的影响，但黑格尔对实存哲学的影响必定经过了克尔凯戈尔哲学这一中介。

克尔凯戈尔以为，人的实存从根本上说是悲情的，因为实存奋斗中的矛盾是不可调和的。黑格尔对克尔凯戈尔的影响是广泛的，诸如克尔凯戈尔的异化观就被看作是黑格尔哲学大树上的两根硕大的分枝之一（不难想象，另一枝是马克思的异化观）。克尔凯戈尔对黑格尔的批判，不是基于理论的原因，而是为了促进个体实存。批判愈是猛烈，愈是击中要害，他对黑格尔的了解也就愈深，也就更能发现其“合理性因素”。总之，克尔凯戈尔尽管在表面上将黑格尔一棍子打死，在实际上却广泛地吸取了于他有用的因素，从而使自己独特的“思想体系”中

---

① 参见黑格尔：《精神现象学》，中译本“译者导言”。

② 华尔：《存在哲学》，第 9 页。

充满着辩证法的气息。当然，这是一种充满激情的主观辩证法，而不是围绕理性展开的客观辩证法。值得注意的是，在我们谈论克尔凯戈尔与黑格尔的关系的时候，还需要考虑他与叔本华所说的“诡辩家”康德、费希特（J. G. Fichte）和谢林（F. W. J. von Schelling）这三位德国古典哲学家的关系，甚至需要考虑他与叔本华本人的关系。他曾经表示：“叔本华引起了我的极大兴趣，当然，他在德国的命运也是如此。”[①] 从总体上看，克尔凯戈尔对这些现代哲学家采取的都是既批判又吸收的姿态。

四、一位独特的实存哲学家

克尔凯戈尔所接受的影响是多方面的，而我们所揭示的三个主要方面，即主观实存观、实存沟通的宗教观、主观辩证法构成了克尔凯戈尔哲学的基本观念，正是由于如上三者的结合，其哲学具有了独特的意义。无论如何，克尔凯戈尔注重实存而不是思想，思想只是实存的一个重要契机。从这个角度讲，他更多地表现为一个道德践履者和信仰的骑士。不过，人们仍然把他看作是一个重要的思想家。他所描述的以实存为核心的“主观思想家”形象用于他本人是最合适不过的。从研究者的角度看，克尔凯戈尔作为一个思想家的地位是确定无疑的，他的确表达了异常丰富的思想。没有研究者会对他作为思想家的地位提出疑问。

克尔凯戈尔是一位后期现代思想家。和尼采一样，他属于

---

① Kierkegaard, *Journals and Papers*, Vol. 4, p. 27.

“不合时宜”的早产儿，不为自己的时代所容，在死后却产生了深刻的影响。雅斯贝尔斯是德国实存哲学的创始人，他敏锐地洞见了克尔凯戈尔在现代哲学中的地位。他写道：“现代哲学的处境是由这一事实决定的：两个哲学家——克尔凯戈尔和尼采，在他们自己的时代并无价值，而且在哲学史上长期以来不具影响，现在却不断增生意义。黑格尔以后的哲学家不断地回过头来正视他们，其影响是毫无疑问的。作为他们时代的真正伟大的哲学家立足于今天,其影响及受到的对抗都证明了这一点。”[①]雅斯贝尔斯非常准确地描述了克尔凯戈尔思想的时代特性与历史命运。克尔凯戈尔的影响是广泛而深远的，但这种影响源于不同流派、不同哲学家对他那博大、矛盾的思想“体系”的不同体用和理解。我们不妨概括地分析克尔凯戈尔的思想，从而确定他作为一个哲学家的意义。虽然他时时处处都在责难哲学家，对哲学家无甚好感，但其“思想”确证了他具有独特的哲学体系。

1. 我们面临的选择

克尔凯戈尔是否是哲学家，或者说他是否有哲学思想？这是克尔凯戈尔的研究者们首先面对的问题。这个问题的解决，也规定着我们所开展的工作的意义。为此，我们必须在严格的意义上解决这一问题，而这一问题实际上归结为克尔凯戈尔是一个哲学家还是宗教思想家，抑或两者都是。

---

① Jaspers, *Reason and Existence*, Routledge and Kegan Paul, 1956, p. 24.

雅斯贝尔斯显然承认了克尔凯戈尔作为哲学家的意义，前面提到，他把克尔凯戈尔和尼采相提并论。海德格尔在《存在与时间》中只有三处提到克尔凯戈尔，而且都是以脚注方式提到的，意在表明克尔凯戈尔尚未达到他自己的水平，如此等等。第一个注旨在表明，克尔凯戈尔对畏（焦虑）的分析尚停留在宗教心理学的水平；第二个注想要表明，他对实存问题的思考还停留在黑格尔视野内，因此除《焦虑的概念》外，其理论文章远不如"教诲"文章有哲学上的收益；第三个注则要表明，他对时间概念的分析尚处于流俗水平，因此没有本体论 / 存在论意义。[①] 从上面三点可以看出，海德格尔是尽可能地贬低克尔凯戈尔在实存哲学中取得的进展，有让他的宗教努力掩饰其哲学贡献的倾向，但可以说在一定意义上承认了他作为哲学家的意义。萨特似乎没有直接读过克尔凯戈尔的著作，他在《存在与虚无》中主要接受了华尔在《克尔凯戈尔研究：克尔凯戈尔与海德格尔》一书中所探讨的克尔凯戈尔思想，把焦虑与自由、虚无、为己（for-itself）关联起来，从而确认了其作为实存哲学家的意义。[②] 华尔在《实存哲学》中把实存哲学追溯到克尔凯戈尔，在针对每一实存性范畴的探讨中都没有离开过他。无论如何，实存主义思潮因奉克尔凯戈尔为实存哲学之父，显然将其纳入了哲学圈。

但是，另有一些人更多地看重克尔凯戈尔思想的宗教意义，

---

① 海德格尔：《存在与时间》，生活 · 读书 · 新知三联书店，1987，第 230、283、400 页。

② 萨特：《存在与虚无》，生活·读书·新知三联书店，1987，第 61 页。

比如以巴特（K. Barth）为代表的“新正统神学”便是如此。巴特是瑞士籍基督教神学家，以提倡新正统派的“危机神学”或“辩证神学”而闻名。他主要受到路德、加尔文（J. Calvin）和克尔凯戈尔的影响。巴特和克尔凯戈尔一样，反对将神学与哲学结合起来，反对基督教的世俗化。在他看来，教义的中心应当是基督耶稣，神的启示主要显示在基督的事迹中，信仰是治愈一切弊病的良方。因此，克尔凯戈尔的基督教主张被他看作是用以克服20世纪危机的一剂药方。

美国学者艾尔罗德（J. Elrod）认为，在如何对待克尔凯戈尔思想方面，存在着两种不同的态度，新正统神学与实存主义哲学分别为其代表，这两种态度随着两个运动的兴衰而兴衰。他写道:“新正统神学的巴特把自己的整个神的他性（otherness）概念等同于克尔凯戈尔的思想。而海德格尔和萨特则把克尔凯戈尔的焦虑、实存概念当作哲学反思的恰当主题。这两种态度不幸地把克尔凯戈尔的全部著作推到两个不同的方向，对克尔凯戈尔哲学的这些神学的与哲学的考察代表着对克尔凯戈尔哲学的两种态度的典型，从20世纪30年代到60年代，整个大陆与英语民族国家的研究者都是这样。至于其假名著作整体，人们被迫或者选择一个神学的克尔凯戈尔，或者选择一个哲学的克尔凯戈尔。”①

值得注意的是，艾尔罗德只是大体上描绘了两种思潮对待克尔凯戈尔的态度，与此同时，他把范围放在假名著作之内，

① Elrod, *Being and Existence in Kierkegaard's Pseudonymous Writings*, pp. 13-14.

没有考虑包括宗教作品在内的“整体倾向”，更为重要的是，他尽管说人们被迫作出选择，他自己却预设了“克尔凯戈尔的哲学”。另一位美国学者科林斯同样指出了这种选择。他这样写道：“关于克尔凯戈尔的解释的不同学派之争论要点是这样一种广泛的意见：人们必须在他的孤独的哲学心理洞察与宗教观点间进行选择。”进而表示：“这是每一个解决如此悖论的大师都可能向之挑战的非此即彼。”[①] 这两位学者实际上都是站在哲学家的立场提出问题，给人的印象是，克尔凯戈尔的哲学思想是实际存在的，只不过有些人强调了哲学方面，另一些人强调了宗教方面。因此，这种问题一开始就不完全有效。

2. 主要的作品

克尔凯戈尔著述颇丰，生前发表的著作达二十多种，死后经人整理出来的《日志和论文》手稿近万页。这些文字构成了他作为一位思想家的“资本”。但是，由于众多的原因，要对克尔凯戈尔作品总体有一个完整的认识是很困难的。当然，一切最终都导源于他采取了间接沟通的方式。对于他众多的作品，可以从两个层次上进行区分。首先是从内容上看，它可以区分为美学作品、哲学作品与宗教作品；第二是从形式上看，可以区分为间接沟通形式和直接沟通形式，前者为假名著作，后者为真名著作。在这两种层次的区分中，许多地方又是模糊的。而且，从总的立场看，内容与形式的直接关涉又使两种区分合流。

---

① Collins, *The Mind of Kierkegaard*, p. 243.

在内容层次的区分中，“心理学实验”有时看似一种单独的内容，有时却又融入美学作品，另一时候则与宗教作品结盟，而且它与哲学作品也有瓜葛。在形式方面，又有进一步的区分，假名著作可以分为“全假的”和“半假的”。也就是说，一类作品无论“作者”、还是“编辑”、还是“写序者”，都由假想的人物充当，克尔凯戈尔宣称自己与这些作品没有一点关系；另一类作品则以假设的“作者”，但真实的“编者”和“写序者”（克尔凯戈尔）的形式出现，因此他与这些作品有间接关系。在真名著作中，又可分为早期的“半间接沟通”的“基督教谈话”和后期的直接批判、直接宣布真理（类似布道）的作品。

分歧颇多的是假名著作，设若克尔凯戈尔伪装到底，丹麦思想史上就会出现一些不断引起争论的热门话题，例如：《生活道路诸阶段》的作者是谁？好在这位强调孤独个体的哲学家也不甘寂寞，未能将许多秘密带入坟墓。在《结论性的非科学附笔》中，他让该书的假拟作者约翰尼斯·克莱马库斯（Johannes Climacus）把实际上由他本人写成的作品作为丹麦社会“现代主观思想家”努力的一部分提了出来，涉及署名维克多·埃雷米塔（Victor Eremita）的《非此即彼》，署名康斯坦丁·康斯坦修（Constantin Constantius）的《重复》，署名沉默的约翰尼斯（Johannes de Silention）的《恐惧与颤怖》，署名约翰尼斯·克莱马库斯的《论怀疑》，署名维吉利乌斯·豪夫宁塞斯（Vigilius Haufniensis）的《焦虑的概念》，署名约翰尼斯·克莱马库斯的《哲学片断》，署名装订商希拉留斯、威廉·阿夫汉、法官、弗拉特·塔西特鲁（Hilarius Bookbinder, Willian Afhan, the Judge, Frater Taciturnus）的《生活道路诸阶段》。

作为《结论性的非科学附笔》的“作者”约翰尼斯·克莱马库斯表示，自己和如上一些“作家”（实际上都是克尔凯戈尔自己）都在从事一些“主观思想家”应当做的事情。当然，“他们”达到的水平不一样。克尔凯戈尔在这里实际上是让自己通过一种欺骗性的方式来评论自己的作品。但在该书出版时，他在书后附了一份“声明”（《第一次也是最后一次声明》），宣称我们在前面所列作品，以及《非科学的结论性附笔》，以维克多·埃雷米塔署名发表于《祖国》杂志 1843 年第 1168 期中的文章，和以弗拉特·塔西特鲁署名发表在 1846 年《祖国》杂志 1 月号上的文章，都是自己的作品，也即是由一个叫作索仑·克尔凯戈尔的人撰写的作品。

在这份声明中，克尔凯戈尔表示，《非此即彼》《恐惧与颤怖》《重复》《焦虑的概念》《生活道路诸阶段》属于完全的假名作品，与他本人“无关”。他自认为这些作品与自己毫无牵涉，只不过是具有美感人格的个体自己在说话，就像文学作品中的人物所说的话并不代表作者本人的看法一样。克尔凯戈尔写道：“这些东西的确是我写成的……但是，在假名著作中却没有一句话是我的。”[①] 他以为自己与那些作品的关系，甚至不如诗人与他们自己的作品那般“亲近”。当然，他也承认，从法学和文学的角度看，他却必须为这些作品负责，这正是他发表《第一次也是最后一次声明》的理由。《论怀疑》《哲学片断》《非科学的结论性附笔》则是以约翰尼斯·克莱马库斯署名，以克尔凯戈尔为编辑和作序者的作品，这类作品与他自己是有牵连的，至

① 参见 Kierkegaard, *Concluding Unscientific Postscript*, “附录”。

少他部分地赞同其中的内容，否则他就不会承担“编辑”之责，也不会那么乐意为之“作序”。

在如上作品之外，还有一种以反克莱马库斯（Anti-Climacus）为假拟“作者”，以克尔凯戈尔为“作序者”的作品，因晚于《非科学的结论性附笔》，而未能在《第一次也是最后一次声明》中提及，但克尔凯戈尔在《日志和论文》中有过说明。他表示，“反克莱马库斯不是间接沟通”，进而明确指出，“反克莱马库斯就其有我的一个序而言，不是间接沟通”[①]。不是间接沟通，意指他说出的话是力求直接表达真理，因而是事实上的直接沟通，与克尔凯戈尔本人的想法更为切近。反克莱马库斯作品与克莱马库斯作品只有程度上的差异，却没有本质上的差别。前者宣称自己是基督徒，后者宣称自己不是基督徒，只是一个力争成为基督徒的人。两者都因请出克尔凯戈尔自己为编辑或写序者而不具有间接沟通性质。反克莱马库斯作品是新的历史条件下的产物。1846 年，在《非科学的结论性附笔》完成后，克尔凯戈尔已经打算放弃作家身份，不再发表假名作品。他准备做一个乡村牧师，进而不再以美学作品的欺骗方式，而是以直接布道者的面目出现。但是“海盗船事件”破坏了这一计划。

克尔凯戈尔将自己的大学同窗、《海盗船》杂志编辑穆勒（P. L. Møller）作为《诱惑者日记》中的“诱惑者”原型，后者因不满意而在该刊上攻击他的《罪抑或非罪》（《生活道路诸阶段》的一部分）。克尔凯戈尔以弗拉特 · 塔西特鲁的名义在《祖国》杂志上反击，并要求在《海盗船》杂志上进行公开论战。

① Kierkegaard, *Journals and Papers*, Vol. 1, p. 318.

该刊主编戈尔德史密特（M. Goldschmidt）滥用了这一要求，随后几期大量刊登讽刺克尔凯戈尔的漫画，使其心灵受到极大创伤。克尔凯戈尔放弃了做牧师的打算，与穆勒等人进行论争，并越来越公开地批判“国家教会”，其结果是穆勒退隐，《海盗船》杂志停刊。克尔凯戈尔在许多日志中都谈及这一事件。他在谈论自愿时表示：“即使我暴露在《海盗船》的攻击之下也不是自愿的。”[①] 这一事件更加促使他强调孤独个体、成为单独个体。他写道：“就我而言，是我的同代人让我正确地认识到了这一点，是他们教育了我。我并没有真正与我的同代人发生冲突，因为《海盗船》并不是全国的舆论。然而，这个国家是如此缺乏个性，以至于我被当成了超人，因为我是与这一代人相对的‘单独个体’。这不是我的错。但另一方面，这对我也是一种教育。”[②]

在论战中，克尔凯戈尔再度启用假名。但是，经过这么长一段时期的“成为基督徒”的旅程，他意识到自己已经具有了基督徒的品格，或至少已经达到了一定阶段。“反克莱马库斯”里的“反”也可以表达“走在前面”，或者说“超出”的意思，也就是说他现在已经走在克莱马库斯前面了，已经超出原先状态的克莱马库斯了。这也与同一时期的宗教作品的直接沟通形式有关。就像以美学作品与基督教谈话相衬一样，半公开性的后期假名著作与直接沟通相配合。这类假名著作有两部，一是《致死的病》，一是《基督教的培养》。前者回到《焦虑的概念》的

① Kierkegaard, *Journals and Papers*, Vol. 2, p. 66.

② Kierkegaard, *Journals and Papers*, Vol. 2, p. 423.

主题，后者回到《非科学的结论性附笔》的主题。两书都因由克尔凯戈尔作序，以“走在前面”的克莱马库斯为作者而有了“直接沟通”的性质，几乎是直接宣布真理了。

真名著作情况是明了的，它包括早期的“基督教谈话”，后期的直接批判、直接布道作品。基督教谈话是克尔凯戈尔在基督教界做一个苏格拉底的努力，具有苏格拉底式间接沟通的氛围，它让人们处于“对话”中，对“对话”可以怀疑，可以发挥自己的主观性。后期作品则是公开的，要么充满火药味，要么是真理的直接呐喊。

我们着眼于从内容上分类，也即把克尔凯戈尔作品分成美学作品、哲学作品、宗教作品三类。这三类作品间差异甚大。美学作品主要包括一些散文、日记、日记体小说、文学批评以及日常生活的心理体验之类，基本上可以归于文学范畴，它们并不直接论述什么思想，而是让作品向每个读者呈现，由读者自己去体验其中旨意。美学作品明显地以间接沟通方式出现，它们让读者的主动性得以极大地增强，似乎已经暗含了当代文学理论中的“读者反应”或“接受美学”原则。克尔凯戈尔要让个体在物化生活中体验到这种生活的无常性，从而走出这一圈子。在假名著作中，美学作品的分量最大，它同“与克尔凯戈尔不相干”的那一部分假名著作之范围大体上吻合。哲学作品则大抵上相当于克尔凯戈尔为编辑或作序者的那些假名著作，该类著作近似于哲学家的风格，探讨个体的主观性及其与基督教真理的关系问题，以哲学方式引导个体不要哲学地对待基督教，而应当以实存的态度对待之。在这类作品中，克尔凯戈尔抨击了笛卡尔以来的思辨倾向或理性主义，矛头直指思辨哲学的集大成者黑格尔。宗教作品分歧较小，相当于直接攻击和直接布道的作品，此外还包含早期的“基督教谈话”。

在《作为一个作家我的作品的观点》中，克尔凯戈尔自己的分类是，第一组（美学作品）：《非此即彼》《恐惧与颤怖》《重复》《焦虑的概念》《前言》《哲学片断》《生活道路诸阶段》；第二组（他在这里没有注明它是哲学作品，但根据他所谓早期是由美感而宗教，中期是由哲学而宗教的看法，可以定为哲学作品）：《结论性的非科学附笔》；第三组（宗教作品）：《训导谈话》《爱的作品》《基督教谈话》。[①]

《作为一个作家我的作品的观点》写于1848年，未能评及《致死的病》和《基督教的培养》。这两书因用反克莱马库斯之名，内容上又与反克莱马库斯相近，大致上可以归于第二组，但因主要涉及宗教内容，归于第三组也未尝不可。此外作为文学批评著作发表于1846年的《两个时代：一种文学批评》因其主要描述美感生活而应当划在第一组。《瞬间》（英译为《对基督教界的攻击》）属于第三组。克尔凯戈尔将《哲学片断》划在第一组是有疑问的，因为其主题显然不是美感的，而是哲学的，因此应划在第二组。但是，克尔凯戈尔所作区分同时兼顾了时间因素，也即早期美学作品，中期哲学作品，晚期宗教作品，这样的做法也因此自有其道理。

在这些作品之外，最重要的是《反讽的概念》和《日志和论文》。克尔凯戈尔在《反讽的概念》中对反讽的论述广泛地涉

---

① Kierkegaard, *The Point of View for My Work as an Author*, Harper & Row Publishers, 1962, p. 10.

及古希腊哲学与戏剧、早期现代哲学与浪漫派文学的观念，既可以划为第一组，也可划在第二组。它是这两类作品的导论。当然，它并不属于完全成熟的作品。《日志和论文》是克尔凯戈尔思想的无穷宝藏。它们直接与克尔凯戈尔自己的人格、实存和思想倾向相关，使他能够把那些由于天性内向不愿向人吐露的情感表达出来，因此它们类似于日记或自传。另一方面，这大量的遗稿更多地反映了他的哲学和宗教倾向。个体实存、宗教体验、实存沟通、传统批判构成其主题。当确定前述三类作品之性质遇到困难与疑惑时，主要的参考或参照应该是《日志和论文》。

最后，还有两部重要作品，一是篇幅稍长的《作为一个作家我的作品的观点》，一是《我作为一个作家的活动》。这两部著作分别完成于1848年和1851年，是克尔凯戈尔的学术自传。在《非科学的结论性附笔》中，克尔凯戈尔先让假拟的作者评价有关假名著作的特征和目标，然后通过《第一次也是最后一次声明》第一次公开评价自己的作品，而《作为一个作家我的作品的观点》和《我作为一个作家的活动》则试图进行全面而公开的学术总结，其共同点是指出自己作为一个宗教作家的意义。这两部作品处于假名游戏之外，我们甚至也可以把它们与其他克尔凯戈尔研究专家的工作相提并论，只是他掌握了更多的材料，比别人更了解自己的心境。当然，也可能出现“不识庐山真面目，只缘身在此山上”的情况。因此，我们应当充分利用他的这两部学术自传，但不能囿于其中，要避免作茧自缚。

3. 作品的宗教目标

我们在区分了如上作品的种类之后，主要的任务是确认克尔凯戈尔作品的主旨。正如《作为一个作家我的作品的观点》和《我作为一个作家的活动》表明的，他的作品之宗旨主要是宗教的。

关于美学作品。美学作品致力于描述感性生活，但相关描述并不是目的。从《非此即彼》开始，克尔凯戈尔所发表的假名著作总平行地伴着一个或两个署自己名字的“训导谈话”，两者是相反的，给人的印象是，克尔凯戈尔假拟的那些作者关心美感生活的描述，而他自己则是一个宗教思想家。克尔凯戈尔将自己一分为二，以两种面目出现的目的何在呢？在《作为一个作家我的作品的观点》中，他承认，自己的整个美学作品都肩负着宗教使命，但它们并没有直接表露出来，相反，这类作品都具有一种欺骗特征，即“美学作品整体，就其与整个作品的关系而言，乃是一种欺骗”[①]。它们以间接的方式证明美感生活只不过是幻相，惟有宗教生活才是本真的。因此，它们虽然在描述美感生活，字里行间却包含着宗教目标。克尔凯戈尔这样告诉我们：“美学作品描述了人们可以采取的一种成为基督徒的方式：即远离美感生活以成为基督徒。”[②]他还表示，自己的作品中存在着由诗歌（美学）转到集中揭示什么是基督教这样一个运动[③]。因此，美学作品是与宗教目标密切相关联的。

---

① Kierkegaard, *The Point of View for My Work as an Author*, p. 39.

② Kierkegaard, *The Point of View for My Work as an Author*, p. 42.

③ Kierkegaard, *The Point of View for My Work as an Author*, p. 142.

关于哲学作品。哲学作品主要包括《论怀疑》《哲学片断》《非科学的结论性附笔》等。这些作品是以约翰尼斯·克莱马库斯署名的。克莱马库斯是古希腊的一个僧侣，著有《通往天堂的梯子》。克尔凯戈尔把他用作《论怀疑》的署名，借以反对笛卡尔的追随者们，本质上是以宗教的立场反对哲学思辨。克莱马库斯不断地怀疑，以至于投入了全部身心，使得生活失去了意义。逐步地，他认识到这一切都是由于哲学的过错。最后，通过对怀疑论的怀疑，他让自己转向了信仰，并用信仰征服了怀疑。克尔凯戈尔很快就发现自己的真正对头是黑格尔，因此仍然用这位希腊僧侣来反对黑格尔。他先后写就了《哲学片断》和《非科学的结论性附笔》，用以探讨个体与基督教真理的关系问题，主张从个体实存的角度而不是哲学思辨的角度解决这一问题。通过批判黑格尔主义的客观真理观，通过强调主观性与主观真理，克尔凯戈尔描述了个体如何才能成为一个基督徒。他先是这样写道，“正如我已经说过的，《结论性的非科学附笔》构成为我作为一个作家的作品的转折点，它表达了成为基督徒的问题”；进而声称，它旨在表明应当“远离体系，远离思辨，以成为一个基督徒”。[①] 哲学作品和美学作品实际上分别构成对思辨哲学和美感生活的批判，而这种批判突出了宗教的地位。

关于宗教作品。克尔凯戈尔早期作品以训导谈话的方式出现，它们旨在提高人们与基督沟通的主动性，虽然不同于“真正的基督教”观念，但它们以苏格拉底方式表达了克尔凯戈尔

---

① Kierkegaard, *The Point of View for My Work as an Author*, pp. 40-42.

的宗教理想。后期作品除《致死的病》外，其余的全部直接涉及基督教主题，就连《致死的病》也主要表现为面对“原罪”时的一种心理处境，也因此是基督教的。在后期思想中，克尔凯戈尔猛烈抨击基督教界（或国家教会）的基本观念。他主张把基督教从习惯的或国家的基督教中解放出来。他这样表示：“我是‘习惯的基督教’的憎恨者，这是对的，我憎恨一切形式的习惯基督教。”“我被认为采取了攻击‘国家基督教’的姿态，是的，克尔凯戈尔的整个意图都是攻击既存基督教，更特别地，为教会从国家中解放出来而战。”① 这种批判意味着什么呢？他批判的是基督教在他所处时代的堕落以及与此相关的虚假观念。他认为，“基督教界的罪过其实就是愚弄神，把神视为傻瓜”②。而根本的问题在于玩弄基督教，客观化、简单化、思辨化、大众化倾向使成为基督徒变得容易起来，似乎人人都已经是教徒，因此没有了成为基督徒的任务。

的确，克尔凯戈尔所处时代的基督教“是如此温顺和驯服地被改写，以至于它所要求的根本的、决定性的选择被完全掩盖了”③。人们往往带点骄傲、甚至傲慢的姿态宣称自己是基督徒，殊不知自己有成为基督徒的任务。非常突出的一个问题是，人们更看重的是外在的一切，而没有回到内向性。克尔凯戈尔明显不满意于这种状态，并因此提出了尖锐的批评。当然，批

---

① Kierkegaard, *The Corsair Affair etc.*, pp. 52-53.

② Kierkegaard, *Journals and Papers*, Vol. 4, p. 607.

③ Allen, *Three Outsiders: Pascal, Kierkegaard, Simone Weil*, pp. 53-54.

判不是目的，而是为了提出成为真正基督徒的问题，这是“当一个人是基督徒时，如何成为一个基督徒”[①]的问题。因此，这种批判旨在清除“自以为是”，从而为触及基督精神之实质作准备。按照他的说法：“基督教恰恰意指这种在自我关心中对于外在表现的漠不关心。”[②]克尔凯戈尔在批判基督教界的同时，发表了许多布道词，例如《神的不变性》《空中的小鸟与田野中的百合花》等。这种种努力的宗教目标是十分显然的。他自己说过，最后一部分是纯粹的宗教作品，最不需要解释，它们理所当然地符合整个作品都是宗教性的这一点。[③]无论如何，三类作品都表明，克尔凯戈尔全部写作最终服务于宗教目标，或者按他自己的说法，他的整个作为一个作家的作品都是按照这一作家是一个宗教作家来构成的。[④]

4. 何种意义上的哲学家

我们用了较长的篇幅来分析克尔凯戈尔的各类作品及其宗教主旨，可以得出结论说，他是一位宗教思想家。在这种背景下，还有理由表明他是一位哲学家吗？克尔凯戈尔从来就没有自称过哲学家，但也没有自称过宗教思想家、基督徒，而是称自己是一位有宗教倾向的宗教作家。我们所说的克尔凯戈尔的哲学作品也是由后人分类出来的，《论怀疑》《哲学片断》《非科学的

① Kierkegaard, *The Point of View for My Work as an Author*, p. 43.

② Kierkegaard, *The Corsair Affair etc.*, p. 59.

③ Kierkegaard, *The Point of View for My Work as an Author*, p. 42.

④ Kierkegaard, *The Point of View for My Work as an Author*, p. 22.

结论性附笔》之类哲学作品实际上都想远离哲学。他将直至黑格尔为止的哲学主流看作是思辨的，因此是应当加以反对和抵制的。他总是以十分轻蔑的口吻对待哲学，对那种以哲学思辨看待人生和宗教的姿态尤其表达出强烈的不满。这样一来，克尔凯戈尔还是哲学家吗？我们的回答是：他并不是哲学圈外的人，他总是在与哲学打交道，当他从事批判和摧毁哲学的工作时，他事实上表达了另一种哲学观点，即：哲学应当消亡，信仰的实存应当取代哲学的思辨。在当今各种哲学思潮中，最活跃者莫过于那些宣称“哲学消亡”的后现代哲学家了，德里达、罗蒂（R. Rorty）便是这类哲学家。这显然是哲学的悖论，因为“哲学终结”成为了一个哲学主题，它似乎既在哲学之内，又在哲学之外。克尔凯戈尔与哲学始终有某种牵涉，因此，我们不妨从如下几个层次进行分析。

把克尔凯戈尔称作宗教哲学家是解决问题的第一种尝试。具体而言，克尔凯戈尔是一位基督教哲学家，一位基督教人本主义者。克尔凯戈尔反对用思辨的、哲学的态度和方法对待基督教的历史及其教义。在他看来，个体体用及其实存关注才是最为重要的。问题在于，由于人们不懂得基督教的悖理本性，基督教被思辨地加以解释，从而被当作一种客观的历史现象，哲学家自身也只是充当了一位客观的观察者。这样一来，作为基督教核心的信仰就丧失掉了。信仰显然并不建立在客观性的基础之上：如果某种东西是客观的，我们就只对之进行认知，而勿需信仰。基督教导向的是主观性而不是客观性。按照克尔凯戈尔的说法：“基督教并不导向客观观察，因为它打算把主观性强化到极端的地步。”[①] 他反对丹麦的思想家们将黑格尔的思辨哲学与基督教结合在一起。在他眼里，宗教高于哲学，哲学不能够解决宗教问题。宗教的核心不是客观教义，而是人依教义而决断，并且实存地与之相关联。思想必须服从存在。因此，他强烈反对中世纪基督教哲学，尤其反对关于神存在的“本体论证明”。他告诉我们，安瑟伦（Anselm）祷告他成功地证明了神的存在，并对神表达其感恩，而他却没有注意到，他的祷告和表达的感恩比他进行的论证要无限好地证明了神的存在[②]。本体论证明混淆了神的存在和人的实存，因而导致了迷途。克尔凯戈尔反对的是思辨哲学。如果说他反对哲学的话，那也是因为到黑格尔为止的哲学在本质上是思辨的。那些逸出思辨之外的哲学显然不会受到他的攻击。然而，存在着非思辨的哲学或人生哲学吗？

克尔凯戈尔反对纯粹的人本主义哲学，他总是将人与宗教联系在一起。宗教生活是人的最高生活，因此，当我们提到他的人生哲学时，实际上是指基督教人生哲学。他写道：“现今的人们催促以纯粹人性来反对基督教，——其傲慢程度是难以置信的。”他接着又写道：“而我们现在所谓的人本主义是什么呢？只不过是汽化了的基督教教义，一种文化意识，基督教的渣滓……必须对人本主义者如是说：创造‘原汁人本主义’——因为现在我们真正应具有的乃是基督教人本主义。”[③] 在他看来，

① Kierkegaard, *The Point of View for My Work as an Author*, p. 55.

② Kierkegaard, *Journals and Papers*, Vol. 1, p. 11.

③ 祁克果：《祁克果日记》，第 255—256 页。

人性的傲慢无济于事，只有与基督精神结合，才会产生真正的精神。克尔凯戈尔的工作展现的其实是一个个体的人性与神性交互作用、相互结合的真正精神之旅，惟有如此才会产生真正的人本主义。很显然，他主张在实存的媒质中让基督教与哲学联姻。后来的实存主义者或研究专家把实存主义区分为有神论的与无神论的两种。就其实质而言，两者并无差异，它们关注的都是个体的实存与命运。如果把克尔凯戈尔哲学说成是有神论的实存主义，显然是把他说成一个宗教哲学家。例如汉内就认为，解决克尔凯戈尔哲学地位的“可能性之一是他作为一个宗教哲学家的作用”[①]。哲学即体验，雅斯贝尔斯用哲学一词的动名词形态而不用名词形态，其用意就在于此。但是，最根本的体验是宗教激情，宗教激情把个体推到实存的边缘处境中。克尔凯戈尔之所以被看作是一个实存主义者，并非纯粹因为他是一个哲学家，而是因为他也是一位宗教思想家，即他是一位宗教哲学家。

把克尔凯戈尔界说为一个超常哲学家（paraphilosopher）是解决问题的另一种方式。汉内教授指出，尽管人们公认克尔凯戈尔作为文化创新者和偶像破坏者的重大意义，但他并未被列到大哲学家之列。这种看法是有道理的。这是因为，尽管克尔凯戈尔被奉为实存主义之始祖，但他毕竟只是一个源头。况且，即便海德格尔也尽可能地宣称他处于某种前存在论水平。这样一来，克尔凯戈尔的基本处境是：“他并没有被广泛地看作是哲

① Hanney, *Kierkegaard*, Routledge-Kegan Paul Press, 1982, p. 10.

学家，至少不是好的哲学家。”[①] 人们承认克尔凯戈尔作品有意义，因为它们的确给后来人以启示，但他的思想似乎没有本己的价值。也就是说，在许多人看来，如果说克尔凯戈尔有声誉，这并不是依靠自身的思想，而是由于别人的渲染，由于被别人当作工具。因此，他似乎没有理由配称哲学家。克尔凯戈尔的确是因别人的渲染才“红”起来的。科林斯就说过：“克尔凯戈尔使许多关系到自己毕生工作和名誉的思想受制于后人。”[②] 我们认为，克尔凯戈尔是有其自身价值的，如果说一切都取决于别人的渲染，一个毫无思想的人总不会被渲染为有思想价值的。事实上，如果克尔凯戈尔以真名发表《哲学片断》和《非科学的结论性附笔》，并自认为是哲学家，他会被否认吗？但是，他这样做，他的哲学的实存意义就会因此降低。正因为人们认为克尔凯戈尔自身无多大哲学价值，只为哲学提供了某种具有启示性的东西，所以他被称为是一个超常哲学家。

与休谟、康德，甚至黑格尔比较起来，克尔凯戈尔的哲学可能会被认为太浮泛、太冗长、甚至太激动、太讽刺，以至于他不能被归于同列。他的确具有重大影响，他先启地陈述和分析了广为人知的后来的实存主义的中心概念，这些概念在海德格尔、雅斯贝尔斯和萨特的著作中得到了零散的承认，他们归功于他，但是他几乎难以完全凭自身理由成为一个著名哲学家。汉内表示，在这种情况下，可能有一位作家，在心中铭记着克尔凯戈尔，为那些对哲学有贡献但不是学院的或职业性的哲学

① Hanney, *Kierkegaard*, p. 8.

② Collins, *The Mind of Kierkegaurd*, p. 241.

家的人提出了一个特殊的名称，称他们为超常哲学思想家[①]。克尔凯戈尔的确不是职业哲学家，但尼采、叔本华的情形也是如此，只不过他声称自己看不惯哲学，而尼采、叔本华没有作出如此声明而已。克尔凯戈尔无论在生活还是思想方面都具有榜样性力量，因此才被称作“超常哲学思想家”。汉内指出，研究者认为，“克尔凯戈尔作为一个重要的超常哲学思想家，只是由于我们承认了他对我们时代的实存问题有影响的著作和生活方式，才使我们认识了他”[②]。克尔凯戈尔似乎主要是一位宗教思想家，但是他的宗教观点却改变了后期现代哲学的概念、方法，为后期现代哲学提出了新问题。这些就是人们确定克尔凯戈尔在哲学方面的地位的原因。显然，人们认为克尔凯戈尔只是由于引发了实存主义才具有一定的哲学意义。这实际上否认了克尔凯戈尔作为一个哲学家的意义。汉内也不同意这种看法。他认为，在克尔凯戈尔关心终极问题的意义上，可以把他的工作冠以哲学的名称。汉内反对把克尔凯戈尔排斥在哲学圈外，反对只把他看作“超常哲学思想家”。这无疑是对的，但只在关心终极问题的意义上称克尔凯戈尔为哲学家，仍然贬低了他作为哲学家的地位。

最终说来，克尔凯戈尔是真正意义上的哲学家。到目前为止，我们取得了两点进展：当我们说克尔凯戈尔是一个超常哲学家时，我们至少承认了他对后期现代西方哲学的贡献（提出了新问题，并为问题的解答提供了某些启示）；当我们说他是

① Hanney, *Kierkegaard*, pp. 8-9.

② Hanney, *Kierkegaard*, p. 11.

一位宗教哲学家时，他在一定程度上表达了哲学精神。但是，这还远远不够，我们必须提出他是否具有作为一个真正的哲学家的意义这样一个问题。研究专家们对于有神论实存主义者如雅斯贝尔斯，总是淡化其宗教成分，唯独克尔凯戈尔没有自称为哲学家，就被归入到宗教范畴中去了。这当然是不公平的。我们认为，克尔凯戈尔完全有作为一个哲学家存在的地位和资格。这需要从他的思想与存在论 / 本体论（ontology）的关系谈起。在他那里有一种本体论吗？真正说来，克尔凯戈尔在《日志和论文》中提到本体论的地方不多。除了批判安瑟伦关于神的本体论证明外，他只有四个地方提到这一术语。非常有意思的是，他是在方法论尝试的名义下第一次提到这个概念的。他表示，不同的科学应该根据它们强调存在的不同方式以及与存在的关系如何提供互惠优势来排序；在他看来，本体论和数学等科学的确定性是绝对的，在它们那里，思想与存在是合一的；不过话说回来，它们都是假设的。[1] 本体论是关于存在（Being）的科学，与此不同的则是实存的科学（existential science），但他没有对实存的科学提出哪怕一个字的具体说明。

第二次提到本体论，涉及的则是如何才能阐明本体论与逻辑的关系，他写道："要阐明逻辑学与本体论之间的关系，我们这个时代最需要的很可能是对可能性、现实性和必然性这些概念的研究。"[2] 这两次是紧密相关的，它们的确涉及传统本体论的实质，表明它意味着存在论、逻辑学和方法论的统一。第三

① Kierkegaard, *Journals and Papers*, Vol. 1, p. 80.

② Kierkegaard, *Journals and Papers*, Vol. 1, p. 80.

次涉及的则是本体论与《新约》的关系。在他看来，个体力求成为在己为己的存在（Being-in-and-for-itself），而在己为己的存在与理性是完全对立的，"当理性渗透所有关系和一切事物时，在己为己的存在就消失了"，"但《新约》恰恰代表了在己为己的存在，完全的在己为己的存在"。[①] 黑格尔等人的本体论以理性的方式达到的在己为己的存在是可笑的，要成为基督徒，就是要脱离哲学本体论。第四次依然涉及本体论与《新约》的关系，个体应该模仿基督，成为精神，而不是受制于理性和计算，基督教不需要理解，而是信仰[②]。第三次和第四次都旨在处理本体论和神学的关系，完全可以用海德格尔解读哲学史时用的"存在—神—逻各斯"这个概念来表达。非常有意思的是，尽管谈到了相关的实际内容，本体论一词在这两次提到的内容中并没有直接出现。

尽管克尔凯戈尔很少谈论本体论，甚至很少谈论存在，或者说他没有像海德格尔和萨特那样明确地提出存在概念，但他时时处处都围绕实存展开其思想，在其实存论（theory of existence）中显然贯穿了存在原则。这就如同海德格尔以此在或者说人的实存为论证的起点甚至中心，但自认为其哲学是存在哲学一样，克尔凯戈尔围绕实存展开的"成为论"（theory of becoming）展开的哲学论述依然属于"存在论"（theory of Being）。科林斯在其《克尔凯戈尔的心智》中表示，克尔凯戈尔著作中贯穿着类同于黑格尔的有与无的区别，尽管前者关注

① Kierkegaard, *Journals and Papers*, Vol. 1, p. 218.

② Kierkegaard, *Journals and Papers*, Vol. 1, pp. 372-376.

的是实存论的存在概念，而后者探讨的则是思辨性的存在概念。科林斯这样指出，在克尔凯戈尔哲学中，“实存意味着展开存在的模式”，而“在真正的存在范围内，有着存在与纯粹实存能力的区别”，进而言之，他“利用了现实的存在与潜在的存在的亚里士多德式区别”[①]。科林斯实际上想要表明的是，克尔凯戈尔思想中存在着存在论与实存论的区别，不过实存论围绕存在论展开，具体实存则是存在模式的派生形式。当然，如果将人与神关联起来，这种存在论与实存论关系就会更进一步地拓展开来。

对于克尔凯戈尔来说，神存在（to be，是），但不实存（to exist）；个体不存在，却实存，或者成为（to become）。他这样写道：“耶和华说我是我之所是；我是。以这种方式存在对于人来说是太高贵了，是太过真诚了。因此我必须尝试成为某种东西，成为某种东西更容易。”[②]存在表现为本体，实存是派生物。然而，个体毕竟在实存中会趋向本体的存在，而且这种存在就体现在他对自我的寻求中。一方面，实存中没有静止的存在，个体也因此不断地追求、追问这一存在。因此，存在体现为建构理想自我的努力，个体不断地作出实存的努力，自我也就不断地拓展地平线。这样，自我不像萨特所说的那样是一个建构/设定的盖棺定论意义上的静止目标，而是永远活动的精神。另一方面，在个体的实存奋斗中，他既要不断地与自己的未来自我约会，又要迎接更高呼唤的不断传来，只有在神的怀抱中，

① Collins, *The Mind of Kierkegaard*, p. 249.

② Kierkegaard, *Journals and Papers*, Vol. 1, p. 81.

才会有平息，因此个体必须抛离人性自我以获得神性。如此一来，克尔凯戈尔意义上的存在模式不仅派生出了现实自我与潜在自我的张力，而且产生了人性自我与神性自我的张力。前者表现为人性的超越，也就是实存主义通常认为的自我设计，后者则表现为神学意义上的超越，这意味着由时间走向永恒。

艾尔罗德的《克尔凯戈尔假名著作中的存在与实存》专门探讨了克尔凯戈尔的本体论结构及其展开。作者在该书中提出了这样一个论题：克尔凯戈尔的各种假名著作中存在着一个把它们联系起来的本体论基础。他写道："的确，我越来越确信克尔凯戈尔不仅对本体论问题感兴趣，而且事实上在探讨自我的假名著作中提出了一种本体论。我进一步确信，这一本体论起到了作为假名著作所描述的实存三阶段之联结原则的作用。"[①]在该书第一部分，作者探讨了作为本体的自我的存在，也即自我或存在对于克尔凯戈尔著作来说就是所谓的本体。在第二部分，作者探讨了存在与实存的关系，他完全运用了后来成熟的实存主义范畴来解释这位先驱。艾尔罗德对克尔凯戈尔本体论之重建颇费了些工夫，他实际上将它建立在克尔凯戈尔关于辩证的自我的认识基础上，因此使自我的一系列构成环节成为本体论的重要内容，而自我则是本体自身。

我们完全赞同艾尔罗德的这一尝试，而且基本上接受了他的许多观点，这在我们的第一章第二节有关内容中可以看出来。然而，艾尔罗德忽略了一点，那就是自我不是静止的东西，克

---

① Elrod, *Being and Existence in Kierkegaard's Pseudonymous Writings*, Princeton University Press, 1975, p. 3.

尔凯戈尔哲学中不存在一个静止的本体概念。科林斯实际上就认识到了这一点。从克尔凯戈尔甚至从他在不少日志中谈到过的叔本华开始，本体论就不再探讨实体。艾尔罗德用自我这样一个类似实体的范畴根本不可能表达克尔凯戈尔哲学所描述的“成为”特征。克尔凯戈尔反复强调的是如何成为自我，也即如何建构自我理想。建构者不是一个实体的自我，而是精神。精神是一个动力学范畴，其主要因素是激情。在我们看来，只有精神或充满激情的自我才是克尔凯戈尔哲学的本体范畴。正因为如此，我们在第一章中将确立“精神”在克尔凯戈尔哲学中的本体论意义。

克尔凯戈尔不是一个思辨哲学家，但是，由于他在那些文学风格的假名著作中围绕存在与实存两个主题展开工作，他因此是一位存在哲学家或实存哲学家。这样的话，他的思想就具有了独立的哲学意义。科林斯和艾尔罗德都是如此看的。科林斯认为，克尔凯戈尔关于实存关系的看法确立了人的本体论形象。他如是说道：“不必将克尔凯戈尔变成一个思辨哲学家，我们可以在其关于生活道路的阶段的看法中发现某种关涉人的暂时存在及其目标的永久的结构性含义。”[①] 如果不是这样，很难想象实存主义会把他奉为开山鼻祖。

克尔凯戈尔围绕成为精神这一要求向我们展示了人的实存的广泛领域，他的精神实存论既揭示了人的沉沦与异化处境，又展现了人的永恒理想和拯救的希望。他让人时时处处都处在选择的激情中，或是进取，或是绝望，总也找不到心安理得的

---

① Collins, *The Mind of Kierkegaard*, p. viii.

理由。他对于忧郁、不幸/苦恼、焦虑和绝望等情绪的心理学－本体论描述，揭示了人生的悲情性。用雅斯贝尔斯的话来说，人总是处于这种或那种“边缘处境”中。克尔凯戈尔也与其他后期现代哲学家一样，探讨了作为本体论而不是认识论的真理范畴，“主观性真理”规定了实存主义尤其是萨特式的实存主义的真理观。克尔凯戈尔揭示的沟通理论也是哲学解释学、社会批判理论、结构－后结构主义密切关注的东西。凡此种种，都可以说明，克尔凯戈尔是一位对后期现代西方哲学具有重大影响的大哲学家。我们围绕如上内容展开的整个工作，显然都是为了确立克尔凯戈尔作为一个哲学家的地位。

克尔凯戈尔虽然是一个宗教思想家，但他也有作为哲学家的理由。他的思想中天然包含这种两重性，它们是一致的，不矛盾的。但这并不排除各有其独立自存的理由。虽则如此，我们所进行的克尔凯戈尔哲学研究，不可能排除宗教思想；相反，我们应当将之融入哲学探讨之中，从而找到系统分析其思想的理论基础，并最终重组其哲学体系，展现其精神旅程。与此同时，这一工作只是为了理清一种非理性主义哲学的内在逻辑，并不是要确立一种静态的克尔凯戈尔主义。的确，有学者已经提醒过这一点：“克尔凯戈尔生前就反对崇拜，主张发挥自我主观性，因此不指望一种克尔凯戈尔主义。然而，后人都背叛了他，对于克尔凯戈尔而言，克尔凯戈尔主义就如同苏格拉底主义一样滑稽可笑。”①

---

① Collins, *The Mind of Kierkegaard*, p. 241.

第一章
精神的界说

克尔凯戈尔断言：人即精神。这并不是就人的实际处境来说的，而是体现为一种要求：人应当远离感性直接性和思辨，应该追求个体的精神目标。人要成为自我，应当建构自我理想，而这一建构本身就体现为一种精神。精神概念是克尔凯戈尔整个思想的中心概念，有必要对它作一个整体上的界定，而这一界定表现为一种精神本体论的重构工作。和后来的著名哲学家如尼采、海德格尔、萨特及德里达等人一样，克尔凯戈尔是反形而上学、反体系的，他们都自称是非体系的哲学家。然而，研究者们却总是在“系统地”研究他们，因而在为他们重构体系。我们同样有违克尔凯戈尔反体系之初衷，要为他整理思想，重构体系。这不等于说我们在任意杜撰，实际上，一个反体系的思想家总是在用一个系统做工具，他的思想从整体上看是一致的、自身完备的，也因而是符合体系的。我们把克尔凯戈尔哲学界定为一种精神本体论，但是，这并不意味着我们就完全同意传统的本体论概念。事实上，在克尔凯戈尔哲学中，作为本体的精神概念具有十分独特的含义。

第一节　什么是精神

亚里士多德第一个将本体（或译实体）作为哲学范畴提了出来。在《范畴篇》中，他这样指出："本体，从这个词最真实、原始而又最明确的意义上是既不能被断言于主体又不依赖于主体的事物。"[①] 本体就是"有"（"存在"或"是"）本身，或者说"作为有的有"。本体与其他范畴的关系是，本体是"有"，其他范畴是"有"的属性。本体是主词，其他范畴则是谓词，本体独立不依，其他范畴则赖之以存。这当然不是说在亚里士多德之前的哲学中不存在某种本体，相反，从哲学之发端起，它就一直在关注本体论问题。归纳起来，亚里士多德哲学之前有两类典型的本体存在，一是巴门尼德（Parmenides）和柏拉图等人那里的精神（观念）本体，一是德谟克里特（Democritus）等人那里的物质本体。当然，这些思想家都没有提到本体概论。亚里士多德把在他之前的哲学都看作是关注本体问题的，他批评了柏拉图等人在感觉事物之外寻找独立本体的企图。

亚里士多德自己基本上是把本体看作外在的感觉事物；尽管他也提到一般本体和神这一最高本体，外在个体事物即实体才是严格意义上的本体。以亚里士多德对本体的实体化界说为基点，其后的观念主义哲学家主张心灵和精神是真正的本体，唯物主义哲学家则主张物质实体才是唯一本体。不管是观念主义，还是唯物主义，其关于本体的观念都有如下共同含义：第一，本体为实体或存在物，它要么是物质实体，要么是精神实体，

---

① 亚里士多德：《范畴篇·解释篇》，商务印书馆，1957，第 15 页。

尽管用的是“存在”“有”“是”等概念,实际上是“存在者”,“有者”和“是者”;第二，本体与本源、始基同义，因此有因“本”以成，不能忘“本”的说法，本体表现为万物的生产者，与此同时也是万物的归宿；第三，本体也即处于第一位的、中心地位的、优先地位的东西，应该以之说明其他一切事物。克尔凯戈尔的精神概念与本体有何联系？或者说它在何种意义上与本体联系在一起？

克尔凯戈尔和叔本华是向黑格尔为代表的传统哲学开火的先驱，他们的思想开辟了新方向，他们关于本体的观念必然也与传统观念有所不同。与后期现代人文哲学，尤其是实存主义哲学一样，克尔凯戈尔哲学关注的是个体的实存和情绪，人不是精神实体，而是始终处于成为精神的努力中，实存奋斗的情绪化表现冲破了静态化的、实体化的精神。克尔凯戈尔的精神概念因此不同于如上第一种含义。作为一个宗教信仰者、一个基督徒，克尔凯戈尔主张作为精神的神创造了世界，神是世界的起源和归宿，从这个意义上讲，传统本体的第二种含义似乎有可采纳的意义。但是，我们旨在探讨人的精神及其成长，克尔凯戈尔并未提出人是创世者，人只不过是自己的私人世界的建构者，他无法“无中生有”。因此，这一含义也应当排除。我们于是转到第三种含义，一般而言，克尔凯戈尔的精神概念当然地具有这一种含义。但是，这无法摆脱实体之嫌。不过，这一含义显然具有可以重新解释的余地。这是因为，中心地位可由实体占据，也可由实体的“存在”或“不存在”甚或“变易”来充当。

实存主义的总特征是用存在（Being）取代存在者（beings）

和实体，克尔凯戈尔则尤其强调成为／变易（becoming）。黑格尔逻辑学第一个三段式是“有”—“无”—“变易”，也就是“是／存在”—“不是／非存在”—“成为／变易”。克尔凯戈尔哲学谈论较少谈论正题“是”，也很少谈论反题“不是”，他显然从合题“变易”谈起。换言之，在他那里，具有中心地位或优先性的不是存在者，不是作为实体的精神，而是精神实存或作为实存的精神，也就是说人始终在成为精神。精神是一个动态范畴，它不像亚里士多德的本体范畴那样具有充实性。亚里士多德在静态中确定本体的优先性（本体乃变中之不变），克尔凯戈尔则在发展中展示精神的优先性，实际上确定的是个体的精神实存的优先性。叔本华的生存意志说主要围绕个体实存展开，同样是突破静态精神结构的重要尝试。然而，克尔凯戈尔发现了这一哲学存在的明显矛盾，它强调实存就是承受痛苦，实存于是就是不实存，个体既可以走向强化实存的方向，也可以走向弱化实存的方向，这样一来，这一强调实存的哲学因为其禁欲论和幸福论的独特结合而最终让个体以放弃实存为最大幸福。①

早期现代哲学的主导形式是认识论，但认识论预设了本体论。精神作为本体主要体现在各种类型的观念主义学说中（二元论主张物质本体与精神本体并存），它们大体上都把精神看作是一种实体，黑格尔的绝对精神概念最能见出这一特征。绝对精神指作为宇宙万物共同本质和基础的精神实体。这种精神实体在其发展过程中会达到自我认识阶段，因而具有其派生的形

① Kierkegaard, *Journals and Papers*,Vol. 4, pp. 32-33.

式，也即所谓的主观精神、客观精神等理性化形式。因此，在观念主义哲学家那里，精神一方面是指一种实体，另一方面也意指一种理性认识。与此同时，也可以从时代、民族的角度出发界定精神，于是有所谓的时代精神、民族精神，这些观念都不出普遍理性概念之外。但是，当我们说到某人的“精神状态”好，某人具有“大无畏精神”，说某人具有虔诚的宗教精神时，精神显然处在理性之外，也不再属于实体范畴。而这种情形主要在后期现代哲学中体现出来。

后黑格尔哲学或者说后期现代哲学时代是各种非理性主义哲学形态争相出场的时代。叔本华哲学中的“生存意志”，克尔凯戈尔哲学中的“个体实存”，尼采哲学中的“权力意志”，柏格森哲学的“生命”，都属于非理性范畴，它们关注的都是精神，即非理性的、非实体的精神。克尔凯戈尔哲学的独特性在于，其精神概念同时包含强烈的宗教情绪。从《日志和论文》可以看出，精神是他经常提到的一个概念，在其思考中扮演着非常重要的角色[①]。总括关于本体、精神两个概念的分析，我们可以对克尔凯戈尔哲学形成一个概要性的理解。首先，精神指的不是一种实体，而是指一种活动，而且是一种实存的活动；其次，它不是理性的认知活动，而是非理性的情感意志活动；再次，它不在世界、历史范畴内得以界定，它不属于一般范畴，它与单独个体相涉；最后，也最为重要的是，正是在与神的关系中，个体才达到了其真正的精神境地。

---

① Kierkegaard, *Journals and Papers*, Vol. 7, p. 90.

一、精神是一种实存活动

克尔凯戈尔断言:“正是精神给予我们以生命。”[①]在他看来,非常可惜的是,“多数人从来没有成为精神,从来没有经验过成为精神”[②]。但精神是什么呢?一些看似偏离精神的东西,恰恰意味着精神。比如羞怯看似偏离精神,它其实是精神,或者说人有资格成为精神,正是因为他会羞怯,动物没有羞怯,一如没有兽性,精神越少,羞怯就越少。[③]很显然,不管精神还是精神的否定都至少是就人而言的,此外就只有神才是精神了。尽管如此,还是存在着精神人和动物人的区分。[④]这种区分当然不是从生理上进行的,但这种区分恰恰表明,人是一种综合,是精神动物,人有其兽性,一个没有承受兽性之苦的人不可能成为精神。[⑤]在《致死的病》中,他对精神有一个总的界说:“精神就是自我。”[⑥]这一界定十分模糊,它很容易让我们把精神理解为一种实体。在此,有必要弄清楚他所谓的“自我”的含义是什么。他接下来写道:“但什么是自我呢?自我就是一种使自己与自己相关联的关系,或者说是在关系中使自己与自己相关联,

---

① Kierkegaard, *Self-examination and Judge for Yourself*, “The Unchangeableness of God”, p. 93.

② Kierkegaard, *Journals and Papers*, Vol. 1, p. 25.

③ Kierkegaard, *Journals and Papers*, Vol. 1, p. 32.

④ Kierkegaard, *Journals and Papers*, Vol. 1, p. 32.

⑤ Kierkegaard, *Journals and Papers*, Vol. 1, pp.35-36.

⑥ Kierkegaard, *The Sickness unto Death*, Princeton University Press, 1980, p. 13.

如果不是在关系中使自己与自己相关联，自我就不是关系。人是有限与无限、暂时与永恒、自由与必然的综合，简言之，就是综合。综合就是两者间的关系，从这个方面看，人还不是自我。”①

克尔凯戈尔关于自我的界定有如下几个方面值得注意。首先，自我是一种关系，这就意味着它不是实体；其次，这种关系不是外在的、一般的、抽象的关系，而是使自己与自己相关的关系，如果不是在这种关系中使自己与自己相关，自我就不是关系；再次，这种关系具体地表现为人身上的有限与无限、暂时与永恒等对立因素间的综合关系；最后，这种关系不是静态的关系，不可能是已经完成的，人使自己与自己相关，实际上就是在不断地建构自我理想，人的理想目标是不断变化和调整着的，综合没有最后实现之日，也因此不存在静态的自我。在克尔凯戈尔看来，“实存首先开始于矛盾”②。他要求人回归自身，并且发挥自身潜力，建构自我理想，在这种建构中，个体内部存在着一系列对立统一环节，二元因素的对立使这种建构具有动力学源泉，而两者在一定程度上的统一（或综合）的要求则使这种建构能够在个体自身之内维系，不然的话，个体内部关系就会解体。克尔凯戈尔表示，不难理解，“同一律在某种意义上高于矛盾律并且是其基础”，但“同一律只是人类思维的限度”，因为，“只要我们生活在时间中，同一律就是一种抽象”，

① Kierkegaard, *The Sickness unto Death*, p. 13.

② Kierkegaard, *Journals and Papers*, Vol. 1, p. 329.

而且,“只要我生活,我就生活在矛盾中,因为生活就是矛盾”。[①] 显然,矛盾才是实存的常态,这也就提出了实现对立统一的要求。

这种对立统一关系的维系者是什么?精神。精神一方面是自我成为过程中的产物,或者说它随自我成为的过程而成长;另一方面,它又是自我成为过程中的调节力量,是个体内部综合协调的源泉。正因为此,克尔凯戈尔把精神看作是将两个因素综合起来的第三因素。也就是说,个体成为自我的过程,就是有限与无限、理想与现实等对立因素实现综合的过程,这种综合不是一蹴而就的,精神不断地使它们接近综合,但即刻又面对着更高层次上的综合的要求。显然,精神总是在运动中解决综合问题,从而自身也处于运动的过程中,因此“精神即自我”表达了两者间的辩证关系。也就是说,精神就是自我理想之建构的动力和过程本身,精神不存在于成为自我之外;自我理想的建构过程也不是非精神的,其目标不在精神之外。这一切不是把精神与实体性的、静态的“自我”关联在一起,恰恰相反,它使精神与个体的自我成长关涉起来,从而把精神表达为一种动态范畴。正如艾尔罗德指出的,把自我与精神相关,表明“精神指向自我存在的一种动力学的、成为的特征”[②]。这一特征主要表现为在关系中使自己与自己相关,从而实质性地表明,回归自己并成为本真的自我乃是个体不懈地努力的目标,他因此永远不会有停息之日。

---

① Kierkegaard, *Journals and Papers*, Vol. 1, p. 329.

② Elrod, *Being and Existence in Kierkegaard's Pseudonymous Writings*, p. 29.

显然，正是精神让人处于“不宁”中：“精神即不宁，基督教是实存的最深刻的不宁。”[1] 神不希望人拥有平静。但在基督教界，基督教意味着宁静，人们欲求宁静，以便能够享受生活。苏格拉底要做一个“马虻”以刺激雅典人，使之不要懒散；尼采则以刺激人们上进的“水蛭”自居。生活在基督教界的克尔凯戈尔要做什么呢？他小时候说要做一把“叉子”，成熟后说是要做一个“制造困难者”，“提出难题者”，这实际上都是要让人处于某种不顺处境中以磨砺精神。在基督教界的生活中，一切都是那么平稳，因为一个人只要生活在一个基督教家庭，一个基督教国度，他就理所当然地成了一个基督教徒，从来不面临抉择问题，因此他处于内心宁静中，再也没有什么激情了。最高的精神是信仰，信仰是真正的激情。个体一方面拥有永恒真理，另一方面拥有多样实存，两者是分离的，而统一的纽带是信仰。[2]

克尔凯戈尔试图表明的是，当基督教刚出现时，大多数人都不敢做一个教徒，现在不同了，人人都自诩是真正的基督徒，大家都躺在“主的怀抱”中熟睡了。他认为，现代科学技术不断地给人们增加各方面的便利，减轻人们的负担，使生活变得越来越容易，这实质上是精神堕落的表征。他认为，自己作为一个作家不可能像科学家和工程师那样给人们带来便利，因此无法在这方面凑热闹，但总应该有所作为，想来就只有给人们的生活增添难度这一件事了。他自问道：“你应该干些什么呢？”然后自答道：“由于我才能有限，我不可能使一切变得比已经变

---

① Kierkegaard, *Journals and Papers*, Vol. 4, p. 255.

② Kierkegaard, *Journals and Papers*, Vol. 1, p. 329.

成的更为轻松，由于被那些力图让一切变得轻松者的真正热情所感动，我设想我的任务是到处制造困难。”[①]也就是说，应当使人们充满激情，而激情只能在困难面前体现出来。为了让人振作起来，唯一的办法是让他面临困难的考验。克尔凯戈尔的确到处制造困难。

人们总认为自己是基督徒，但困难恰恰在于，已经是一个基督徒，却有成为基督徒的任务。自认的基督徒实际上是充满世俗观念的假教徒，在这种情况下，使之摆脱幻念，成为一个真正的基督徒十分困难：它要求的是再生，也即脱离世俗而投向神。克尔凯戈尔写道：“成为精神，根据《新约》，就是去死，死离这个世界。”[②]成为基督徒即成为精神，需要人们抛弃世俗的东西，而专注于精神，显然需要抉择的热情。成为基督徒不再属于婴儿受洗礼这种“儿戏”，而是属于有成熟心智的人的决断。精神时时刻刻让个体与自己打交道，让他不甘平庸，要对自己进行磨砺。一个人不能平庸地、偷懒地生活，因为一切都依赖于实存奋斗，只有在获得的努力中才会有占有。克尔凯戈尔表示，“对于不去拥有的人来说，哪怕他拥有的东西也会被夺走”，他甚至把“只有在获得中才会有占有，如果没有什么东西被获得，已占有的也会被夺走”称为“占有的精神定律”[③]。

克尔凯戈尔认为，只要个体处于实存中，他也就处于成为自己、成为精神的过程中，这是没有完成之时的。他写道：“只

---

① Kierkegaard, *Concluding Unscientific Postscript*, p. 166.

② Kierkegaard, *Journals and Papers*, Vol. 4, p. 255.

③ Kierkegaard, *Journals and Papers*, Vol. 4, pp. 244-245.

要人是一个实存个体，他就处于成为过程中。”[①] 人没有不可更改的本质。个体的目标是成为自我，但自我却是不确定的，人的意义只有在追求中才能体现出来，个体因此必须始终保持热情，他必须持久奋斗。当然，这种奋斗是悲剧性的，它指向的是永无实现之日的无限和不确定性，就像西西弗把石头推上山这一运动永无停止之日一样。克尔凯戈尔发现，不管关于苏格拉底的伦理教义还是关于基督教的宗教教义，都把知识和美德绑在一起，前者认定知识即美德，后者认定美德即知识，但在精神基础上确立实存对基督教而言仍然始终是一个问题。[②] 精神始终体现为实存奋斗中的张力。越是上升，精神面临的困难越多，因此越需要奋斗精神，也因此更具有悲剧性。当然，从总体上看，在抛弃尘世的过程中，人是会不断地走向内心充实和神圣的。

二、精神是一种非理性的情感意志活动

克尔凯戈尔把激情 / 热情（passion）看作天平，藉以权衡人的精神的深度。他这样表示："我一直认为，所有人都能平等地获得激情和情感，这是我的安慰。”[③] 按照他的说法："激情仍然是最重要的，它是人的真正动力计。我们这个时代之所以如此卑劣，就是因为没有激情。”[④] 借助激情乃至悲情（pathos）等

---

① Kierkegaard, *Concluding Unscientific Postscript*, p. 84.

② Kierkegaard, *Journals and Papers*, Vol. 1, p. 400.

③ Kierkegaard, *Journals and Papers*, Vol. 1, p. 444.

④ Kierkegaard, *Journals and Papers*, Vol. 1, p. 398.

概念，克尔凯戈尔反对一切享乐主义和思辨倾向。相较于先辈哲学家的看法，激情概念在他那里具有独特的含义。古代哲学家柏拉图倾向于将意志和情感看作是与理智、智慧合谋的东西，并将其与欲望分别开来。意志和情感属于勇士的品德，体现在个体中乃是仅低于智慧的一种品格，它就是所谓的热情或激情。早期现代哲学家笛卡尔和康德在认可柏拉图理性主义的同时，在情感和意志之间进行了区分，情感在很大程度上表现为欲望摆脱理智的控制，意志则从总体上与欲望服从理智联系在一起。克尔凯戈尔赞同把激情和意志与欲望分别开来的作法，与此同时，他认为情感和意志是高于理智的，人的实存之动力不在理智，而在激情。他这样表示："每个人的生活都不是概念化可以比拟的，因此最高的生活不是作为哲学家而生活。这种不可比拟在哪里获得解决？在行动中。所有的人都在激情那里融为一体。"①

克尔凯戈尔首先把精神与欲望区别开来，认为欲望及其表征的美感生活体现为精神的失落。在他看来，普通人总认为感官最为重要，它构成交往的基础；于是感官取代了精神，肉体之爱被误为基督之爱，这是一种十分危险的倾向。他告诉我们，不信仰在基督教中表现为罪（Sin），肉体不服务于精神也是如此，"血肉或感官与精神是对立的，因此就很容易看出什么是精神，即自愿地渴求血肉所要逃避的东西——因为精神与血肉的区别，用一句谚语来说，就如同麻袋的两端一样。血肉所要逃避的是什么？逃避死亡。因此精神就是去死，死离这个世界。"②

① Kierkegaard, *Journals and Papers*, Vol. 1, p. 400.

② Kierkegaard, *Journals and Papers*, Vol. 4, p. 250.

血肉之躯追求现实的物质利益、感官刺激，如果说关心自己，也只是在自私自利的意义上关心自己。真正说来，关键点仍然是一个人不要被外在的东西分心[①]。精神之品格关注的不是保存身体，而是精神的活力，克尔凯戈尔所谓的“死离”就是与物质分离，成为纯粹的精神。尤其重要的是，这不是一时的事情，而是说死离世界是个体终身的事情。克尔凯戈尔在另一处日志中这样表示：“与人的动物性和精神性两种品性相关的只有两种生活观。根据其一，任务是活着并享受生活，把一切置于生活中；另一种则是：生命的意义是去死。”[②]

克尔凯戈尔为我们描绘了人类缺乏精神的一般图景：“当前的人类是如此地缺乏精神，以至人不再拥有倾向于作为‘精神’的‘自我尊重’，唯一的自我尊重是与兽类动物相联系的。”[③]这显然是人类堕落的象征。真正的激情与自我成长联系在一起，而不是受制于当下的、外在的因素。他哀叹丹麦社会的无精神现状说：“丹麦没有任何性格，没有任何反思，没有任何持续一贯的观点，一切都是瞬间的激情，这是何等的悲哀。”[④]在其早期假名著作中，克尔凯戈尔尤其以优美的文学手法深刻地揭示了人性的堕落。美感生活方式就是唐·璜（Don Juan）式的欲求和占有的方式。唐·璜的爱乃是性爱，他就是一个色情狂，他因此受到基督教的排斥。与这种爱相反的是基督教的爱。克

① Kierkegaard, *Journals and Papers*, Vol. 1, p. 398.

② Kierkegaard, *Journals and Papers*, Vol. 1, p. 439.

③ Kierkegaard, *Journals and Papers*, Vol. 4, p. 252.

④ Kierkegaard, *Journals and Papers*, Vol. 4, p. 154.

尔凯戈尔就此写道:“骑士之爱是精神性的，因为根据其概念，它本质上是信仰的；只有感官之爱，根据其概念，本质上才是非信仰的。”[①] 这样的话，非理性的情感意志就与欲望有了根本的不同，而这种区分是有必要的。在一定程度上，克尔凯戈尔的热情概念不完全同于“生存意志”或“权力意志”以及后来实存主义所提出的一些情绪观念，原因就在于此。他谈论的热情或精神概念具有宗教的“纯洁性”，而其他人的情感概念总与欲望有着无法解开的牵连。无论如何，成为基督徒需要接受精神考验，这就是需要个体的激情，绝对激情。[②]

情感意志与理性思辨、认知活动也是有别的。精神概念在早期现代哲学传统中基本上可以归属于认识论范畴，相当于人的意识、思维活动和心理状态的总称。比如黑格尔这样表示:“精神的直接的实际存在作为意识具有两个方面：认识和与认识处于否定关系中的客观性。”[③] 也就是说，黑格尔要在主客关系中理解精神概念。但是，克尔凯戈尔却主张将意识和思维活动排除在外，存在的于是只有心理状态。当然，这种心理状态也包括自我意识或反省,但它不具有理性的含义,只带有体验的色彩。实际上，剩下的是反省意识强化了的心理情绪，或者说精神即情感意志，这就出现了对思辨的排斥。应该说，直至黑格尔的早期现代哲学强调的都是与理智或知性相等同的精神，但在后

① Kierkegaard, *Either/Or*, Vol. 1, Princeton University Press, 1971, p. 92.

② Kierkegaard, *Journals and Papers*, Vol. 1, pp. 193-194.

③ 黑格尔 :《精神现象学》, 第 23 页。

黑格尔哲学中，精神大体上与情感意志紧密关联。克尔凯戈尔提醒说，当我们进行思维活动时，是主体在思维，因此是“我在故我思”，而非“我思故我在”。这里的思是诗意的情感之思，而不是科学的客观之思。内心冲突导致的极度激情取代了超然旁观维护的冷静客观。悖理乃是思想的激情，没有激情的思考者就像一个没有激情的恋人一样，是一个平庸的人。[①]也就是说，即便是在思考中，主观性也是第一位的，而主观性有别于黑格尔的思辨：主观性就是“内向性”，而“内向性”即“真诚”（earnestness）、确信（certitude）。[②]由此说来，主观性完全归属于情感意志范畴。

精神与情感意志一致，而情感意志既区别于思辨，又不同于本能欲望。那么，与这种情感意志一致的精神究竟属于什么呢？我们通过分析认为，它主要包括否定精神和肯定精神两种。在感性生活中，肉体战胜精神，人无异于动物，精神失落了。但是在美感生活的绝望中，人对自己的物化或异化状态感到怀疑，他对这种状态持一种消极的态度，他意识到自己还有物质生活以外的天地，于是他就处在了一种否定精神中。所谓否定精神，乃是指包含有一定精神品格的性情（disposition）。动物全然没有精神，它只有欲望的直接表达形式；而人则不同，他不直接等同于欲望的满足，在欲望的满足或不满足中至少还有绝望、忧郁、焦虑之类感受。这些感受不同于欲望，原因就在于，人不仅是直接性的，他还有反思的能力。一旦反思的渗入，

① Kierkegaard, *Philosophical Fragment*, p. 37.

② Kierkegaard, *The Concept of Anxiety*, p. 146.

精神的可能性和虚无就出现了。人因此必须进行选择，正是在这一选择中，他面临两难的心境，而这些心境就构成所谓的否定精神，其特征是“精神的事实性不断地自己显示为一种引起可能性的形式”①。更进一步地表达，克尔凯戈尔针对人的焦虑表示：“焦虑是一种同情的厌恶，厌恶的同情。”②

在焦虑和绝望等否定精神中，精神以“梦求”的方式出现。精神以焦虑和绝望等病态形式使自己与自己相关，它既不能摆脱自己，又不能把握住自己，于是在同情和厌恶的两难心境中，失去了选择的机会，最终只会被焦虑和绝望吞噬。摆脱焦虑和绝望的最好方式就是抛弃原来的自我，在神面前成为单独个体，因此个体就拥有了服从、真诚、信仰等肯定的精神或意志行为。信仰面对的是可能性，它需要的是冒险和激情，需要面对不确定时的勇气与确信。正是由于对罪和拯救的关心，使个体回归自我。最高的激情是神的激情，人只是神的激情的工具，而神喜欢的是单纯的人，而不是所谓的聪明人，因为“神的激情就在荒谬之内”③。由于生活在平静的基督教界，人们不再有信仰的激情。克尔凯戈要求人们回归信仰、回归激情：“为什么我们看不到任何迫害？因为没有基督教。基督教来了，迫害也就来了。然后，激情会再次降临。”④我并不是纯粹精神，我有血肉之躯，正因为如此，我需要被转变成完全的精神。消极（否定）精神

---

① Kierkegaard, *The Concept of Anxiety*, p. 42.

② Kierkegaard, *The Concept of Anxiety*, p. 42.

③ Kierkegaard, *Journals and Papers*, Vol. 2, p. 453.

④ Kierkegaard, *Journals and Papers*, Vol. 4, p. 397.

表现为对上进的无能为力感，积极（肯定）精神则表现为面对困境的坚强和勇气，两者构成为情感意志概念的全部内容。

三、精神属于个体范畴

苏格拉底主张个体的自主性在伦理建构中的意义，尤其主张“认识你自己”以唤起个体的伦理意识。克尔凯戈尔对苏格拉底的这些主张十分崇奉，他的整个精神哲学都围绕个体范畴展开，就像后来的福柯一样，他认为苏格拉底强调实存高于认知，也就是说，“认识你自己”是“关心你自己”的一种方式，并因此服务于“关心你自己”。黑格尔宣称绝对精神在经过逻辑阶段、自然阶段之后回到精神阶段。在精神阶段中又有主观精神（个人意识）、客观精神（社会意识）、和绝对精神三阶段。客观精神也称为世界精神，黑格尔通过这一概念强调了超越个人意识的社会意识。就像其他早期现代哲学家一样，他对个人意识持一种贬低的态度。他这样指出：“特殊的个体是不完全的精神。”[1]人们通常认为存在着时代精神、民族精神或大众精神之类。克尔凯戈尔对这种社会意识、时代精神、民族精神却持一种批判态度。他指出：“时代精神，世界精神，诸如此类，我可以谈，可以相信……但我绝不受我所说的东西之限制。”[2]

时代精神之类的显著特征是以普遍性压抑个性。对克尔凯

① 黑格尔：《精神现象学》，第 18 页。

② Kierkegaard, *Self-examination and Judge for Yourself*, “The Unchangeableness of God”, p. 94.

戈尔而言，精神只能体现在个人之中，而绝不能体现在社会中。他于是断言："社会不可能从'精神'中推演出来，社会之所以存在恰恰因为我们没有真正的精神或纯粹的精神。"[1]在他眼里，成为精神并且以人类的方式在其中感觉到欢欣鼓舞乃是一种现代发明，根本没有意识到这是不可能长久维持的，因为个体并没有真诚地实存于其中。无论如何，精神只能与个体关联在一起。克尔凯戈尔从一种贵族立场出发，抬高个人的地位，贬低人民群众的意义。在他看来，精神因个体品性而存在。社会组织不是为了精神，相反，它是一种物质利益的共同体。人们相信人多力量大，由此可以更好地为人们谋福利，但在实际上，个人的力量才是无比强大的。他在《日志和论文》中表示，谢林在为施特芬的《呐喊》所写的序言中说得没错，"当多数人决定什么是真理的时候，用不了多久，他们就会用拳头来决定真理"[2]。在他眼里，民主无异于多数人的暴力统治。

克尔凯戈明确表示，社会实际上限制着力量的发挥，一个人全力以赴，胜过许多人偷懒应付。他比喻说："假如五个人联合，每一个人出八分之五的能力来共同为某一事业工作，又假如一个人并不超过这五个人中任何一个的能力，而以其全力工作，他们谁的收获大？""一切聪明人都会把宝押在联合者身上，而我却押在单个人身上。"[3]这是因为什么道理呢？克尔凯戈尔以为，在社会组织中，个性被完全抹杀掉了，个人因此不可能

---

① Kierkegaard, *Journals and Papers*, Vol. 4, p. 244.

② Kierkegaard, *Journals and Papers*, Vol. 4, p. 139.

③ Kierkegaard, *Journals and Papers*, Vol. 4, p. 241.

将自己的能力充分发挥出来,即便发挥出来也会被抵消掉;但是,一旦作为个体,他则能充分发挥潜力,"把一个人的一切力量投入到某种事情中,比起部分力量的总和来,是完全不同质的东西,它是献身,它即精神,而后者则是人的堆积",正因为如此,在精神的尺度上,总会有"一道让人难以理解的算术题"[①]。

社会不是精神,要在社会中成为精神因而是十分困难的。克尔凯戈尔指出:"在一切痛苦中最为痛苦的是,既要完成精神任务,同时又要生活在人群中。"[②]这就需要以使徒为榜样。他蔑视群众,认为群众相信的是原始本能的强有力,相信的是思辨的至上性,无法理解真正的精神,因此总对那些献身于精神的人嗤之以鼻,甚至攻击、诋毁。周围世界泛滥的感官快乐也会使专注于精神者有所分心,受到诱惑。况且,在良莠难分的世界中,将稗草当作禾苗乃是常事。个体越是上升,面临的困难越多,因为世俗的观念对它越来越难以理喻,个体因此更需要激励自己。克尔凯戈尔以为,个人并不因其社会性才具有意义,比如基督教培养的就是教徒,一个一个的宗教个体,而不是信众。信仰是个人的事情,它意味着单独个体作为罪人孤独地面对神。他写道:"基督教的确是可以被一切人接受的,注意吧——只要每个人都变成一个个人,每一个人都完成他的'个人'。"[③]

克尔凯戈尔在总结其美学作品时写了两篇笔记,其名曰《个体》。在这两篇笔记中,他把矛头直指群众和大众化倾向。他告

---

① Kierkegaard, *Journals and Papers*, Vol. 4, p. 241.

② Kierkegaard, *Journals and Papers*, Vol. 4, p. 236.

③ 祁克果:《祁克果日记》,第147—148页。

诉我们，“有一种生活观认为，哪里有群众，哪里就有真理”，而他自己的看法是，“哪里有群众，哪里就无真理”；他并且进一步攻击群众，抬高个体，“即使个体在私人状态下拥有真理，一旦集于人群中……非真理即刻明显起来”。[①] 在他看来，个体是与责任心和精神联系到一块儿的，而在人群中，个体失去了“责任感”，随波逐流，不再进行“决断”，从而把自己完全“委托”给社会。由于社会是由这样一些无个性、无创造性的人组成的，因此人群即乌合之众，没有任何积极意义，相反，它倒容易产生暴政。人群就是暴民，从前是皇帝一人的暴政，现在是人群的暴政。他认为路德实行的宗教改革虽然具有强调信仰的贡献，但他让人群取代教皇进行统治，因此留下了可怕的后果。由此可见，克尔凯戈尔是完全仇视群众的。他还指出：“‘个体’，在其宗教意义上，是这个时代，一切历史，作为整体的人类都必须经历的范畴。”[②] 克尔凯戈尔认为他自己终身都在追求成为个体。个体意味着与人群隔离，因此是孤独的。他表示，他死后唯一的希望就是在他的墓碑上刻上：那孤独个体。

---

① Kierkegaard, *The Point of View for My Work as an Author*, p. 110.

② Kierkegaard, *The Point of View for My Work as an Author*, p. 128.

第二节　精神的张力

在克尔凯戈尔那里，就像在其他后黑格尔的欧陆哲学家那里一样，精神不是一种静态的实体，它体现在发展过程中；它不是一种纯粹思维或一个认知结构，它体现为情感或意志的辩证张力。真正说来，它与个体的自我理想的动态建构是完全一致的。从根本上说，精神的角色或意义就在于，它通过驾驭在个体那里的有限－无限、身－心、必然－可能、现实－理想等辩证对立因素，充满激情地推动和实现自我理想的建构。四组辩证范畴从不同角度展示了个体的实存处境及其精神内蕴。通过具体分析它们，进而结合它们的神性意义，我们可以为后面分析和描述精神的辩证发展奠定概念基础和基本思路。

一、有限－无限

与黑格尔在思想中辩证地解决有限和无限的关系不同，克尔凯戈尔将两者的关系纳入人的实存领域。他认为，作为精神个体，人既是有限的，又是无限的，有限与无限的辩证冲突使人处于精神的实存过程中，从而使人生活在具体而不是抽象中。他非常形象地表达了人在有限和无限中的真实处理："谁会想搭乘天马和一匹老马一起拉的一辆马车？然而，一个由有限和无限复合而成的人就是这样地实存着。"[①] 人既有其受限制的维度，也有其不受限制的维度，两者是不可分割的。克尔凯戈尔否定

① Kierkegaard, *Journals and Papers*, Vol. 1, p.22.

抽象的姿态，明确针对黑格尔把一切纳入到抽象的概念中。他表示：“抽象概念就像一条直线一样是不可见的，只有在它们的具体化中才是可见的。”[①]具体恰恰是有限与无限的充满张力的结合。华尔有一本著作的书名就叫《通向具体》，它不仅代表了新黑格尔主义的主张，也同样适用于实存主义。这其实表明，作为克尔凯戈尔哲学在法国的主要引入者，华尔的确掌握了实存概念的精髓，并且让它在法国哲学中产生了实质性的影响。

在《致死的病》中，克尔凯戈尔指出：“自我是无限与有限的有意识的综合，它使自己与自己相关联，其任务是成为自己……成为自己就是成为具体，但成为具体既不是成为有限，也不是成为无限，因为成为具体恰恰就是成为综合。”[②]这种有限与无限关系要求个体把有限与无限看作是切身的、本己的东西，而不能超然客观地探讨它们的关系。在个体的生活中，有限和无限同时在扮演角色，问题在于，要同时抓住两者或者形成它们的综合并不是一件容易的事情。克尔凯戈尔这样描述人们针对有限与无限的姿态说：“与白天和经历过白天的人的傍晚离别让人左右为难（可以改为：具有明显的暧昧性）；它的提醒就像细心的母亲嘱咐孩子回家，它的邀请就像难以说明的暗示，仿佛现在才是真正生活的开始。人是在大致相同的方式上混合而成的，有限就像孩子，早点回家对他来说是权宜之计；无限就像成人，他晚上想留在外面，晚上的离别让人为难。”[③]

---

① Kierkegaard, *Journals and Papers*, Vol. 1, p. 3.

② Kierkegaard, *The Sickness unto Death*, pp. 29-30.

③ Kierkegaard, *Journals and Papers*, Vol. 1, p.22.

很显然，这是一种针对有限与无限的充满情感的姿态。

但在哲学家们那里，情况显然不是这样，有限与无限的关系完全处在客观性或思想范畴中，他们往往在自然认识的领域中处理两者之间的关系问题。比如，康德总结了哲学史上的论争，提出了有限的现象界与无限的本体界之间的分离和矛盾。本体在康德那里体现为一种极限、边界，人们可以认识的只是现象界，对于本体界不可能有认识。人们对本体的东西可以思维、想象，并把理想国建立在这种对无限的信仰中。康德描述的第一种二律背反，即正题（世界有时间上之起始，就空间而言，亦有限界）与反题（世界并无起始，亦无空间中之限界，就时空二者而言，世界是无限的），就涉及有限与无限的所谓客观对立。[1]康德完全在时间和空间直观中，进而在逻辑范畴中看待有限与无限的关系，而没有把两者看作人的实存的根本因素。黑格尔对于有限与无限的解释，一方面批判了康德使两者对立起来的作法；另一方面也批判了牛顿等人的绝对时空观，那种把无限看作有限的无穷堆积，也即量的延展的观点。黑格尔指出，康德的有限与无限对立的观点，实际上是一种二元论，有限在这边，无限在那边，前者属于现象，后者属于他界，于是有限与无限一样被赋予了同等的永久性和独立性。[2]在他看来，这种二元论自以为超出了有限与无限的困境，自以为超越了形而上学，但问题根本就未获得解决。

黑格尔自己的看法是，有限与无限两者是互相转化的。不

① 康德：《纯粹理性批判》，商务印书馆，1960，第330页。

② 黑格尔：《小逻辑》，商务印书馆，第209页。

过，他还是认为，无限才是独立的，有限最终会辩证地转化为无限。他这样表示：“无限是肯定的，只有有限才会被扬弃。”①黑格尔批判牛顿式无限－有限关系时则指出，无限并不是量的不断延伸与积累，因为这种无限只是坏的无限，实际上与康德一样将无限放在了可望而不可及的彼岸。他写道：“量的进展不是真正的而是坏的无限物，它仅仅是无穷的摇摆；超越一个限度，然后又发现一个新限度，这个新限度再度被超越，如此永恒进行。”②黑格尔提出的真正无限就是所谓有限自身中包含的那种因素，或者说有限自身包含的矛盾使它超越自身而成为无限。与此同时，无限也不是指“一直向前”，因为“真正的无限毋宁是‘在别物中即是在自己中’”，或者说“在别物中返回到自己”。③黑格尔就这样将有限与无限统一在概念辩证法中了。从克尔凯戈尔的立场看，黑格尔的观点有两个方面是必须抛弃的：一方面，黑格尔声称通过否定之否定可以达到统一，然而，这实际上只是调和而已，因此更应该强调的是两者的辩证冲突；另一方面，黑格尔探讨的是客观辩证法、概念辩证法，人的实存没有进入他的视野，而真正重要的是在实存领域中探讨有限与无限的主观辩证法。

克尔凯戈尔同意黑格尔的这一看法：有限之物是一种定在（Dasein），或者说是具有限制性、规定性的存在；无限则是一种扩张性因素，是对有限的突破。当然他们两人的看法

---

① 黑格尔：《小逻辑》，第210—211页。

② 司退斯：《黑格尔哲学》，中国社会科学出版社，1989，第148页。

③ 黑格尔：《小逻辑》，第207页。

还是有区别的，黑格尔认为这种关系是出于概念的本性，而克尔凯戈尔认为这是自我的一种根本处境，或者说实存处境。在涉及人与神的关系时，黑格尔的概念辩证法尤其是不适合的。克尔凯戈尔写道："对于每一个有限的物体来说，在环绕（circmunavigate）它的过程中，一定会有一个时刻，人们已经环绕了它，从那时起，它就显得更小了。无限则不同。这就是为什么随着人们对无限的概念的逐渐发展，神离大多数人越来越远的原因。一个人对无限的关注时间越长、越强烈，他就越能发现它是多么的无限，也就是说，无论他把多少相对性抛在自己后面，无限仍然没有被掏空。人们几乎不由得说，正因为如此，一个人在永恒中并没有更接近神，因为关系的规律恰恰相反——无限变得越来越无限，而人本身却越来越消失。但是，在永恒中，人并不处在时间的相继中，成为'永恒的方式'乃是最强烈的准时性。"① 我们无法借助思辨解决恶的无限问题，但信仰能够以承认悖谬的方式消除困扰。

有限和无限分别体现了自我成长的不同向度。克尔凯戈尔这样表示："因为自我是一种综合，在这种综合中，有限是限定的因素，而无限则是扩张性因素。"② 有限主要体现为自我的事实性存在或当下处境。人的有限不是抽象物，它恰恰是人的种种实实在在的事实性，比如，人从宏观方面受制于自己的社会、种族、国家、文化、政治，从微观方面受制于性别、个体经验、情感意志、才能、兴趣。这些限制决定了个体的"有限性"，这

① Kierkegaard, *Journals and Papers*, Vol. 1, pp. 384-385.

② Kierkegaard, *The Sickness unto Death*, p. 163.

意味着重心向下。实存主义者一般都承认个人的这种基本处境，海德格尔所说的此在的被抛状态就是如此。历史上的所有思想家实际上多多少少都承认这一点。比如，当笛卡尔怀疑一切时，他首先声明他信守从小就受到的宗教教养，接受国家的法律与秩序。在很大程度上可以说，许多人的实存方式完全受制于有限性。如果人沉溺于有限中，他就会庸庸碌碌，对无限感到绝望；或者，如果他在虚幻中摆脱有限，则会失掉根基，时刻都有如临深渊、如履薄冰之感。克尔凯戈尔常常将人的有限性等同于他的在世状态或世俗性。这就表明，人不可能既愿意在世存在，又指望摆脱自己的有限性。

换一个角度看，人的事实性存在又在许多方面包括着变化的可能性，因此他有选择无限的权利。变化的可能性指向扩张性因素，而扩张性正是无限的本质。这种扩张性的无限并不意指比如人的寿命可以无穷延伸、不是说人实际上与外在因素绝缘；相反，它表现为一种内心的扩张，在想象中领会到无限。想象力拓展了人的实存领域，由此而成为无限的创造者，想象力因此是无限化进程的媒介。想象力的特征在于，它能够让个体摆脱人的事实性，毫不顾及人的有限性，在广泛意义上自由地建构自我理想。很显然，人的有限性让他接受理性，而其无限性让他沉溺于想象。克尔凯戈尔表示："理性将想象和情感所触及的一切都降到最低。这对理性来说是完全正确的，但情感和想象也以同样的权利对理性做着同样的事情。或者说，情感和想象在本质上并不像理性一样属于人？或者说，理性首先要证明自己是最高的，而它想要说服谁呢——它自己吗？它当然不需要这样做。想象、情感呢？这些它都做不到。因此，只崇尚理性与只崇尚情感和想象一样，都是武断的。”[①] 这其实是理性与非理性的冲突。克尔凯戈尔显然偏向非理性，虽然没有完全排斥理性。

个体要摆脱事实性并投入到无限的想象中，而这是需要极大勇气、极度激情的。想象力越丰富，它所展示的实存可能性越广泛和多样化，人也就需要更多地投入。无论如何，想象力不是充分理性地沉思，而是充满激情地体验。自我的可能性就是趋于无限，个体在想象中，充满激情地关注自己的命运。当前的境况是限制性的，人只能在激情的瞬间才能领会到无限。在这种对无限的领会中，个体的外在方面并没有多大改变，但其内在精神却无疑有了转型。这种对无限的体验或者说海德格尔式的“领会”（verstehen），乃是个体借助想象力与未来的或理想的自我打交道、约会。问题在于，想象毕竟不是现实，想象中的自我只有理想的可能性，而不具实存的现实性。从精神发展之趋势看，人无疑要投奔无限，但是，如果没有有限之支撑，就会在选择面前不知所措，也就是陷入绝望。一旦沉溺于可能性中，一旦失去了实存的现实性媒介，自我就成为完全虚幻的。因此，个体只能在激情的瞬间参与无限，从而在内心中实现转换，而不能完全失落于虚幻之中。克尔凯戈尔以苏格拉底与常人的不同姿态谈到有限与无限的辩证法：“苏格拉底总是只谈论食物和饮料，但他从根本上说总是在谈论和想到无限，其他人总是在谈论无限，而且在高调地谈论，但从根本上说他们总是在谈

---

① Kierkegaard, *Journals and Papers*, Vol. 1, p. 20.

论并想到食物和饮料，金钱，利益。”[1]

真正说来，不仅在意志情感方面，即便在理性认知方面，也应当抓住瞬间。有限与无限的结合只能在诸多充满激情的瞬间中获得实现。基于如上分析，克尔凯戈尔认定，成为自我既不是仅仅成为有限的，也不仅仅是成为无限的：前者会让人被事实性和琐屑性所窒息，后者则使人如逐幻影，劳而无获。因此，必须将两者结合起来。他这样写道："一个真正的人，作为有限与无限的综合，在把两种因素联结在一起时，发现了其实在，从而无限有兴趣地去实存。”[2]有限与无限的综合即成为具体，关注自我这一事实就已经表明，个体的任务在于现实地面对自己的当前和未来处境。虽然个体把希望寄托于未来这一无限因素之中，但他的根基却在当前的有限中，这表明他要求的是具体而不是抽象。克尔凯戈尔因此指出："我宁愿作一种意味着某种东西的具体，而不愿作意指一切的抽象。”[3]

黑格尔也把具体界定为有限与无限的统一。在他看来，所谓真正的无限是在别物中即是在自己中，在别物中返回到自己。这其实表明了以有限为本的姿态，从而克服了把无限视为抽象物的倾向。这里所指的具体当然不是指通常意义上的具体物，它实际上是指不能虚幻地成为无限，而是要在成为无限的同时回到自己。然而，黑格尔显然只是在思想、观念中实现了这种统一。但他无论如何明确表示："哲学所从事的，永远是具体的

① Kierkegaard, *Journals and Papers*, Vol. 4, p. 218.

② Kierkegaard, *Concluding Unscientific Postscript*, p. 268.

③ Kierkegaard, *Stages on Life's Way*, Schochen Books, 1967, p. 70.

东西。”[①] 否定之否定回到真正的肯定，乃黑格尔达到具体的途径。在他看来，先是抽象的肯定，然后是抽象的否定，最后是两者结合，从而达至真正的肯定，即具体。在绝对精神的自我认识、自我发展和自我回归的辩证进程中，所谓的范畴演化的结果表现为越来越具体，真理也因此是具体的。克尔凯戈尔所要求的同样是把有限包含在内的无限。在他那里，人的精神之旅绝不会追随客观的“正、反、合”三段式进程，正是个体内部的有限与无限因素的对立冲突，促使个体精神寻找某种综合的方式。这种综合虽然不可能完全达到，但个体始终维系其间，并关注自己的命运，而这就是具体的含义之所在。

二、身体—心灵

人具有肉体形态，又具有心智品格，这也是人的一种根本处境。那么精神如何维系这种关系呢？在早期现代哲学中，心身关系以心身二分且心尊身卑为原则，所以根本就不存在心身张力。但在后期现代哲学中，心身统一的要求反而让心身冲突凸显出来了。身体不再完全屈从于心灵，它试图扮演主体的角色，这就需要心身处于协调一致中。法国哲学中的精神主义（spiritualism），德法哲学中的唯意志主义（voluntarism）、生命哲学（philosophy of life）和实存主义都在不同程度上主张心身统一，这种统一就表现在本己身体这一概念中。当然，在不同哲学家那里，具体的论述差别是比较大的。但无论如何，

① 黑格尔：《小逻辑》，第 208 页。

正是心身张力以及心身统一的追求造成了在后期现代哲学中情感相对于理智的主导地位，即早期现代哲学要求的冷静沉思不得不让位于后期现代哲学的激情体验：焦虑、绝望之类情绪感染了人的认知，左右着个体的在世存在及其决断。与大趋势显得格格不入的是，克尔凯戈尔哲学并没有突出身体的主导地位，事实上，《日志和论文》第 7 卷根本就没有把身体放在索引条目之列。这无疑因为这一哲学具有明确的宗教导向。尽管如此，身体与心灵之间的张力关系及其解决不言明地扮演着重要的角色。

在《焦虑的概念》中，克尔凯戈尔将身心关系作为分析人的情绪的主要线索，藉以表明人在决断时的左右为难的心境。这种焦虑分析后来也成为海德格尔和萨特等人重点关注的主题。按照克尔凯戈尔的描述，焦虑表征了人的如下处境：一方面，它作为一种消极精神或梦幻精神萦绕个体，既牵涉其心，也与其身关联，意味着精神的现实性不断地以诱惑其可能性的形式显现自身；另一方面，由于身心关系失调，真正的精神没有出场、也不可能出场。但是，焦虑无论如何已经代表了某种精神品格。正因为如此，克尔凯戈尔认为自己应该围绕“身－心：精神”结构来分析焦虑，并且指出：“人乃是由精神构成和维持的一种综合。”[①] 这里所谓的综合显然指的是身心综合。他这样表示：“人是心理－生理的一种综合，但是，这种综合如果没有一种第三因素的统一乃是不可想象的，这第三因素即精神。”[②] 而他在《日

① Kierkegaard, *The Concept of Anxiety*, p. 81.

② Kierkegaard, *The Concept of Anxiety*, p. 43.

志和论文》中则有这样的表述："人是生理－心理的东西和精神的一种综合。"[①] 人在焦虑中直面身心关系，既是厌恶，又是同情，既不愿意使两者分离，又不能联结它们，而这恰恰延续了作为否定精神或消极精神的焦虑。

身心关系扩而言之是人的心灵与世界的关系。在《非此即彼》中，法官威廉说我们拥有的"一方面是整个世界，另一方面是自己的心灵"，他并且进一步解释说，"如果我可以拥有整个世界同时却损害了自己的心灵，那么'整个世界'这一表达就一定包括一切我在直接性中拥有的有限物"。[②] 这里担心的无疑是身心对立，而这种对立使我们重新回到有限与无限的关系。"身"在克尔凯戈尔那里系指包括人体在内的世内之物，因此是有限的定在，感官享受和欲望之类都属于"身"的范畴。那么在身体和精神之外，心灵还有什么地盘呢？从与身体对立的角度来看，心灵与精神无疑处于同一方向，克尔凯戈尔这样说过："肉体是心灵的器官，同时又是精神的器官。"[③] 肉体显然应该服务于心灵和精神，心灵和精神则理应属于同一营垒。然而，心灵毕竟是比较低层次的，如果说精神具有伦理现实性的话（因而在其间把现实与理想统一起来了），心灵仍然属于可能性、想象力范畴。应该说，心灵在克尔凯戈尔那里是一个比较模糊而宽泛的概念。他这样写道："一个人心灵的状态应该像字典中的

---

① Kierkegaard, *Journals and Papers*, Vol. 4, p. 28.

② Kierkegaard, *Either/Or*, Vol. 2, Princeton University Press, 1971, p. 224.

③ Kierkegaard, *The Concept of Anxiety*, p. 136.

字母一样，有些字母非常强大而丰富，有些字母下只列出了几个单词，但心灵应该有一个完整的字母表。”[①] 也就是，我们通常所说的心理包含了许多方面，心灵只不过是包括一切心理活动的一个总的概念，它有丰富而多样的内容。它们与身体的关系则是多样的、多层次的。最基本的关系是，心灵与肉体是联系在一起的概念，精神则是使两者达到综合的第三者，同时也是两者综合的产物。

在《非此即彼》中，威廉法官强调，不管拥有还是丧失世界，心灵都不应当受到损害，因为心灵属于人的“内在存在”，而且他还将心灵等同于自我。[②] 在克尔凯戈尔看来，对于每一个人来说，都存在着外在的败坏和内在的败坏，前一种败坏与身体，后一种与心灵联系在一起，对于一个个体来说，问题恰恰在于即便丧失掉整个世界，也不会丧失自我。[③] 这里的自我看来是在“主体”意义上运用的，个体当然不会停留在自身内，他力图借助想象力建构起理想的自我，并且把它奉为真实的。但这种自我（心灵）已经属于无限范畴了：个体对有限感到绝望，由此希望在想象力的驰骋中，使自己的人格无限化、自由化，“由此，他的有限人格由于他无限地选择自己而为选择所无限化”[④]。“无限选择”在此意即选择的任意性，无根据性，或者说幻想自己的可能性。在肉体与心灵的对立中，身为限制性因素，心为扩

① Kierkegaard, *Journals and Papers*, Vol. 4, p. 34.

② Kierkegaard, *Either/Or*, Vol. 2, p. 225.

③ Kierkegaard, *Journals and Papers*, Vol. 4, p. 37.

④ Kierkegaard, *Either/Or*, Vol. 2, p. 227.

张性因素，由此一切对立又回到最初的对立：有限与无限的对立。心灵要趋向理想自我，成为精神，而身体则要限制它。应该说，在意志主义、精神主义、生命哲学和实存主义那里，身体就是本己身体，代表的是我能，或者说实现了心身统一的身体让纯粹心灵代表的我思退场了。在克尔凯戈尔那里，并没有出现这种情形，因为身体在很大程度上还服从于心灵，而心灵则服从于精神。

在克尔凯戈尔看来，黑格尔的“正、反、合”三段式对于身心关系是不可能作出任何解释的。据这一三段式，心是对身的否定，再一次否定就会产生第三因素即精神。克尔凯戈尔却认为，精神并不是最后出现的因素，它一直伴随着身心关系，一切都只是一个程度问题，在真正的精神出现之前，它通过心灵自己来维护身心关系，此时的心灵完全沉入于想象中，企图摆脱事实性的羁绊，因此总是显示出忧郁、不幸、厌烦、焦虑等情绪，使得身心关系总处于失调中：或是身体负荷不了超然发展的心智，出现了身心不平衡，导致了人的忧郁；或是四肢发达，头脑简单，为物欲所主宰。在肉体和心灵的真正综合中，精神设定并维系着这种关系，它作为动力学原则出现了。精神最终意味着摆脱肉体走向永恒的努力，心灵的纯粹想象力也被修正了。克尔凯戈尔试图表明他关于人的看法有别于黑格尔的地方在于，尽管黑格尔从抽象的角度突出人的精神，他实际上并没有把人从动物中摆脱出来，只有宗教和信仰才能突出具有完全精神的个体。他说：“我曾多次发誓指出，黑格尔从根本上把人异端地视为具有理性的动物种族。在动物种族中，‘个体’总是低于‘种族’。而人类始终具有这样一个显著特点：正因为每个个体都是按照神的形象创造的,所以‘单独个体’高于‘种族’。”[①] 他明确抵制单独个体汇聚一体:“与‘让我们几个人聚在一起’相比,作为个体是一种更高级的实存形式。”[②]

就人性而言,精神所要维护的关系既不是脱离肉体的心灵,也不是脱离心灵的肉体。如果脱离了肉体,心灵就只会在纯粹的想象力中驰骋,因无根基而漂浮不定,终不成其为精神。另一方面,人如果没有了心灵,他也就没有任何理想,没有任何目标,只不过如同行尸走肉,从而被有限性所窒息,在庸庸碌碌中消磨一身,只会陷入绝望,而不会拥有精神。然而,克尔凯戈尔注意到,很多人都更关注身体,以至于会提出如果身体很弱的话,有太多精神又有何用的问题;而在事实上,多数人无条件地是并且继续是动物。[③] 精神在人性范畴中显然需要维持心灵和身体两者间的关系。从更高的关系看,身心综合只是走向精神的一环,人的目标是成为精神,但这种精神具有神性意义,而不是人性意义,它同时摆脱身心两者。克尔凯戈尔有言:“可怕的是,最高形式的虔诚——完全抛弃世俗的一切——可能是最高的利己主义。”[④] 作为精神,人与自己的世界、与世俗的不完满自我绝裂,从而在神面前成为全新的人,纯粹精神意义上的人,身心关系也因此被扬弃了。这显然意味着走向了孤独个体,或者说他孤独地成为神面前的罪人。

---

① Kierkegaard, *Journals and Papers*, Vol. 2, p.224.

② Kierkegaard, *Journals and Papers*, Vol. 4, p.173.

③ Kierkegaard, *Journals and Papers*, Vol. 2, p.236.

④ Kierkegaard, *Journals and Papers*, Vol. 2, p.124.

三、现实—理想

在克尔凯戈尔那里，现实性是一个非常重要的概念。他表示："要阐明逻辑学与本体论之间的关系，我们这个时代最需要的很可能是对可能性、现实性和必然性这些概念的考察。"① 这里的可能性其实在很大程度上是理想性，而克尔凯戈尔偏好的其实是现实性。他表示："基督教首先倾向于现实性。"② 在他看来里，存在着"可能性处境中的基督教"和"现实性中的基督教"之间的不同："只要我把基督教作为一种教义，然后运用我的敏锐、深刻、口才或想象力来介绍它，人们就会认为这很好，我就会被视为一个认真的基督徒，我就会受到尊敬，等等。只要我把我所说的存在性地表达出来，从而把基督教置于现实之中，那么就好像我把世界炸开了一样。人们立刻就会感到震惊。"③ 克尔凯戈尔很少关注逻辑学和本体论，他更关注的是实存哲学，强调实存尤其是宗教实存。关键的问题是如何实现从可能性/理想性向现实性的过渡或转换。人生在世，一方面要面对现实，以免失足；另一方面又不能只做现实的奴隶，因此要拓展自己，拥有理想。现实和理想构成为人的实存处境中又一对辩证范畴，代表了身体—心灵关系的展开形式。

克尔凯戈尔以为，当人正视理想与现实的辩证关系时，精神已经进入到了自我意识阶段。在精神设立自身之前，身心关

---

① Kierkegaard, *Journals and Papers*, Vol. 1, p. 80.

② Kierkegaard, *Journals and Papers*, Vol. 1, p. 203.

③ Kierkegaard, *Journals and Papers*, Vol. 1, pp. 204-205.

系或自我纯粹由心灵决定，精神对于有限无限关系、身心关系的建构都依据想象力这一媒介，没有自我意识或反思渗入到这种关系中。但精神不会一直处于这种梦幻状态，它会由对外界的关注回归自己，完全在自身内设定综合并渗透其中。克尔凯戈尔这样写道："一旦精神设定自身，它就设定了综合，而设定综合，它必须首先以不同方式渗透这种综合。"① 也就是说，精神自觉地、有意识地设定了现实与理想的关系，从而达到了自我意识阶段。精神意识到自身应该是现实与理想的综合，在此，意识即反思。依据克尔凯戈尔的看法，反思具有两种形式。一方面是有限的反思，它表现在人身上就是对人的事实性的反思，通过自身境况的反思，个体意识到自己为现实性所限制；另一方面则是无限的反思，它表现为想象中反思的不停息性，表现为不作决断。有限的反思意味着"太过沉重"，而无限的反思代表的则是"过于轻松"。在这两种反思中，人要么面对现实，要么面对理想，总是把两者割裂开来。人固然不能囿于直接性中，但又不能被反思所耗尽。真正说来，"反思所能想到的一切，信仰都已考虑周全"②。因此，应该在信仰中把理想与现实结合起来。

意识具有设立综合的力量，它表明主体开始意识到自己既不单是现实，因此不可能完全沉入自己的事实性中；但他也不单是理想，因此不能完全沉入于想象中。不过，想象毕竟在现实性的提升中扮演着重要的角色，正是它促动我们从既有现实

---

① Kierkegaard, *The Concept of Anxiety*, p. 44.

② Kierkegaard, *Journals and Papers*, Vol. 1, p. 20.

走向新的现实。克尔凯戈尔这样写道："想象是天意用来俘获现实中的、实存中的人，以便让他们走出足够远之外、足够远之内，或在足够之下进入现实。当想象帮助他们走出了应有的距离后，现实才真正开始了。"[①]当然，停留在想象中是不够的，必须有意识地使理想和现实相结合。我们不能把想象力等同于有限的力量或官能，应该把它看作一种前瞻性力量；与此同时，又需要给想象力加上一副沉重的翅膀，不能让它过于任意地飞翔。这样一来，精神就在自我理想的建构或实现过程中达到了完全的自我意识。但是，理想与现实的关系首先表现为一种二元对立或冲突。如果没有任何冲突，也就不会有这种二元性的意识。理想与现实只能由精神构成一种辩证综合，而由精神构成的综合在个体那里表现为决断。现实与理想的关系有两个不同的出发点，一是伦理－宗教的，一是美感－理智的，它们会导致不同的决断。

克尔凯戈尔认为，从伦理和宗教的角度看，现实高于可能。这是因为，可能属于理想的范畴，伦理和宗教的目标不仅要看到人的理想性与可能性，更重要的是要在决断中将可能转化为现实，现实才是本质的实存，否则人就会陷入无休止的抽象中。但是，如果从美感和理智的观点看，现实则是一种误解。也就是说，在美感和理智中，人们完全沉入于想象之中，与此同时，理想只不过是一种诗意的东西，"诗人们所断言的诗意的观点乃是诗意的任性，诗留下的总体印象是空无，没有任何东西存

① Kierkegaard, *Journals and Papers*, Vol. 2, pp. 313-314.

留”[①]。理想实际上是一种诗意的翱翔，永远没有停息之日，因此无法找到现实的基础。克尔凯戈尔写道："理想的追求反过来没有理想，因为每一理想同时是一种揭示更高理想的比喻，因此是无限的，诗人没有为自己和读者提供停息处，因为停息是诗意的反面。”[②]伦理与美感－理智观点之区别就在于："美感－理智原则在于，除非其存在（esse）已消融在可能（posse）中，现实就不可能被思考和理解。伦理的原则是，除非可能已真正地变为存在，可能性就不可能被理解。”[③]

克尔凯戈尔从他一贯的伦理－宗教立场出发，反对美感－理智地解决理想与现实的关系，他认为在黑格尔和康德代表的现代哲学中，人们谈论的都是思想中的现实。[④]他主张将理想与现实的关系统一于实存中。现实可以被区分为“既定的现实”和“理想的现实”。他这样写道："一方面是有着十分可怜的市侩主义气息的既定现实,另一方面又有即将成形的理想现实。”[⑤]克尔凯戈尔告诉我们，在可能性和现实性之间存在着这样的规律，“在可能性中激起我们的热情、唤起我们的钦佩等的东西，是在现实中我们会憎恨、诅咒、迫害的同样的东西”[⑥]。这里的现实显然是既有的现实，但如果能够结合可能性或理想性，现实性就有了不同的意味。也就是说，在二元关系中，人应该达

---

① Kierkegaard, *The Concept of Anxiety*, p. 320.

② Kierkegaard, *The Concept of Anxiety*, p. 321.

③ Kierkegaard, *Concluding Unscientific Postscript*, p. 288.

④ Kierkegaard, *Journals and Papers*, Vol. 1, pp. 16-17.

⑤ Kierkegaard, *The Concept of Anxiety*, pp. 319-320.

⑥ Kierkegaard, *Journals and Papers*, Vol. 1, p. 376.

到的是现实，但应当在伦理—宗教的立场上看待所谓的现实。克尔凯戈尔这样指出："唯一为个体而存在的现实是他的伦理的现实。"[①]伦理现实与实存是同等含义的，或者说："实存构成个体的最高兴趣，而对实存的兴趣即构成其现实。"[②]抽象地看，现实是一种限制性因素，因为市侩主义的既定现实显然是与理想性脱钩的。但在具体个体的自我意识中，现实与理想结合起来，构成一种充满激情的实存现实（理想现实），所谓"没有激情的实存是不可能的"[③]。一切表明，正是自我意识在激情中将理想与现实融入到了现实范畴之中。

十分明显的是，克尔凯戈尔以之为出发点的"现实"已非限制性力量，因此，理想性在现实中具有独特意义，人的伦理现实就是现实与理想的综合。如果不明确这一点，就不可能理解整个实存主义对于"可能性"的强调。萨特和海德格尔都强调可能性，这是因为，人的实存筹划和自我设计总是指向未来，这意味着可能性，意味着自由。这种自由的、在可能性中进行的实存筹划构成了人的本真实存，也即现实性。克尔凯戈尔与这些实存主义大哲一样，用"人的现实"和"本真实存"来表达人对于自己的可能性的实存态度。人把可能性和理想性的目标作为本真实存的一部分，充满激情地而不是思辨地对待它。这种理想于是成为具体的可能性，而不是抽象的可能性。克尔凯戈尔明确表示："真正的理想绝不遥远。从它是促动力量而言，

---

① Kierkegaard, *Concluding Unscientific Postscript*, p. 280.

② Kierkegaard, *Concluding Unscientific Postscript*, p. 279.

③ Kierkegaard, *Concluding Unscientific Postscript*, p. 276.

它在我们后面,就它是一种鼓舞人心的目标而言,它在我们前面。凡此种种，它在我们自身内，此便是其真理。”[①]宗教信仰尤其体现了两者的辩证关系:“所谓信仰就是理想性，它将存在诉诸可能，然后又回过头来充满激情地做出结论。”[②]在此，把存在诉诸可能，乃是在“在神面前，一切都是可能的”这一意义上说的。这种可能由于信仰之故而由纯然理想转化成了现实，转化为自我的体用。

在《怪人日记》中，克尔凯戈尔旨在表明，男主人公对于现实的思考就已经渗透了理想性，而“这一理想性并不是还未被认作是现实性的虚幻预见，而是现实之后的一种自由行动”；并且他认为，“这就是美感的与宗教的理想性之不同”。[③]现实是对自由行动的可能性的把握，或者说，只要人本真地对待自己的理想性，理想与现实在本质上就是统一的了。但这种统一绝不可能实现在想象中，也不可能失落于有限物中，它始终与实存联系在一起。实存意味着从美感向伦理进而向宗教的跳跃，而这恰恰是理想与现实的不断提升的综合。克尔凯戈尔这样写道:“预感是尘世生活对更高生活的思念，是对人类在天堂生活中必然拥有的明晰的思念。”[④]最终说来，成为一个基督徒是最高的理想性。[⑤]在解决理想与现实的辩证关系时，个体不是停留于自我意识或自我认识中,而是在自我意识中产生了行动。当然，

---

① Kierkegaard, *The Concept of Anxiety*, p. 320.

② Kierkegaard, *Stages on Life's Way*, p. 378.

③ Kierkegaard, *Stages on Life's Way*, p. 383.

④ Kierkegaard, *Journals and Papers*, Vol. 1, p. 38.

⑤ Kierkegaard, *Journals and Papers*, Vol. 1, p. 229.

这种行动也不是外在意义的，“真正的行动不是外在行动，而是个体的内在决定，在这一行动中，个体终止了纯粹可能性，并使自己与理想之内容同一并存在于其中”①。个体并不抽象地思考理想与现实的对立，而是在实际的活动中促成其辩证的转换。理想性融入现实性中，现实也不再是限制性因素，而是拥有无限张力的实存领域。这就是精神设定理想和现实的综合之本意。

四、必然—可能

克尔凯戈尔主张，人本质上即精神，而精神在自由中体现出来。当精神设定自身，达到自我意识时，理想性和可能性的因素使自由初露端倪。人或许对自由感到焦虑，也可能渴求它，因此他需要对它采取某种姿态。对自由采取某种姿态，就是要合理地解决必然和可能的辩证冲突，自由在两者的关系中得以实现。没有必然，一切都如同追逐鬼火一般虚幻；没有可能，人只会因窒息而死亡。这两种情况都体现不出自由来，因此必须将它们两者综合起来。在克尔凯戈尔的分析中，必然具有两个方面的含义：一方面指逻辑意义上的必然，另一方面则指存在意义上的必然。在逻辑的领域中，必然性相应于知识的客观性。在谈到自由、必然与调和的关系时，克尔凯戈尔指出：“哲学真正应当探讨的领域（它也是思想的领域），应该是逻辑、自然和历史，在此必然性统治着，而调和是恰当的。”②在黑格尔哲学

---

① Kierkegaard, *Concluding Unscientific Postscript*, p. 302.

② Kierkegaard, *Either/Or*, Vol. 2, p. 178.

中,自然和历史都只是逻辑的异在形式,或者说都属于应用逻辑。当黑格尔提出“凡是合理的都是现实的,凡是现实的都是合理的”这一断言时,他实际上补充了一个重要条件,那就是,这一断言只有在必然性范畴内才能成立。也就是说,合理性意义上的现实是指有其自身根据的东西。

黑格尔无疑是在逻辑、自然和历史的领域内探讨必然性的,把它看作与偶然性相对立的东西。克尔凯戈尔认为,在这些领域内如此思考是合理的,因为建立一套逻辑体系是可能的,而建立逻辑体系的保障正来自必然性。然而,在存在的意义上也有必然性。要对实存建立一套思想体系绝不可能,因为人本来就属于自由的范畴,其中所包含的必然性须在自由中与可能性达成综合。也就是说,人既是必然的,又是可能的,不能单以必然性的方式出现。因此这一层意义上的必然性不是独立的,它只能是二元结构中的一个环节。可能性概念也需要作出如此区分。在逻辑领域中,有抽象的可能性,也有与必然性相应的“现实”可能性。但两者只是在概念中进行了区分。在存在意义上的可能性却表征着实存筹划的指向或理想性,在此,和必然性一样,它是二元结构中的一环,而不能片面地发展之。克尔凯戈尔完全在存在的意义上探讨必然与可能的辩证关系。他指出,黑格尔将必然看作可能性和现实性之综合是错误的。在实存的意义上,现实性乃必然性和可能性的综合,而这里的现实性即人的精神的自由实现。在此,克尔凯戈尔与黑格尔的分歧在于,黑格尔的重心是必然,而克尔凯戈尔看重的是自由。

在《致死的病》中,克尔凯戈尔想要表明:“成为可能性与成为必然性同样是本质的(自我有在自由中成为他自己的任务)。

可能性和必然性属于自我，正如有限与无限属于自我一样。”[①] 将必然性和可能性确定为实存的本质环节，意味着人的实存再度面临考验，一方面，个体要发展，但必然性拖着后腿，“必然性是对可能性的限制”[②]；另一方面，当个体致力于成为自己的任务时，如果没有必然性的支撑，就会如同断线的风筝，目标和旅程都陷于混乱中。应当正确地处理两者的关系，而实存对两者的根本认识就是：“就自我是它自己而言，它是必然性，就其有成为自我的任务而言，它是一种可能性。”[③] 因此，必然和可能是自我在自由中得以实现的两个辩证因素。在实存领域中，人的必然性标明为人的限制性因素，因此包含着人的事实性和局限性。人要实现自由，就不可能对这种事实性视而不见。他必须正视自己的“被抛”状态，抛弃这种状态，意味着准备在沙滩上建高楼大厦，因此没有基础；但是，人也不应当将必然性等同于宿命论，不能将之等同于市侩主义。宿命论使人服从于命运，让他被必然性窒息，市侩主义则意味着人碌碌于琐屑事务中。

可能性是实存主义的一个基本范畴，无论海德格尔还是萨特，他们都把人的自由、未来、自我设计与可能性联系起来。如果没有可能性这一范畴，实存主义最多只能为我们描绘一幅所谓的普遍异化图景，而不能为人们指明“本真状态”。可能性在克尔凯戈尔著作中同样具有十分重要的意义。首先，可能性

---

① Kierkegaard, *The Sickness unto Death*, p. 35.

② Kierkegaard, *The Sickness unto Death*, p. 35.

③ Kierkegaard, *The Sickness unto Death*, p. 35.

具有“解放”的意义，因为“可能性是唯一的救赎”[①]。可能性把人从必然性的桎梏中解脱出来，如果没有可能性，人就不可能走向理想自我。其次，可能性是指向未来的，所谓“可能性恰恰是与未来相应的”[②]。人为什么会产生焦虑呢？原因就在于，未来对人而言是一种虚无，是一个谜，或者说它具有不确定性。就像人面对深渊会产生眩晕一样，人面对自由、虚无也会如此，人只有把自己完全交付给自由，才能克服焦虑。也就是说，人应当生活在可能性中，并严肃地对待自己的可能性，在自由中与未来的自我理想先行约会。第三，这种可能性必须排除纯粹抽象或想象的成分，否则就会陷入“在可能性中，一切都是可能的”这样的虚幻方式中。可能性由于指向未来、无限和不确定性，因此伴随的总是激情，或是沮丧、焦虑、绝望等消极情绪，或是确信、内向性、真诚、信仰等积极情绪。由于情绪的出现，个体已经抛离思辨或纯粹思想，他采取决断的方式，选择神作为可能性的保障。如果说在人性自我范围内“一切都是可能的”属于一种虚幻境地的话，在神面前，可能性会得到真正的满足。

在必然性、可能性和自由三者的关系中，可能性与自由的关系最为密切，它是指向自由的，而必然性看起来与自由背反。自我的可能性使人总是前瞻性地实存，而必然性却总是拖后腿。必然性意味着充实，意味着人的被动性，而不像可能性那样使人超脱。但是，尽管克尔凯戈尔反复强调了可能性的意义，他还是主张不能将两者分离开来谈论自由。在自由中，精神设定

① Kierkegaard, *The Sickness unto Death*, pp. 38-39.

② Kierkegaard, *The Concept of Anxiety*, p. 82.

了两者的综合，自由不能单是其一，单取其一只会导致人的绝望，这就需要寻找一个结合点。精神不可能甩掉人的事实性这一层面。在《非此即彼》第二卷中，威廉法官表示，个体在选择自我时，不能摆脱他自己的历史，不能摆脱作为一个整体的人类处境，“不管这是多么沉重的负担”都应如此。在克尔凯戈尔看来，在他所处的时代谈论自由、意识自由、选择自由和信仰自由成为时尚，“我们为意识自由而战”[①]；进而言之，人似乎不得不自由，“在我们时代，任何东西都是自由的，即便他根本就不关心自由，一个人必须自由，要不然他们就会干掉他——在这一范围内，任何东西都必定是自由的”[②]。不管他多么自由地发展，个体永远不能达到绝对的自由之点，因为真正的自由在于运用既定的东西，因此，个体通过自由绝对地依赖于既定的东西。

真正说来，我们不可能摆脱限制，选择并不意味着选这选那的任意性，而日常生活中的自由乃是自由的幻像。自由与必然联系在一起，除非有神之助。在谈到使徒时，克尔凯戈尔表示：“如果不存在限制，我们永远不会看出他们是他们之所是。”[③]自由意味着，正是在必然与可能的综合中，个体才能够完成寻求理想自我的任务。克尔凯戈尔把可能性依赖于必然性而实现为自由描述为一种“当场运动”。这意在表明，自由应该是现实的，而不是抽象的，它代表的一种建构理想的活动，而不是停留为纯粹思辨中的一个静态范畴。必然和可能是精神在关系

① Kierkegaard, *Journals and Papers*, Vol. 2, p.72.

② Kierkegaard, *Journals and Papers*, Vol. 2, p.73.

③ Kierkegaard, *Journals and Papers*, Vol. 2, p.70.

中使自己与自己相关联时必须正视的一对范畴。正是在这种关系中，个体获得了自由。克尔凯戈尔这样指出:“综合是一种关系，它是一种使自己与自己相关联的关系（尽管它是派生的），这意味着自由。”[①]必然性和可能性的综合，给人的自由提供了条件，在此个体已经意识到自己具有“能够”的品格。也就是说，个体精神已经能够实现理想自我的任务。克尔凯戈尔强调自由与必然不可分离，否定绝对自由，这是他不同于实存主义者萨特的地方。在他那里,自由的内容胜过其形式。他这样写道:“自由的内容对于自由来说在如此程度上是决定性的，以至于选择的自由的真理本身是：即便存在着一种选择，也必定没有选择。”[②]很显然，克尔凯戈尔最终是从信仰角度谈论自由的。

第三节　神性的精神

克尔凯戈尔认为“基督教的定性”是“精神”，而“人性则在于，每一个人都被赋予了成为精神的能力”，正因为如此，精神与聪明与否、有无学识毫无关系；的确，“我们经常发现一个头脑简单的人实存于精神领域，而一个教授却远离了它”[③]。无论如何，真正的精神与信仰联系在一起，“相信自己的罪获得赦免是一个人成为精神的决定性的关键；不相信这一点的人就不

① Kierkegaard, *The Sickness unto Death*, p. 162.

② Kierkegaard, *Journals and Papers*, Vol. 2, p. 68.

③ Kierkegaard, *Journals and Papers*, Vol. 1, p. 26.

是精神”[①]。克尔凯戈尔提出了多种可供选择的生活方式，主要归结为美感的、伦理的和宗教的三种。但他的一切著作的目标都在引导人们走向神，也即他要求人们选择宗教的生活方式。克尔凯戈尔在其《作为一个作家我的作品的观点》中反复宣称，在他所有的假名著作中，美学作品描述了成为基督徒的一种方式，即离开美感生活以成为基督徒；而作为整个作品之转折点的《结论性的非科学附笔》则代表了另一方式，即离开体系，离开思辨以成为基督徒。人的成为精神之旅就是其走向基督徒之旅。他这样简明地表示：“成为基督徒，就是成为精神。”[②]更明确地说：“与基督教有关的问题总是在何种程度上一个人应该转到成为精神的方向去，从而使他敢于体用恩宠。”[③]

体用恩宠就是信奉神，因此成为精神与相信神是一致的。当然，一切的根源就在于，“神是精神，要成为一个精神性的存在，不可能拥有一种有别于精神关系的关系”，与此同时，必须要注意的是，“这种精神关系是辩证的”，它“不能被理解”，但可以“被相信”[④]。自我（精神）乃是一种在关系中使自己与自己相关联的关系。但这种关系不是原初的，它实际上会引出另一重关系。克尔凯戈尔写道：“人的自我是如此一种派生的、设定的关系，这种关系使自己与自己相关联，并在自己与自己相关联中使自己与另一关系相关。”[⑤]这也就是说，在人与自己的

---

① Kierkegaard, *Journals and Papers*, Vol. 1, p. 24.

② Kierkegaard, *Journals and Papers*, Vol. 4, p. 255.

③ Kierkegaard, *Journals and Papers*, Vol. 1, p. 240.

④ Kierkegaard, *Journals and Papers*, Vol. 1, pp. 107-108.

⑤ Kierkegaard, *The Sickness unto Death*, p. 13.

关系之上，还有人与神的关系；而且，一切关系最终都是由神设定的，人性的自我不是最高的，只有站在神面前的神性的自我才是目标。由此，精神的发展在神面前最为显著。精神是人所不能缺少的，它构成人的本质。尽管我们可以说不存在普遍精神，但不能否认个体精神。只不过，个体精神的顶点只能在宗教激情中达到。克尔凯戈尔明确认定“人性的东西本质上是激情”,而“一个人的最高激情即信仰”[①]。人们总以为罪是承袭的，也就是说亚当之罪连累了后来的人，而在实际上，后来的人是由于自己的不信仰才成了罪人。因此，罪是针对每一个个体而言的，要么救赎，要么堕落，一切都取决于个体是否具有信仰的激情。

基督徒是什么呢？他是一个精通《圣经》的饱学之士吗？并非如此。克尔凯戈尔以比喻的方式指出，“基督徒即放火者”，并且解释说，“精神就是火，要么在火中被烧死，要么烧出精神来”。[②]“精神就是火”这一他反复用到的说法是一个能够比较准确地表达他的观念的比喻。火烧毁了尘世的一切，留下的只有“气”,而这种“气”或许是精神的影子。在克尔凯戈尔看来，人在感性生活中只有消极的精神，在伦理生活中，个体追求伦理的普遍性，经过“宗教对伦理学的悬搁”，普遍性让位于个体，人于是作为个体孤独地面对神。这就是精神发展的基本走向。这实际上引出了时间与永恒的辩证关系。与古代哲学尤其是中

---

① Kierkegaard, *Fear and Trembling; Repetition*, Princeton University Press, 1983, p. 121.

② Kierkegaard, *Journals and Papers*, Vol. 4, p. 251.

世纪哲学强调永恒性不同，现代哲学围绕时间性展开，但早期现代哲学和后期现代哲学具有不同的时间概念。克尔凯戈尔和后来的实存主义者一样突出时间概念的重要性，而且把它与个体实存联系在一起。然而，作为一个基督教哲学家，他不可能放弃中世纪哲学中具有主导地位的永恒概念。一方面，个体处于时间之中，这是人生在世的一种特定处境；另一方面，个体要超越时间以追求永恒，这也是人必须明确的。

其实，即便不考虑宗教因素，单纯从伦理角度考虑，我们也不能仅仅停留在时间中。克尔凯戈尔这样写道："从苏格拉底角度看，时间中的任何出发点依其本身都是某种偶然的东西，一个正在消失的点，一种契机。"①时间只是契机，人们透过时间追求永恒。我们尤其不能停留在美感领域。从美感的角度看，不管永恒还是暂时都处在自相矛盾中。克尔凯戈尔以艺术为例说："所有的艺术在本质上都陷入了辩证的自我矛盾中。真正永恒的东西是在石头上绘不出、画不出或刻不出的，因为它是精神。但暂时的东西本质上也是在石头上绘不出、画不出或刻不出的，因为当它以这些方式呈现时，它就是永恒的；每一幅画都表达了对那个特定时刻的定格。"②正因为如此，处理时间与永恒关系意味着从时间通向永恒："这是我们都必须走的路——过叹息桥通向永恒。"③然而，人始终处于时间与永恒的辩证张力关系之中。就此而言，"人是身心的综合，他同时也是时间性与永恒

① Kierkegaard, *Philosophical Fragment*, p. 11.

② Kierkegaard, *Journals and Papers*, Vol. 1, p. 61.

③ Kierkegaard, *Journals and Papers*, Vol. 1, p. 14.

的综合”[①]。在克尔凯戈尔看来，如果人脱离了其中任何一个方面，都会让自己的人生走向歧途。没有时间中的实存，人所追求的永恒只能是一种幻影;没有了永恒,个体就没有了理想目标，只会庸庸碌碌，最后随时间之流逝去。他明确表示:“暂时的出发点什么都不是，因为我在同一瞬间发现我已经从永恒认识到了真理却没有认识到这一点，而瞬间在同一时刻隐藏在永恒的东西中。”[②]

时间和永恒的综合需要寻找一个第三因素，而这第三因素即瞬间（moment）。克尔凯戈尔的时间与瞬间概念具有独特的含义。他始终结合永恒来界定时间。他告诉我们，通常认为，时间可以被界定为无限延续，正是这样，也就自然地可以将它分成现在、过去、将来三个维度。但他自己的看法是，虽然这种区分和界说很有道理，但时间并不自然地就有如此三个维度。时间的确是无限延续的,但其间并没有现在、过去、将来的区分。那么时间是如何与这三个维联系起来的呢？克尔凯戈尔认为，正是时间与永恒的关联造成了这种状况。他写道:“因为只是通过时间与永恒的关系和通过对时间中的永恒的反思才产生了这种区分。”[③]如此区分必定有其前提，那就是必须在持续绵延的时间长流中寻找一个静止的点，以之作为分界点。时间由于其绵延性，它的每一点都处于运动之流中，不会停息下来，因此要在时间本身中寻找这样一个静止点是绝不可能的。这就需要

① Kierkegaard, *The Concept of Anxiety*, p. 86.

② Kierkegaard, *Philosophical Fragment*, p. 13.

③ Kierkegaard, *The Concept of Anxiety*, p. 86.

借助另一种力量，这种力量即永恒。那么什么又是永恒呢？克尔凯戈尔指出，永恒不是流动，而是静止，所谓“永恒，相反地就是现在”[①]。由于其静止不动性，永恒可以作为区分时间三维的力量。永恒与现实的共同特征就在于它是充实的而非流动的，“现在即永恒，永恒即现在，现在就是充实”[②]。处于时间中的事物或有生命的事物是不充实的，是没有永恒性的东西。但是，为了说明生命现象，我们也为它们提供某种可以停息之处，认为它处于瞬间中，处于暂时性（时间性）中。通常所谓的瞬间指没有过去与将来的现在，这种现在是不完满的，它远远低于永恒；永恒也指没有过去与将来的现在，但它却是永恒的完满[③]。这种瞬间看似静止，实际上却是人的思想的产物。如果把它作为区分时间三维的依据，结果只能是抽象。

但是，如果在这一瞬间中让暂时（时间）与永恒结合起来，奇迹就产生了，因为作为精神的永恒即刻赋予瞬间以完满。这种具有完满性的瞬间所构成的现在既非时间，也非永恒，它已经是一种综合物。克尔凯戈尔认为，正是由于那具有永恒性的“瞬间”，历史才真正开始了。正因为如此，“瞬间具有决定性的意义”[④]。当然，关键还是基督扮演的角色。基督首先是从永恒到一切永恒的牵引力[⑤]。正是作为永恒的基督来到世界上，才把时间区分成了过去、现在、将来，从而形成了历史，但最终还

① Kierkegaard, *The Concept of Anxiety*, p. 86.

② Kierkegaard, *The Concept of Anxiety*, p. 86.

③ Kierkegaard, *The Concept of Anxiety*, p. 86.

④ Kierkegaard, *Philosophical Fragment*, p. 19.

⑤ Kierkegaard, *Journals and Papers*, Vol. 1, p. 131.

要终结历史。由于这一缘故，克尔凯戈尔把瞬间界说为“那种在其中时间与永恒接触的模棱两可状态”，并且表示，由于它，“暂时性的概念被设定了，在此，时间不断地分割永恒，而永恒不断地渗透时间，结果，上面所说的现在、过去、未来的时间区分就获得了意义”①。无论如何，在克尔凯戈尔的思想中，永恒的引入具有决定性意义。他显然以基督教的时间概念取代了流俗的时间概念。在他看来，“只要永恒未被引入，瞬间就不存在，或者只是一种边界”②。瞬间不存在，意味着人沉溺于世俗和时间之流中，尚未关注精神实存，一旦引入永恒，精神即刻出现，因为，“精神就是永恒”③。个体在这一瞬间中真诚地、虔诚地信仰神、信仰基督的降临。暂时或时间不可能懂得什么是真诚，因为真诚是与永恒的东西的关系。④正是在瞬间中，个体意识到了自己的诞生，意识到了自己的再生⑤。

克尔凯戈尔认为，基督是纯粹的精神，正是他的下凡给世上带来了精神之光。时间中的一个瞬间具有决定性的意义，它是我们任何时刻都无法忘记的，因为非实存的永恒的东西在那一瞬间成为了实存。⑥永恒的精神在时间中的一个瞬间来到了世上，他成了一个神人。神人意味着永恒与时间的结合，他是一个象征，意指每一个体都应将时间与永恒结合在自身之中。基

① Kierkegaard, *The Concept of Anxiety*, p. 89.

② Kierkegaard, *The Concept of Anxiety*, p. 90.

③ Kierkegaard, *The Concept of Anxiety*, p. 90.

④ Kierkegaard, *Journals and Papers*, Vol. 1, p. 99.

⑤ Kierkegaard, *Philosophical Fragment*, p. 21.

⑥ Kierkegaard, *Philosophical Fragment*, p. 13.

督是一个原型，而它的生活是永恒的考察。[①] 他来到世上的那一瞬间，使得任何个体都有了通向永恒的道路。问题在于效仿基督，而不是在时间中愚弄永恒。在时间三维中，哪一维更多地体现了永恒呢？过去代表着完成与事实性，因此缺乏精神，从而不具永恒性；现在只是部分，时时刻刻都在流逝，在此也没有可靠的永恒；将来意味着更多，它因此最能体现永恒。克尔凯戈尔写道："永恒首先意指未来，或者说未来是永恒的潜行者（incognito），在这里，永恒尽管与时间不相融，但仍然与时间保持相关。"[②] 将来代表人的可能性，它直接指向人的自我理想，它因此最能体现永恒。强调将来其实是整个现代哲学尤其是后期现代哲学的突出特征，但把将来与永恒联系在一起，却是克尔凯戈尔哲学的独特之处。

精神根据时间与永恒的关系来确定自我成长的辩证法。按其本性，精神应该是永恒的，但在自我综合确立之前，它却被时间之流遮蔽了。人们在暂时性中要么处于焦虑中，要么希望获得恩典的时间，但在永恒性中根本就不存在恩典的问题，因为个体由于信仰而处于宁静之中[③]。只有在那特定的瞬间出现时，精神才会跨越有限而真正地走向无限，从而把肉体性实在（时间内的存在）与永恒性理想（在未来出现）结合起来。这里的瞬间是一个宗教体验概念，是与基督同在的标志。永恒总是作为精神及其可能性出现在人们面前，因此成为自我的任务就

---

① Kierkegaard, *Journals and Papers*, Vol. 2, p. 371.

② Kierkegaard, *The Concept of Anxiety*, p. 89.

③ Kierkegaard, *Journals and Papers*, Vol. 2, p. 165.

变成为追求永恒。但是，人要成为永恒却面临着困境，因为人不可能与神同处尊位。于是就需要有一个转换，即永恒来到时间中，与人同处卑微之中。克尔凯戈尔认为永恒与时间的关系的本质就表现为永恒来到时间中。基督来到世上是这种关系的原初表达，个体相信这一点并把自己的幸福建立在这种信念基础上，乃是他自己与永恒打交道的一种精神通道。整个《哲学片断》和《非科学的结论性附笔》都在考察永恒与时间的关系，其结论就是在信仰中与基督同在。基督来到世上乃是一个悖谬，因为他是永恒，而世间则是时间之流。然而，这一悖谬却为人成为精神提供了契机。个体必须紧紧抓住这一契机，通过永恒来把自己从时间之流的非完满中解脱出来。

时间与永恒两个彼此异在的范畴分别代表了人间与天国，如果没有基督下凡这一契机，两者之间是不可能有沟通的。现在，人生活于时间中，永恒却是他唯一的希望，这正是信仰产生之源。没有信仰，人不能远离时间一步，永恒也就遥遥无期。《怪人日记》的主人公自称，他自己是一个有宗教倾向的人，其女友则偏好美感生活，他们之间的误解使他们不能在时间中结合。他于是寄希望于永恒，因为“在永恒意识中，在无限中，两个人都是自由的，在他们相爱时，两个人都拥有自由”[①]。在永恒中，人人都摆脱了感性，都成为了神面前的精神。在这种情形中，由于神的帮助，由于永恒清除了一切尘世的障碍，所以一切都是可能的。主人公因此说：“我希望永恒会把我与她结合在

① Kierkegaard, *Stages on Life's Way*, pp. 295-296.

一起。”[1]时间中没有任何重复，逝去的爱情不可能挽回，但在永恒中却能产生重复。这一切都表明，克尔凯戈尔把永恒看作让人从时间中解脱出来的唯一途径。他认为“基督教预设永恒让人绝对地投入”[2]。然而，人毕竟不可能完全摆脱时间，因此只有在充满激情的瞬间，也即在人作出决断时，才有充实，才具精神，从而忘却时间，分享永恒。精神就是要在永恒与时间的综合中达到这种瞬间的确立，而这恰恰是人的精神的最高表征。按克尔凯戈尔的理解，时间与永恒之间的关系首先涉及过渡，然后才是永恒，只是永恒不能仅仅理解为过渡的分母，还应该理解为一种持续的实现状态。[3]显然，精神的建构活动使个体处于成为自我的过程中。

精神设定种种综合，而综合之两因素的对立冲突也是精神建构活动的动力源泉。精神与综合实际上互为因果：精神设定了综合，但正是在设定综合的过程中产生了精神。因此，个体永远处于激情与决断之中。这就是克尔凯戈尔哲学中精神作为动力的根本意义。时间与永恒的关系是辩证张力关系在神学意义上的深化。正因为如此，确立自我理想的任务由于永恒的介入而变得复杂起来。在前面一节提到的四重综合中，尽管不时涉及神性，但基本上是在人性范畴内考虑人的精神成长，就此而言，克尔凯戈尔与后来的实存主义者在思想上还有许多共同

---

① Kierkegaard, *Stages on Life's Way*, p. 308.

② Kierkegaard, *Journals and Papers*, Vol. 1, p. 386.

③ Kierkegaard, *Journals and Papers*, Vol. 1, p. 382.

性，但在时间与永恒的关系问题中，一切都具有了神性的意义，从而导致了他与其他实存主义者的巨大差异。后世哲学家尤其是海德格尔强调了时间在实存阐释中的意义，他们实际上从时间性出发建构人的实存机制。海德格尔要摧毁自亚里士多德以来的流俗时间观念，把人的实存行为规定为时间性的缘起，因此时间与人的实存密切相关，时间三维也是人的实存的揭示。海德格尔在《存在与时间》中把克尔凯戈尔的时间观看作流俗的时间观显然是有问题的。克尔凯戈尔同样反对流俗时间观念，但由于其宗教立场，他不是为时间寻找人学根据，而是寻找神学根据，从而把永恒看得高过时间，让神设定了时间。当然，他们都强调了未来的意义，正是这一点体现了他们作为实存哲学家的共同点。

第二章
主观精神论

克尔凯戈尔把“苏格拉底”这一名字与反讽等同起来，认为苏格拉底本质上表达了一种反讽精神，其实质是对世俗社会的观念和行为的否定与超越。苏格拉底只有消极意义，没有提出一种建构原则，因此他的思想只代表了一种消极的主观性，只不过是主观性问题的起点。在此基础上，克尔凯戈尔接受德国文学家、启蒙思想家莱辛（G. E. Lessing）等人对个体性、主观性的强调，提出了自己的主观精神论或主观实存论。克尔凯戈尔主要的哲学著作是《哲学片断》及其长篇《附笔》。这两部著作代表了克尔凯戈尔关于“主观精神”的一般看法，也即，强调实存与主观性，反对思辨与客观性，而且始终与基督教精神联系在一起。克尔凯戈尔旨在探讨个体的永福问题，也就是个体与基督教的关系问题。这个问题相当复杂，主观性问题、主观真理问题及实存沟通问题是其三个最重要的方面。无论如何，“主观性”“主观真理”“实存沟通”实际上都可以归入在“主观精神”这一概念中，它们既代表了克尔凯戈尔哲学的特质，同时也包含了其思想的全体，主观精神因此是他的精神哲学的微缩形式。

第一节 主观性问题

克尔凯戈尔哲学的中心问题是主观性问题。这一问题在他的哲学中有其独特的含义，它与个体如何正视伦理、如何成为基督徒密切相关。基督教问题的主观意义尤其受到重视。克尔凯戈尔明确地主张：主观性问题就是个体与基督教真理的关系问题，更进一步地讲，就是如何成为一个基督徒的问题。这是一个主观问题，既不能客观地提出，也不能客观地加以解决。他对于主观性和客观性的一般态度是："客观地，我们只考虑争论中的问题，主观地，我们得考虑主体及其主观性。正是主观性才是争论中的问题，这些必须时刻牢记在心里。主观性问题不是某种关于客观论题的东西，而是主观性自身。既然问题中的困难要求决断，既然如上表明的一切决断地包含在主观性中，从根本上说，任何一点客观性的痕迹都应抹去。"[①] 探讨主观性问题，就是要求个体远离思辨而关注伦理和宗教的实存。在克尔凯戈尔看来，神已经树立了主观性的榜样。他写道："我们忘记了，利己主义是一回事，而'自我性'或主观性又是另一回事，尽管神离利己主义有无限的距离，但他却是无限的主观性。"[②] 利己主义追求世上利益，而主观性则首先回归，进而走向超越。

① Kierkegaard, *Concluding Unscientific Postscript*, p. 115.

② Kierkegaard, *Journals and Papers*, Vol. 1, pp. 215-216.

克尔凯戈尔首先要反对客观思维，让一切取决于个体体验的内向性。[①]

主观地还是客观地对待人与基督教真理的关系问题，表明了人的实存态度的差异。如果他主观地对待这一问题，那他是一个主观思想家，实存优于思想；如果他客观地对待它，他就成了一个客观思想家，思想优于实存，个体被思想所消融。克尔凯戈尔围绕主观性问题对客观性立场进行了分析和批判。他把批判的矛头直接对准思辨哲人黑格尔及其在丹麦的信徒。这些思想家力图在思想中解决实存问题，从而使实存失去了现实性。他们的根本立场是将伦理原则化、把宗教教义化，个体由此丧失了主观性和独特性，成了客观性的牺牲品。黑格尔的思辨哲学力图建立一个包罗万象的体系，把一切都纳入其中。克尔凯戈尔讽刺说，这与古希腊那位想把整个世界装在一个坚果壳内的智者的想法完全一致。他表示，如果说有个别人在建构体系倒不让人惊讶，使人感到奇怪的是，整个时代，一切人都喧嚷要把自己与整个世界历史联系起来。他表示，把所有的思想包含在一个脑子里是难以想象的。[②]克尔凯戈尔站在主观思想家的立场上提出批判，尤其批判了这种客观性在基督教问题中的表现。他认为，那些倾向于客观化立场的人把基督教看作是一种既定事实或实在物，“其真理被按照纯粹客观的方式加以探讨，因为那随和的主体是如此地客观，以至不再考虑自己”[③]。

---

① Klemke, *Studies in the Philosophy of Kierkegaard*, p. 10.

② Kierkegaard, *Journals and Papers*, Vol. 1, p. 395.

③ Kierkegaard, *Concluding Unscientific Postscript*, p. 38.

这就是个体与基督教真理之“客观关系”的一般表达。

他进而从历史和哲学两个角度进一步分析了这种客观性问题。

按照对基督教真理持历史观点的人的看法，我们应当在与历史事实相符合的基础上，对基督教教义提供完全可信的说明。这里表现出一种“实证”的要求，假如无法完全符合，至少应当接近地达到。无论如何，这种历史的考察要求进行客观的研究工作，找出客观的证据。证据当然只能从《圣经》中获得。人们于是展开争论，要确认《圣经》的这几卷而不是那几卷是“正经”，它们是真实的，它们是完整的，它们的作者是可信的，如此等等。争论是广泛的，气氛是热烈的，每一个人都宣布在为基督徒的利益而争论。克尔凯戈尔认为，这实际上是在自欺欺人。由于争论毫无成效，人们反而会对教义本身产生怀疑，进而动摇信仰的基础。无论如何，知识无助于信仰。克尔凯戈尔就此写道：“信仰并不能够直接由科学考察产生，它根本不会直接产生，相反，在这种客观性中，人们易于丧失激情中的无限人格兴趣，而这种激情乃是信仰的条件。”[1] 在谈到科学与伦理的关系时，他认为“科学或许可以被捣碎进一个人那里，而伦理的东西不得不从那里捣碎出来”[2]。科学寻找证明，信仰却无须证明。《圣经》记载的是历史事实吗？如果以生理之眼阅读《圣经》，显然会提出这样的问题。但是，如果以信徒的眼光去看，基督就始终与我们同在。

---

① Kierkegaard, *Concluding Unscientific Postscript*, p. 30.

② Kierkegaard, *Journals and Papers*, Vol. 1, pp. 269-270.

克尔凯戈尔不满地表示:“把基督教当作科学,意味着把它变成某种过去的东西,或者把它表达为某种不是现在的东西。科学和理论只是后来的东西……但基督教现在成了一门科学。”[①] 正是在这种情况下,牧师就成了科学工作者:由于他是被付工资的,有固定收入,所以他觉得应该为这钱做点什么,因此他投身于研究,并且把宗教变成了学识。[②] 由于寻找客观证据,这种历史考察实际上与思辨的考察殊途同归。按照持思辨立场的人的看法,基督教是一种历史现象,它将自身揭示为一种永恒真理,而这一真理在思想中得以明确。按克尔凯戈尔的看法,思辨地探讨这一问题的特点在于,基督教对个体不提出任何要求,需要考虑的只是他生活于其中的客观环境。只要一个人生活在一个基督教家庭或一个基督教国度,他就理所当然地是一个教徒。克尔凯戈尔不无讽刺地指出,这一观念如此深入人心,以至让我们变得如此客观,甚至连一个公务员的妻子都是从整体、国家、共同体观念,从地理学的科学观点来证明某一具体的人。如此一来,哲学思辨主宰一切,个人实存无立足之地。于是,“思辨哲学在做一切,思辨哲学在怀疑一切”[③]。我们当然可以对基督教问题作一番思考,但绝不能为了思想而思考,思考之有主人,就像笛声来自吹笛者一样。

个体的任何思考都应当与自己的实存密切相关。克尔凯戈尔如是说道.“如果基督教本质上是某种客观的东西,观察者就

① Kierkegaard, *Journals and Papers*, Vol. 4, p. 21.

② Kierkegaard, *Journals and Papers*, Vol. 4, pp. 23-24.

③ Kierkegaard, *Concluding Unscientific Postscript*, p. 50.

有必要成为客观的，然而，如果基督教本质上是主观的，那么作一个客观的观察者就是一个错误。”[1]他由此指出，哲学思考忽略个体，因此不能解决人与真理的关系问题；进而言之，它压根儿就没有提出个体的永恒幸福问题，更不用说解决问题了。主观性问题就是个体如何正视自己与伦理、自己与宗教的关系问题。这乃是苏格拉底重视伦理与主观性、莱辛强调孤独个体所给予克尔凯戈尔的启示。个体于是肩负着成为主体并为之奋斗终身的任务。显然主观性关涉的是一种实存任务而不是思想任务。要解决主观性问题，必须回归到实存态度中来。实存是实存主义的中心概念，其许多重要内涵在克尔凯戈尔哲学中已经获得表达。雅斯贝尔斯告诉我们，他一直寻求与历史上的哲学家进行沟通，在这种历史追溯中，克尔凯戈尔对他尤其具有意义，主要是因为后者提出了“实存”这一概念。他自己认为，正是由于他将克尔凯戈尔的实存概念引进德国，才开启了实存哲学。[2]海德格尔、萨特、华尔等人大体上认可了这一说法。

克尔凯戈尔用实存概念来强调个体的主观性，抵制认知的态度。雅斯贝尔斯评论说：“实存一词，由于克尔凯戈尔而呈现为这样的意义：通过它，我们看到了抗拒一切有限知识的东西的无限深度。”[3]在实存哲学方面，克尔凯戈尔本人受到了德国古典哲学家谢林的影响。华尔确认了这一点：“克尔凯戈尔写道：‘谁也不会比我更强调实存。’就这一点而论，部分地是受了谢

① Kierkegaard, *Concluding Unscientific Postscript*, p. 51.

② Jaspers, *Philosophy*, Vol. 1, Epilogue.

③ Jaspers, *Reason and Existence*, p. 49.

林的启示。”[1]克尔凯戈尔曾在柏林听过谢林的讲座，他很欣赏后者将实存与本质对立起来，并让实存摧毁本质的观点。但他在写给兄长彼得的信中表示，自己很厌倦谢林的讲座。谢林当然具有重要的地位。克尔凯戈尔表示：“黑格尔是谢林的括号的观点似乎越来越明显，我们只是在等待括号合上。”[2]他显然把黑格尔哲学看作是谢林哲学的注释，正因为如此，从总体上看，他对他们两位都是持批判态度的。克尔凯戈尔认为，在谢林那里，信仰是一种行动的天才[3]，因此丧失了其实存意义，或者说，他不可能像克尔凯戈尔期待的那样真诚地、虔诚地维护宗教信仰、宗教实存。从根本上说来，克尔凯戈尔更愿意接受苏格拉底式的道德践履，并因此将其确认为一个主观实存思想家，尽管需要实现从伦理向信仰的飞跃。他从这位希腊哲人那里获得的启示是：个体必须关注自己的伦理，必须发挥主观性，外在因素仅仅是主观决断的契机。

实存概念在克尔凯戈尔那里，正如在其他实存主义者那里一样，包含着事实性和可能性两种因素。从个体的历史处境与社会交往方面看，他处于事实性中，受制于社会历史环境；从他超越地看待这些事实性并追求自由而言，他处于可能性中。克尔凯戈尔更看重可能性，但这种可能性与事实性是联姻的，正因为此，实存才不会失落于幻念或思辨中。他尤其反对思辨地看待实存，而这是他关于苏格拉底的硕士论文已经确立的方

---

① 华尔：《存在哲学》，第 37 页。

② Kierkegaard, *Journals and Papers*, Vol. 2, p. 214.

③ Kierkegaard, *Journals and Papers*, Vol. 2, p. 8.

向，谢林从根本上说没有摆脱思辨倾向。自我的理想目标实际上是个体实存的动力。精神建构的二元辩证结构对个体而言构成为一种实存困境，但这是个体必须正视的处境，在思想中是难以解决这种困境的。克尔凯戈尔在批评思辨的态度时说："现在我们假定抽象思想是人类行动的最高揭示，就必然推出哲学和哲学家傲慢地抛弃了实存。"① 实存问题必须与现实联系起来，它绝不可能在思想中获得解决。他认为黑格尔和谢林都失落于虚构的体系中："在黑格尔学派中，体系是一个虚构，类似于谢林在'无限的史诗'中带给世界的、当时非常成功的体系。"② 实存的特征总以矛盾的形式表现出来，而抽象思想要么发现不了矛盾，要么干脆地消灭矛盾。因此，作为一个二元综合的个体，人在面对实存的辩证两难时，唯有保持对自我关系的无限兴趣，才能避免沉入思辨与抽象中。

黑格尔在纯粹思辨领域中坚持矛盾的运动与转化，但在克尔凯戈尔看来，将运动与转化等概念运用到逻辑领域中是行不通的，因为它们与逻辑本性相违背。逻辑是一个无矛盾的封闭体系，运动和转化在逻辑中是没有领地的，它们只存在于实存领域中。克尔凯戈尔比喻性地指出："就像与大力神搏斗的巨人一样，一旦他被提到脱离地面的地方，他的力量就丧失了，当矛盾的非此即彼被从实存领域中驱逐而引入到抽象思维的永恒中时，它事实上是被消除了。"③ 黑格尔把实存领域内应有的非

① Kierkegaard, *Concluding Unscientific Postscript*, p. 267.

② Kierkegaard, *Journals and Papers*, Vol. 2, p. 217.

③ Kierkegaard, *Concluding Unscientific Postscript*, pp. 270-271.

此即彼抹掉了，于是他就使人处在某种消除了困境的无激情状态中。问题是，黑格尔却在逻辑领域内引入运动观念，从而违背了逻辑本性。克尔凯戈尔表示："如果黑格尔写下了他的整个逻辑学，并在序言中写道，这只是一个思想实验，在其中的许多地方，他仍然对某些事情保持着清醒的认识，那么他无疑会成为有史以来最伟大的思想家。而现在，他却显得滑稽可笑。"① 克尔凯戈尔首先要求把实存与思想区别开来，也就是说实存绝不是思想的对象；与此同时，也不能将两者完全割裂，这是因为，思想总是人的思想，人是思想的主宰者。

实存在思辨中是一件十分容易的事情，因为抽象思想要么置实存的困境于不顾，要么通过凭空玄想解决矛盾。但在实际实存中，困境总是不断出现的，这是因为，个体受制于当下处境，但他却有追求永恒的任务。追求永恒而不脱离时间，追求无限而不忽视有限，追求理想而扎根现实，凡此种种，使得个体在事实性与可能性的张力中充满激情地关注自己，时时处处都无法泰然处之。克尔凯戈尔认为，生活中不可以没有热情，热情是实存的标志。他写道："没有热情的实存是不可能的，除非我们在实存的不严格的意义上理解所谓的实存。"② 必须激发人的热情，不能让他自甘平庸。或许骑马和驾驭马车可以体现出激情状态来：比如让某人骑一匹受惊的马；让急于赶路的人骑一匹几乎走不动的马。在面临这样的处境时，人一定会展露出实存本色的，他会充满激情地驾驭着马匹，而不会像一个醉汉

① Kierkegaard, *Journals and Papers*, Vol. 2, p. 217.

② Kierkegaard, *Concluding Unscientific Postscript*, p. 276.

样躺在马车中，任马悠然前行。无论如何，激情是实存的动力。其实，思想并不等于冷静和客观，思想自身也是充满热情的。黑格尔的那种冷静思考只是为了思想而思想，而看不到思想只是实存的一种手段："一切实存问题都是激情问题，因为，当实存中渗透反思时，它所产生的就是激情，如果思考实存而抛弃了热情，那么就根本没有思考它。因为他忘记了这一点，思想家自己就是一个实存个体。"[①]

热情渗透到一切领域，并将一切联系起来，从而让人的实存具有生机。思想中一旦注入热情，它就转化为一种实存体验，从而构成个体实存的一部分。实存也构成为个体的最高兴趣，每一个个体都必须倾力于自己的实存，正是这种实存关注，构成了个体的现实。但是，这种现实不是美感意义上的事实性方面，而是伦理的现实。克尔凯戈尔明确表示："实存个体的唯一现实是他自己的伦理现实。"[②]克尔凯戈尔在这里所说的伦理现实并不是指个体服从于一般的伦理规范，而是指他以实存的态度对待他与自己、与他人、与神的关系。在这里，个体与自己的实存关系是个体与其他一切事物保持关系的基础。伦理的现实是个体自己的现实，但这种现实并非不包含某种理想性的事实性。从伦理的角度看，理想目标构成现实的一个部分。克尔凯戈尔这样指出："现实即理想。""伦理的理想性乃是个体自身内的现实。"[③]伦理的现实因此是个体的内在的理想性体验，或者说个

① Kierkegaard, *Concluding Unscientific Postscript*, p. 313.

② Kierkegaard, *Concluding Unscientific Postscript*, p. 280.

③ Kierkegaard, *Concluding Unscientific Postscript*, p. 289.

体在内向性中建构自我理想。个体实存地面对可能，从而使自己先行与未来的自我会面，并让这一预期构成自己实存的契机。无论如何，个体与自己保持实存关系，意味着个体必须为了自己的理想而终生奋斗，“即使到死时，他除了知道他曾伦理地为完善自我而奋斗外，不知道有什么其他成就”[①]。

克尔凯戈尔关于死亡和不朽的看法或许更本真地体现了实存的内蕴。我们都非常熟悉海德格尔的“先行向死而在”的观念。实际上，我们在克尔凯戈尔那里就已经可以看出这一思想的端倪。在他看来，我们不应当对死亡持一种认知的态度，而应当保持对它的体验。人们倾向于对死亡作一般性了解：如果吃一剂硫酸，人会死；如果淹没于水中，人会死；如果在开着煤气的房间中睡觉，人会死；如此等等。人们也知道，拿破仑随身携带着毒药，而莎士比亚作品中的朱丽叶毒死了自己。在哲学史上，斯多亚派认为自杀是勇敢的行动，而另外许多哲人则认为自杀是怯懦的证明。有时，死亡在十分滑稽的氛围中降临，以至最刻板的人也会禁不住捧腹大笑。在戏剧、小说中对死亡也都有模式化的表达。如上种种有关死亡的观念实际上都是“客观的”、知识性的，它们表达的是生命中断这一所谓的事实。人们通常在生物学、生理学中去寻找它们的根据。如上诸种有关死亡的知识或观念于个体、于我关系如何呢？克尔凯戈尔指出：“尽管我知道这么多的有关死亡的知识，我绝不能认为死亡是某种我已经理解了的东西。”[②]他同时断言：人们不能“实验地接

① Kierkegaard, *Concluding Unscientific Postscript*, p. 121.

② Kierkegaard, *Concluding Unscientific Postscript*, p. 148.

近死亡”，不能“用概念理解死亡”[1]。

如果一个人把死亡看作一种外在事实、客观事实，不管他对死亡有多少知识，死亡于他都不是切身的，他没有也不愿让死亡与自己关联在一起。克尔凯戈尔认为，死亡是不确定的东西，而海德格尔则称之为“不确定的确定”。这就是说，人总是要死的，人在走向死亡，他一出生，死亡就伴随着，这一点是确定的，但是，死亡何时变成现实则带有不确定性。死亡可能随时出现，这是一种迫人的力量。人们也常常谈论死亡的不确定性，但他们并未真正地意识到死亡的不确定性。比如一个宣传死亡是不确定的人，当他自以为理解了死亡的不确定时，当他动情地谈论死亡的不确定性时，他却鼓励人们下定决心以求活命。这实际上是要让人们忘却死亡的不确定性。克尔凯戈尔主张，正确的态度是把死亡作为生命的本质因素：“当我成为主体时，死亡的不确定性就渗透到了我的主观性中，因此，我把它与我生命中的每一因素，每一阶段联系起来考虑就变得越来越重要了，因为不确定性每时每刻都在此，因而只有在每时每刻都进行克服才能克服它。”[2]这种把死作为生命的本质成分的看法，与海德格尔的“先行向死而存”没有实质区别。

克尔凯戈尔坚持认为，死亡是自己的事情，而不是一般的事情。如果将死亡的不确定性看作一般的事情，自己的死也就被归入于一般的范畴。对于重视体系建构而忽视个体实存的人而言，情况就是如此。对于别人的死，一般性地理解是可以的，

---

① Kierkegaard, *Concluding Unscientific Postscript*, p. 150.

② Kierkegaard, *Concluding Unscientific Postscript*, p. 149.

但对自己的死却不能如此。个体本来就不是一般物，死亡也就只能是自己的事情，不应当一般地理解。海德格尔表示："死亡是此在本身向来不得不承担下来的存在可能性。"①这一表达典型地概括了包括克尔凯戈尔在内的实存主义者的死亡观。死亡与个体生命中的其他现象一样，都是独特的。克尔凯戈尔这样写道："如果生活的任务是成为主观的，那么每一主体就会各自变成与如此普遍相反的东西。"②死亡无论如何都是具体的，都是关涉个体自己的。他进而认为，死亡是一种契机，是个体生活中可以改变整个生命旅程的因素。个体总在为自己的死亡作准备，人不可能也不应当像伊壁鸠鲁那样对死亡无动于衷。他时时刻刻都在思考自己的死亡，这当然不是指理性的沉思，而是一种自我关注的行动："如果要成为主体，思考死亡就不是一般的东西，而是确定的行动，因为主体的发展正在于通过他关于自己实存的反思而积极地解释自己，当此之时，一切事情都变得越来越主观，因为很自然的，其任务就是发展个体的主观性。"③

所谓为死亡作准备，实际上是为死亡寻求伦理意义的表达，对起死回生寻找宗教意义的表达。死亡渗透整个生命，迫使个体回归自身，更加关注自己的理想自我，由此表现出了个体的责任感与奋斗精神，这就是死亡的伦理意义。死亡如果关涉宗教个体，它就意味着死离这个世界而成为精神。在这种情况下，

① 海德格尔：《存在与时间》，第300页。

② Kierkegaard, *Concluding Unscientific Postscript*, p. 149.

③ Kierkegaard, *Concluding Unscientific Postscript*, p. 151.

整个生命由死亡而开始，也就是说，在宗教意义上，死亡是再生的契机。这就引出了不朽问题。不朽是人们所追求的目标，然而，人们同样倾向于一般地理解它。有些人相信不朽，有些人予以否认。有些人在思想中讨论不朽，另一些人则在其中寻找不朽。有些人将不朽等同于对永恒的某种感受，另一些人则反驳说，这只不过是同语反复。学究和说教者把个人的不朽等同于人类的不朽，从而在一般意义上，作抽象地理解，也就是说把不朽等同于理性精神或知识的不朽，故而使不朽成为一种学识问题。如上种种看法都把不朽看作客观问题，但不朽问题就像死亡问题一样不是客观的。它“是一种关于内向性的问题”，它“是个体成为主体必须赋予自己的”，如果客观地看待它，“问题不可能回答，因为根本就不可能客观地提出问题，不朽恰恰是成为主体性的强化和最高发展”[①]。不朽既不是时空中的现象，也不是历史中的事实。

那么不朽是什么呢？克尔凯戈尔表示，不朽是实存情感的表达，它表现为人的主观内向性，或者说“不朽是主观性的最充满激情的兴趣”[②]。个体应该把不朽完全看作自己的事情，完全沉入于对自己的不朽的关注中。自己的不朽不可能与别人分享，也不可能与别人合作来完成。意识到自己有不朽的要求并全力以赴地投入到对不朽的追求中去，这是绝对主观性的表达。因此，针对不朽问题有两种截然相反的态度，要么是一般地考察什么是不朽，要么是努力地为自己的不朽做些什么。前一种

---

① Kierkegaard, *Concluding Unscientific Postscript*, p. 154.

② Kierkegaard, *Concluding Unscientific Postscript*, p. 155.

态度是虚度光阴，不朽无从谈起。在后一种态度中，个体牢牢地抓住了不朽的伦理－宗教意义，不朽于是改变了个体的生活，其整个生命在对不朽的追求中达到高潮。主观性问题最终归结为个体的实存问题。不管对待死亡还是不朽，我们都应该采取实存而不是理论的态度。这种姿态集中表明了克尔凯戈尔哲学作为强调自我实现的哲学的意义。尤其重要的是，他为它找到了明确的基督教依据。他这样表示："我们在这里可以正确地看到基督教的主观性。一般来说，诗人、艺术家等都会因为将自己引入作品而受到批评。但这恰恰是神所要做的，是他在基督那里所要做的。这恰恰就是基督教。只有当神将自己融入其中时，创造才真正实现了。当然，在基督之前，神也参与了创造，但只是作为一种无形的标记，就像纸上的水印一样。但在道成肉身的过程中，神通过将自己融入其中而实现了创造。"①

第二节　主观真理论

真理论构成为克尔凯戈尔精神哲学的一个十分重要的内容。在批判客观真理观的过程中，他提出了自己独特的主观体用真理论。真理论属于本体论还是认识论，这是首先必须明确的。早期现代哲学把真理论看作认识论范畴，克尔凯戈尔的真理观与这种真理观不同，它具有后期现代哲学的特征。我们知道，当海德格尔以"去蔽"解释真理时，他完全是在本体论－实存

① Kierkegaard, *Journals and Papers*, Vol. 2, p. 117.

论意义上阐释的，他把去蔽状态或无遮蔽的状态视为真理，而此在的去蔽状态具有优先性；克尔凯戈尔同样是在本体论－实存论意义上看待真理的，他们因此具有本质上的共同性：两人都不涉及认识论，既不探讨日常真理，也不探讨客观的理性真理。当然，两者间也有差异，后者的真理观明显地体现为主观真理观，但我们却不能如此看待前者的真理观，因为前者的此在概念已经倾向于消解主体，其后期对语言问题的关注尤其容易引出主体终结论。尤其重要的是，后者的真理观最终具有宗教意义，而前者不可能接受这一指向。

克尔凯戈尔批判传统的真理观。由哲学史的分析出发，他把历史上的真理观都归结为认识论意义上的符合论。海德格尔也认为，传统真理论基本上把真理界说成是认识论意义上的符合。他这样指出：对于真理本质的传统看法可以用三个命题描述出来：第一，真理的“处所”是陈述（判断）；第三，真理的本质在于判断同它的对象相“符合”；第三，亚里士多德这位逻辑之父既把判断认作是真理的源始处所，又率先把真理定义为“符合”。[①] 他还评论说，把真理标画为“符合”是十分普遍而又空洞的。[②] 克尔凯戈尔的真理观显然与后期现代哲学的基本看法一致。在他看来，符合有两种方式：要么是经验地将真理界定为思维与存在的符合，要么是观念论地将它界定为存在与思维的符合。然而，在这两种界定中，需要提出一个根本性的问题：何谓存在？只有理解了这一概念，才可以明白真理的

① 海德格尔：《存在与时间》，第 258 页。

② 海德格尔：《存在与时间》，第 259—260 页。

传统界定之实质。如果经验地理解存在（Being），也就是说把它理解为经验的存在，那么一切都必须在成为（becoming，或说变易）中进行理解。这是因为，存在作为经验对象，它是非完成的，而认知精神自身也处于成为或变易的过程中，真理由此变成为一种趋近（approximation），其起点无法绝对地设定，结论也因此是欠缺的。

克尔凯戈尔认为，起点的设定，绝不是思想能够完成的任务，这必须靠意志的决断，靠信仰的力量才能达到。作为一个实存个体，人要达到这种符合是不可能的，他永远不可能掌握这种客观真理。因此，个体不应当在这方面白费功夫，而应该反求诸己，丰富自己的主观内向性。如果抽象地理解存在，存在就成为具体经验的抽象化、抽象反思、抽象模式，如此的话，就得将真理看作是抽象地完成了的东西，它总会在某一体系中得以表达。抽象观点由此取消了实存个体对于真理的意义。如果将存在理解为抽象的东西，那么存在与思想符合这一公式就成了同语反复。这种符合论如同抽象的自我同一，乃是毫无断言的。克尔凯戈尔总结上述两种符合论指出，抽象的理解可以同语反复下去，而经验的过程也处于不断成为之流中，对于个体而言，真正的符合是不可能达到的，只有神才能够完成这一任务。因此，个体应当把精力从这两种符合论中转移到自身体用中去。通过反对符合论，就可以排除主体之外的一切，从而把真理看作是主体内部的事情。在《哲学片断》中，一个核心的问题就是，真理是否可以被学得。但克尔凯戈尔很快就将问题转化为真理的寻求。他写道：“让我们从苏格拉底的困难开始：一个人如何能够寻求真理，因为不管一个人拥有真理还是不拥有真理，这同样是不可能的。苏格拉底的思维线索实际上取消了这一析取，因为看起来从根本上说每一个人都拥有真理。”①

问题在于，每个人理解的真理都不一样。有些人会认为真理是既得的知识，有的人会认为无知恰恰是真理。真理与非真理存在着即刻的转换。这样一来，在真理问题上就存在着导师与学生的关系问题。最后的导师当然是神以及下凡的基督，其他凡尘之人最多只能是接生婆，最多为学生提供寻求真理的引导和契机。学生最终应该变成信仰者、追随者，仿效使徒、仿效基督，成为神面前的罪人。如此说来，真理问题并非一个空洞地提出来加以讨论的问题，它与个体的实存困境联系在一起。只要个体实存着，真理问题就构成其实存的一部分，“对于作为实存精神的实存着的精神而言，真理问题总是会存在的”②。实存与真理是不可分的，正因为此，真理才具有了本体论意义。真理问题是关涉具体个人的事情，因此不能抽象地回答这一问题。真理问题的本性是一个实存着的精神提出了真理问题，以便能够据之而实存③。因此，当实存个体提出真理问题时，他使思维和存在两个环节分离开来，从而用分离取代了符合。不同的反思形式实际上为人提供了不同的选择：客观地反思，真理成为一种客体，成为某种客观的东西，思维由此偏离主体，这乃是思辨哲学的倾向；主观地反思，真理成为一种体用，它属于内向性范畴，这乃是实存哲学的倾向。因此，如果主观地提

---

① Kierkegaard, *Philosophical Fragment*, p. 13.

② Kierkegaard, *Concluding Unscientific Postscript*, p. 170.

③ Kierkegaard, *Concluding Unscientific Postscript*, p. 170.

出真理问题，重心转向主体自身，而不会去追求主体与客体的同一或思维与存在的同一。实存个体不可能同时兼有两种反思方式，而且，如果他真诚地关心自己的实存，他就不愿意成为毫无意义的虚幻主客统一体。个体因为注重实存，他就必须选择最能体现实存的反思方式，而这种方式就是主观反思。

实存总是主体的实存，总是主体在实存，客观反思却使主体被遗忘了，主体仅仅成为一种工具，一种中性的东西。在克尔凯戈尔看来，由于脱离了主体，真理与客观性就成了一回事，实存被漠视了，个体被遗忘了。他分析了人们追求客观性或中性的原因，那就是为了避免疯狂，“客观的方式认为它自己具有某种主观方式所不具有的可靠性，它设法摆脱威胁主观性方式的某种危险，这种危险的顶点是：疯狂。”[①] 客观方式有其中性特征，保持这种态度的人自认为是冷静的、清醒的，他在任何时候似乎都遵循着理性的法则，因此不会引发主观性带来的种种弊端。但在克尔凯戈尔看来，缺乏内向性无疑也是一种疯狂。比如一个刚从精神病院中跑出来的病人，虽然为获得自由而欣然，但在头脑中闪过一丝念头：当他来到城里时，人们会认出来，并把他送回精神病院去。于是他就要设法让人们确信他自己头脑清醒，说出的全是真理。因此之故，他逢人便说：“地球是圆的。”地球当然是圆的，人人都相信这一点，但是，如果对“真理”反复唠叨，只会让人感到可笑。克尔凯戈尔因此批评这种“清醒”说，“这也是一种疯狂，是内向性缺乏的表示，是十分滑稽

① Kierkegaard, *Concluding Unscientific Postscript*, p. 174.

可笑的，这种疯狂更不符合人性”。[1]

又比如，专家的学究外衣使他们说些怀疑一切的话，但与此同时，他们写就了体系完善的著作，用了一切证据来表明没有什么是不可以怀疑的，并以之证明他们是有理智的，而不是疯狂的。但在克尔凯戈尔眼里，这种种证明只能说明他处于缺乏内向性的疯狂中。其实，疯狂并不是一件坏事情。事实上，在关于真理的主观定义中，疯狂与真理在最终的分析中不可分割地联系在一起：因为它们两者都表现为某种内向性。关于内向性，克尔凯戈尔在其关于焦虑的论著中表示：“要给内向性下一定义无疑是困难的，我在此把它称之为真诚。”[2] 这表明，内向性意指某种内在源泉，代表着内在情感和激情的源流。他还进一步认为，真诚意味着个人自己或主体只关注自己。就真理而言，内向性表达的也正是个体本真地关注自己的实存。古希腊智者派代表人物普罗泰哥拉（Protagoras）曾经提出，人是存在与非存在的尺度。克尔凯戈尔则借英国文艺复兴时期的剧作家、诗人莎士比亚（W. Shakespeare）剧中人物哈姆莱特的话说，存在与非存在都只有主观的意义。普罗泰哥拉所说的“人”实为个体，而哈姆莱特所说的主观也实指个体的特质，克尔凯戈尔显然把他们的基本思想倾向整合起来了。

当然，普罗泰哥拉的人是感性的人（感觉者），克尔凯戈尔则以人的内向性（真诚待己）为真理之权衡。疯狂为激情的最高状态，因此它与内向性是一致的，从而与真理是有缘的。常

---

① Kierkegaard, *Concluding Unscientific Postscript*, p. 175.

② Kierkegaard, *The Concept of Anxiety*, p. 146.

人认为尼采晚年精神失常了，疯了，但克尔凯戈尔或许会认为这种情况是激情的表达，因此是与真理联系在一起的。尼采曾经说过，他无法断定是他自己疯了，还是其他所有的人都疯了。克尔凯戈尔或许未曾想到，竟有和他一样为疯狂正名的人。就涉及信仰而言，情况更为明显。克尔凯戈尔表示：“沟通真理就是受难，如果不是这样，那就不是在沟通真理。”[①] 个体要充满激情直至疯狂地见证基督的受难，并仿效这种受难，而这就是所谓的沟通真理。重要的是，克尔凯戈尔对内向性的强调，使得真理成为一种过程。也就是说，真理既不是符合论意义上的，也不可能是既成的或已经完成的。黑格尔反复强调真理是具体的、发展的，然而，他最终还是相信了符合论，并建立起了绝对真理的体系。克尔凯戈尔的真理过程论完全着眼于主体，也就是说，真理关涉主体，而主体处于成为过程中，因此真理始终伴随着个体对自我理想的追求。主观思想家把注意力转向自己，在内向性的强化中实现真理，因此追求的目标不是主客同一，而是主观性的强化。

真理不可能完成，是因为个体实存没有停息之时。实存意味着有限与无限等诸多辩证冲突，要达到真理，就必须实现这一系列的综合，这诸种综合的实现也即自我理想的实现，就个体而言，只有在激情的瞬间才能够暂时地达到，要客观地达到这种综合显然不可能。在萨特看来，人追求在己和为己的统一，实际上是要成为神，而这是不可能的事情。正因为如此，他不无悲观地表示，人是一种无用的激情。真理对于热情的要求表明，

① Kierkegaard, *Journals and Papers*, Vol. 1, p. 314.

个体对真理的追求越来越处于高潮中，却不能够停顿下来以便进行总结，并在体系中予以说明。内向性与热情使个体对真理之确定性的要求转化为实存奋斗。如此一来，真理强调“如何”而不是“什么”。克尔凯戈尔认为，生活中最明显的一个特征不是说什么，而是如何说，不是做什么，而是如何做。在伦理—宗教意义上，这种区分更为明显。说什么指向内容，并力求做到客观、公正，如何说则体现了说话者与所说内容间的某种关系，它不可能是客观的：“当以客观的方式提出真理问题时，反思客观地指向真理，真理成了认知所关涉的一个客体，反思不是集中于这种关系，而是在它是否是认知者所关涉的真理这个问题上。”“当主观地提出真理问题时，反思就主观地指向个体的关系的性质。如果这种关系的方式即真理，那么，即便他碰巧与不真实的东西相关，他也是处于真理中的。”[①] 真理代表一种关系或方式，也就是说，它不关注“什么”，而是关注“如何”。

关于神的问题，客观的反思指向的是某一对象是否真的是神这一问题，主观反思则指向的是：个体是否在某种方式上与某种对象相关联，而在这种方式上，他与这种对象的关系是一种真实的与神相关的关系。就客观的反思而言，问题在于知识，在于某种对象是否真实地符合神的观念。主观的反思并不问客观知识，并不想了解对象是否真的是神，它要表明的是人与这一对象的关系如何，它表明为一种体用和行动。这说明，个体不是要占有现成的真理，而是不断地追求真理。莱辛给克尔凯戈尔的启示是：如果神在其右手握有一切真理，在其左手要求

---

① Kierkegaard, *Concluding Unscientific Postscript*, p. 178.

的是对真理的长期追求，那么他会选择左手。[①] 总之，从客观的角度来看，人们永远也不可能理解神的要求，只有在与神的关系中，才可能达到真理，并因之而实存。关于不朽的观念，情况也大体一致：个体永远也不可能懂得不朽是什么，但他却可以为自己的不朽而奋斗，从而充满热情地关注自己的不朽。克尔凯戈尔明确表示："客观性强调的是说什么，主观性强调如何说。"[②] 客观地，我们的兴趣集中于思想内容；主观地，我们的兴趣则集中于内向性。在其极点上这种内向性的"如何"就是投入无限的热情，无限的热情即主观性，主观性因此而成为真理。[③]

无限的热情与主观性主要体现在决断中，而决断的根本目标就是确定如何对待对象。个体之所以追寻如何而不是什么，原因就在于我们与之保持一种真理关系的对象是不确定的。克尔凯戈尔给真理的一个界定是："在最充满激情的内向性体用过程中紧紧抓住的对象的不确定性即真理。"[④] 他并且指出，这是个体能够达到的最高真理。克尔凯戈尔在此所说的对象即永福、不朽、神，与通常的看法不同，他认为这些对象都是不确定的。这种不确定性使个体的内向性热情更趋于紧张。但是，在充满激情的瞬间，个体是可以把握对象的。个体始终面对着不确定性，他无法摆脱这种不确定性，他必须把这种不确定性包摄在自己

① Kierkegaard, *Concluding Unscientific Postscript*, p. 97.

② Kierkegaard, *Concluding Unscientific Postscript*, p. 178.

③ Kierkegaard, *Concluding Unscientific Postscript*, p. 182.

④ Kierkegaard, *Concluding Unscientific Postscript*, p. 182.

的热情之中。克尔凯戈尔表示,就信仰而言,人们应当勇于冒险,因为其原则是:无冒险,就无信仰。所谓冒险实际上就是指个体面对不确定性而采取果敢的行动。这是一种主观立场,它超然于客观性之上。既然谈到了绝对或神,那就应该从主观性出发关注永恒真理问题。

传统哲学在永恒真理问题上分歧很大。比如,唯理论和经验论的争论也可以体现在永恒真理问题上。唯理论主张存在着永恒真理,认识的目标就是指向这种永恒真理。经验论由于把一切都建立在感觉印象基础上,而使永恒真理失去了地位。永恒真理在作为一个宗教色彩极浓的哲学家克尔凯戈尔那里具有一席之地,这是他与其他实存主义者非常不同的地方。当我们把真理界定为主观性或内向性时,当个体面对超越之境时,主观性就愈益强化了。克尔凯戈尔的看法是,主观性、内向性也即真理的原则在其起点上设定了一个相反的原则,这一相反原则就是:主观性不是真理。① 乍看起来,克尔凯戈的看法与黑格尔的看法无异,因为他们似乎都主张主观性不是真理。但是,相同的命题具有不一样的内蕴。黑格尔把主观性看作是一种破坏客观真理的罪恶,而克尔凯戈尔抛出主观性不是真理这一原则,并不是为了提出客观真理原则。相反,其目的在于为主体设置一种限制,使之不能太过放肆。因此,提出主观性非真理这一原则,恰恰是朝向主观性的一种努力。

在克尔凯戈尔那里,这一原则有两个层次。首先,从苏格拉底式的立场看,说主观性非真理指的是,如果拒绝承认主观

① Kierkegaard, *Concluding Unscientific Postscript*, p. 186.

性即真理，而是想成为客观的话，这种主观性就不是真理。在此，实际上有两种主观性，它要么指情感、意志，要么指理性。克尔凯戈尔坚决摒弃理性，因此只有情感、意志意义上的主观性才是真理，而理性意义上的主观性就不是真理。这就把苏格拉底的态度与黑格尔的态度对立起来了，前者主张一种注重实存的主观性，后者维护一种坚持思辨的主观性。其次，最为重要的是，如果从基督教立场看，主体或主观性在它开始追寻自己的真理时，就已经不是真理了。这乃是时间中存在的现象，在永恒中存在着绝对真理，在时间中却无法找到绝对真理。个体既然在时间中，他就是非真理的。这是因为，时间即流逝，个体也随时间流逝，由于沉沦于世而找不到稳固的基础，从而没有决断，耽误了决断。这种情况表明，个体处于罪中，即个体是违逆神的。罪正是非真理的表达。从永恒的观点看，人不可能是有罪的，也不可能被设定为永远有罪。然而，一旦他成为时间中之物，他就成了罪人。

在此，存在着时间与永恒的冲突，个体的非真理性（罪）乃是一切的起点，也即非真理性是真理的起点。如果个体不是罪人，就没有拯救的要求，也就不存在耶稣来到世上，不存在对神的信仰。也就是说，如果个体是完满的、本真的，也就不存在对完满和真理的追求了。正是非本真的个体要求获得真理（达到本真状态），才使个体的热情变得紧张起来；正因为个体是有罪的，永恒真理才以伪装的方式来到世上（基督下凡、道成肉身），从而让人在信仰中得以领悟这种永恒真理。永恒真理（神，基督）只有存在（Being），而没有实存（existence），然而，为了救赎人类，他却变成了一个实存者。这里显然存在着悖谬:"当永恒真理与实存并列时,悖谬就产生了。"[①] 真正说来,不管真理还是信仰都意味着悖谬:"信仰本身是一个奇迹,就悖谬为真的每一种东西,就信仰也是真的。"[②] 正因为永恒真理是一种绝对,个体除了信仰外,没有其他与之打交道的方式。在此,永恒真理与时间中的真理之区别,实即神与人的区别。永恒真理即神自己,而个体最多只是时间中的暂时真理。

在克尔凯戈尔那里,真理具有封闭性。这种真理观有着既不同于传统真理观,又不同于后来的实存主义真理观的独特特征。传统真理观和海德格尔的真理观都主张"揭示"或"去蔽"(uncoverness)。归而言之,真理是一种展开或敞开状态。海德格尔对"真理"概念进行了历史分析,在他看来:"'真理'所意味的和'事情'、'自己显示着的东西'是一样的东西。"[③] 具体说来,"一陈述是真的,这意味着它就存在者本身揭示存在者",它"在存在者的被揭示状态中说出存在者、展示存在者、'让人看见'存在者",也即"陈述的'真在'(真理)必须被理解为揭示着的存在"。[④] 如上是海德格尔对于传统存在者状态上的、认识论意义上的"揭示论"真理观的描述。他对这种传统真理观进行了批判,但这并非因为它是揭示论的,而是因为它关注存在者而不是存在,关注认识而不关注本体。他自己在本体论(存在论)意义上坚持存在的揭示。他这样告诉我们:"揭

① Kierkegaard, *Concluding Unscientific Postscript*, p. 186.

② Kierkegaard, *Philosophical Fragment*, p. 65.

③ 海德格尔:《存在与时间》,第 257 页。

④ 海德格尔:《存在与时间》,第 263 页。

示活动本身的实存论、存在论基础首先指出了最原始的真理现象。”[①] 无论如何，揭示是真理的本质，真理即无遮蔽状态。

然而，克尔凯戈尔的真理观完全相反，它不是展开的或敞开的，而是封闭的，这是因为他主张真理代表的是一种主观内向性。主体时刻返身内求诸己，对自己以诚相待，而不会暴露自己的心思。当然，这种向内或内向完全有别于早期现代哲学对内在性的强调。在笛卡尔等人那里，内在性与相信自己的理性或判断能力联系在一起，但在克尔凯戈尔那里，更重要的是内在情感或内在信念。尽管后者总是强调行动，但他从来都贬低外在意义上的活动；他主张决断，但这种决断绝不是“外在宣言”，而是“内心的保留”，因此不足为外人道。个体的主体性属于个人的秘密，是他人无权也无法分享的。当亚伯拉罕在梦中被天使告知神的旨意，让他献祭老年所得独子时，他在内心默默作出了决断。这乃是一个典型例子。但凡关注自己者，真理总在内向性体用中得以体验。

实际上，克尔凯戈尔和海德格尔两人在真理观上还有另一重区别，那就是他们分别给予主体以不同的地位。前者非常明确地让真理与个体不可分割地联系在一起，但在后者那里，情况显然要复杂得多。当海德格尔谈到真理的展开状态时，他似乎也指向个体。他写道：“唯当此在存在，才‘有’真理。唯当此在存在，存在者才是被揭示被展开的。唯当此在存在，牛顿定律、矛盾律才在，无论什么真理才在。”[②] 也就是说，此在的

① 海德格尔：《存在与时间》，第 265 页。

② 海德格尔：《存在与时间》，第 272 页。

展开状态是真理存在的前提。十分显然的是，只有在揭示活动本身中才有此在的展开状态。因此之故，真理完全取决于此在及其揭示活动。海德格尔和克尔凯戈尔一样注重实存筹划、决断活动，但前者明显有将这些活动外在化的倾向，这是克尔凯戈尔不会同意的。十分关键的是，海德格尔所说的此在是一个十分模糊的概念，我们既不能说它是主体，也不能说它不是主体。

德里达以游戏的姿态解读法国哲学针对黑格尔哲学、胡塞尔哲学和海德格尔哲学进行的人类学解读。关于海德格尔哲学尤其关于其此在概念，德里达作出了这样的解读："我们因此可以看出，此在尽管不是人，却又不是人之外的什么东西。"[①] 在其《存在与时间》中，正因为"此在"这一含混的概念，海德格尔尚保留有关心主体的倾向，而在其后期哲学中，他逐渐摧毁了主体和客体的二分，甚至放弃了主体和客体概念本身。当德里达发展海德格尔后期思想而致力于文本解构时，海德格尔哲学的主体倾向几乎消失了。从发展的眼光看，海德格尔所谓的本真状态是与主观性无关的，不然主体的历史和现实处境总会带来遮蔽。相反地，克尔凯戈尔作为一个主观思想家，在其思想中越来越倾向于内向性，从而使个体越来越走向主观的孤独和自我封闭。总而言之，克尔凯戈尔关于主观性和关于真理的思想完全是一致的，主观性成为了精神概念的一个质的界定。

---

① Derrida, *Margins of Philosophy*, Chicago University Press, 1982, p. 127.

第三节　实存沟通论

一、问题的源起

在克尔凯戈尔那里，沟通（Communication，或译作“交往”）问题主要描述和分析人的主观精神方面的相互联系，与日常生活中的“礼尚往来”意义上的“交往”颇有区别。这种实存沟通在克尔凯戈尔的精神－情感哲学中扮演着十分重要的角色，在某种意义上，实存沟通论就是他的哲学思想的一个缩影，既包括了这一哲学的风格，也涵括了其全部内容。换言之或泛言之，实存沟通论是克尔凯戈尔哲学的另一种表达。虽然他并没有论述这一问题的专门著作，但在其学术札记和日志中可以看出，他曾经打算对这一问题作系统的研究，并留下了可观的“片断”。在《日志和论文》中，直接放在“沟通”名目下的相关的连续论述达 67 页篇幅①。另一方面，《哲学片断》较多地涉及苏格拉底意义上的间接沟通与基督教间接沟通的关系，可以说以另一种方式比较全面地探讨了这一问题。更明确地说，他的整个生活和全部著作都贯穿了他的间接沟通或实存沟通原则。他的美学作品都是根据间接沟通原则写成的，而他的全部作品既旨在探讨也的确体现为间接沟通或实存沟通。

克尔凯戈尔的间接沟通观念直接受益于苏格拉底的反讽和精神接生术的观念。我们知道，苏格拉底在西方思想史上是一个很有争议的人物，后人对他有诸多解释。由于他没有作品流

---

① Kierkegaard, *Philosophical Fragment*, pp. 252-319.

传下来，由于他与柏拉图、色诺芬的著作关联到一起，由于他是喜剧家阿里斯托芬经常嘲弄的对象，使得人们一直难以确定原始的苏格拉底形象。有人取柏拉图的苏格拉底形象，有人取色诺芬的苏格拉底形象。阿里斯托芬的作品有时被引述，有时又被作为不严肃的东西置于一边。还有的人根本就否认历史上实有苏格拉底其人。解构主义者德里达把苏格拉底看作一剂难以定性的药，或是良药或是毒药，而且相互转化，所谓的理性主义之父被转换成一个非理性主义者，这实际上是对苏格拉底问题采取一种消极的解决方式。① 克尔凯戈尔或许是苏格拉底问题的解构式解决的先导。他承认苏格拉底的形象是不确定的，不应当用实证的研究方式来解决其形象问题。他的出发点和结论都是：苏格拉底即反讽。在他看来，阿里斯托芬对苏格拉底的漫画式描述和柏拉图的理想性描述比色诺芬的直接描述来得真实。他这样写道："柏拉图和阿里斯托芬透过坚硬的外壳通达了苏格拉底的无限性形象，这种无限性与他一生的众多事实是不相称的，因此我们可以说，正像他一生中总是在漫画和典范中穿行一样，他死后仍在两者间漫游。"②

克尔凯戈尔将苏格拉底式的反讽完全用到了苏格拉底本人头上。克尔凯戈尔基本上根据柏拉图作品分析了苏格拉底这个反讽者形象。反讽与否定性、消极性、消极自由等概念联系在一起，它表现为个体与社会、与其他人保持一种间接沟通方式。

---

① Derrida, "Plato's Pharmacy", in *Dissemination*, Chicago University Press, 1981.

② Kierkegaard, *The Concept of Irony*, p. 51.

苏格拉底采取一种问答法探讨伦理和哲理，他不直接教导或告诉对方以知识，而是以无知的提问者自居，通过提问，让论敌一步一步地走向自我矛盾，从而承认自己原先的立场错了。但这并不是说苏格拉底已经备有一个现存答案好取而代之。其实，柏拉图大多数作品都是无定论的，一切始终保持开放。这种情况迫使个体自己去思考，作为“导师”的苏格拉底只不过给予了一些暗示而已。在苏格拉底式的对话中，常常可以达到比较奇特的效果。我们没有必要在反映苏格拉底观念的柏拉图作品与反映柏拉图自己思想的作品间作出区分，至少对于早期作品，我们可以简便地说，苏格拉底采取的是有声对话，而柏拉图将这种对话移置到了无声的书写中。且不管是否存在德里达所说的逻各斯中心论对书写的压制，无论声音的还是书写的对话采取的都是间接沟通的形式。

柏拉图与自己的作品始终保持这样一种关系：他自己从不“出席”对话，而是让苏格拉底（有时是别人）出面，但苏格拉底也不直接出场。于是，柏拉图总是以某人回忆或宣读回忆记录来引出苏格拉底与别人的对话。比如，A 听说有苏格拉底与某人交谈这么回事，要求 B 为之述说，而 B 则说 C 曾跟他谈到过这件事，C 是亲临者（对话者之一或旁听者），这样 B 向 A 述说 C 的回忆（有时还会绕一些圈子），故事得以展开。这种表达常常使人如同陷入迷宫之中，因为，当出现 B 说“C 说‘苏格拉底说’”这种情况时，读者要直接了解柏拉图或苏格拉底的观点会面临困难：C 的回忆已经离“原初的”情况有了距离，加上几经转折，情况是否属实就已经有了疑问。由于苏格拉底常常模仿论敌（学生）的辩论方式以进行反驳与诱引，读者更难以判断真假虚实，沟通因此是间接的。其优点在于，读者不必为某些原则所束缚，他可以对整个对话保持一种超然的（消极的）态度，从而获得消极的自由。苏格拉底的对话风格往往会产生奇特的效果；克尔凯戈尔认为，《普罗泰哥拉》尤其如此。在该篇中，“苏格拉底为他打算驳斥的东西作辩护，而普罗泰哥拉攻击自己准备为之辩护的东西”。[①] 也就是说，苏格拉底假装赞同普罗泰哥拉的观点，通过提问，使其逐渐走向了自己的反面。但是，苏格拉底一直到最后都不声称谁是谁非，因此不给出肯定性答案，这样，反讽的效果就达到了。

智者处处以导师自居，而苏格拉底则主张每一个人都是无知的求知者，不存在严格意义上的师生关系。柏拉图《美诺》的两个结论就是：“知识不可学”；“既无导师，也无学生。”[②] 而《普罗泰哥拉》中的苏格拉底则说：“吾信‘德’为不可教授者。”[③] 克尔凯戈尔对此的理解是，“两个人之间的最高关系是：学生是导师理解自己的契机，导师是学生理解自己的契机。在临死时，导师对学生的心灵没有什么要求，学生也不会说导师欠他些什么。”[④] 因此，苏格拉底是新的意义上的“导师”，是一个知识的接生婆，人们可否获得知识，取决于个体是否已经十月怀胎，苏格拉底只起着让他顺利产下子息的作用。他在与其要沟通的人之间确立了一种无条件的关系，在他们之间确立了反讽，或

---

① Kierkegaard, *The Concept of Irony*, p. 93.

② 柏拉图:《柏拉图对话集六种》，上海商务印书馆，1933，第 363 页。

③ 柏拉图 :《柏拉图对话集六种》，第 230 页。

④ Kierkegaard, *Philosophical Fragment*, p. 24.

者说他们反讽地相互排斥。[①] 无论如何，人与人之间只存在一种间接沟通。当然，这并不是说克尔凯戈就否定导师的存在。在他眼里，真正的导师只能是神。他写道："一个不仅给予学生以真理而且给予他以条件者不是一个老师……没有人能够做到这一点，如果事情发生了，那一定是由神本身做到的。"[②] 因此，"导师是神自己，他给予了条件，并且给予了真理"[③]。

按照克尔凯戈尔的看法，说某位国王把基督教引入了他的王国，这对反讽而言乃是一个可笑的任务，因为基督教恰恰是某种不可能被引入的东西。[④] 显然，除非是神，否则的话，任何凡人都只能以反讽的间接沟通传播真理。克尔凯戈尔把这种间接沟通或反讽谓之为"欺骗"，尽管这种欺骗的意义已经有了转换。他说道："一个人可以为真理之故欺骗某人，而且能够把他骗入到真理中（想想苏格拉底）。"[⑤] 使用欺骗手法的原因在于，两个人的生活方式之间有着质的不同，因此他们难于达成意见一致，"拥有真理者"与不拥有真理者之间没有通道，但通过某种欺骗的方式，却有可能把不拥有真理者引入到"真理之路"上去。比如柏拉图所说的洞穴人，他们错将穴中火堆映照的阴影看作真实之物，如果苏格拉底走进去对他们说，你们看到的只是阴影，不是真实之物，谁会相信呢？唯一的办法是给他们松绑，把他们骗出洞穴，让他们自己亲睹"真实之物"。按克尔

① Kierkegaard, *Journals and Papers*, Vol. 4, p. 510.

② Kierkegaard, *Philosophical Fragment*, pp. 14-15.

③ Kierkegaard, *Philosophical Fragment*, p. 15.

④ Kierkegaard, *Journals and Papers*, Vol. 1, p. 179.

⑤ Kierkegaard, *The Point of View for My Work as an Author*, p. 39.

凯戈尔的解释，欺骗是这样表达的：不直接从想沟通的东西开始，而是先把对手的观点看作是真实的。运用到他自己的作品中就是：不是从宗教开始，而是从美学开始。他告诉我们，谈美学却指向宗教目标，这种曲线前进的策略正是欺骗之所在。[①]

可见，克尔凯戈尔和苏格拉底一样，以消极（反讽）的方式把人们引离美感领域，尽管一个以宗教为目标，一个以伦理为目标。苏格拉底不为他人提供知识，只为他人获得知识提供某种契机。克尔凯戈尔特别注重"契机"的意义。苏格拉底自称："神督责我接生，禁止我生育，因此自己绝不是有智慧的人，并无创获可称心灵的子息，然而，凡与我盘桓者，或其初毫无所知，与我相处日久，个个蒙神启示，有惊人的进步，自己与他人都觉得显然，他们不曾从我学到什么，自己内心发现许多好东西，生育许多好子息。"[②]克尔凯戈尔认为，苏格拉底是他自己生活环境的产物，这一环境为苏格拉底成为"接生婆"提供了契机。"导师"和"学生"的通常意义被转换了，因为，任何两个人之间的关系都是平等的。苏格拉底不给予学生以知识，但他可以"检验少年心思"，看他们"究竟产生幻象错觉，还是真知灼见"，并因而把他们引离幻象。这一观念实际上回到了回忆说：我们在出世之前就拥有真理，出世后却丢掉了，原因在于，灵魂从前与理念为伍，出世后却为感性所污，而接生术的意义就在于，通过引导个体进行"回忆"，使他在自身中发现自己原先就拥有

---

① Kierkegaard, *The Point of View for My Work as an Author*, pp. 40-41.

② 柏拉图：《泰阿泰德——智术之师》，商务印书馆，1963，第36页。

的“真理”。按柏拉图的说法，通过启发，苏格拉底让一个小奴隶证明了几何学问题。

精神接生术显然贬低了“导师”的意义，让“学生”消极地对待一切，从而回归自己的主观性。当然，苏格拉底的反讽“是一个起点，也不过是一个起点”，这代表了间接沟通的双重性：“作为起点，他是积极的，仅仅作为起点，他又是消极的。”[①]黑格尔已经将苏格拉底的反讽看作是自觉的主体性原则，它因此具有完全积极的意义。事实上，除克尔凯戈尔外，所有的苏格拉底研究专家都只注重苏格拉底的原则性观念，或者说让反讽概念服从积极的原则。克尔凯戈尔将这种间接沟通的风格运用到了自己的作品中。他不像柏拉图那样找一个真实的人物出面，而是发表假名著作；但其实质显然是一样的，都是要让自己与作品之间有某种距离，使读者要透过多重外层包装才能达到作品本身；这样一来，读者与作者没有牵涉，他面对的是独立的文本，而且可以根据自己的人格体验加以理解。他的美学作品全都是以假名方式发表的，其目的就在于让读者自由地对待作品，而不必追随作者的思路。比如，对于美感生活和伦理生活孰好孰坏这一问题，他在其作品中并没有作出评论，他仅仅将两种生活观都描述出来，他要让人们自己去作出“非此即彼”的选择。

克尔凯戈尔从来都不直接地表明自己的倾向性，他承认自己的美学作品采取了某种欺骗的方式。他这样写道：“全部美学

① Kierkegaard, *The Concept of Irony*, pp. 236, 239.

作品，就与整个作品的关系而言，乃是一种欺骗。”[1] 他明确表示：“整个间接沟通不同于直接沟通的地方首先就在于间接沟通包含了欺骗。”[2] 之所以要采取欺骗的手法，原因就在于，人们受蒙骗和遮蔽既深，直接指出一种对立的思想或生活方式，个体是不愿接受的。他写道：“假定一个人是幻相的牺牲品，为了向他沟通真理，第一要务，是要排除他的幻相，如果我不以欺骗开始，就得从直接沟通开始，但直接沟通须以接受者的接受能力不受到扰乱为前提，而事实上这是不可能的，因为幻相在起作用。”[3] 我们可以为了真理之故欺骗人，而且的确能够达到目的。在克尔凯戈尔看来，间接沟通意味着把辩证的反差安置在一起，这意味着纯粹的张力。个体需要在这种张力中去领会对于自己而言的真理。无论如何，人与人之间的最高关系是苏格拉底式的“接生术”关系或“间接沟通”关系。

二、沟通的概念

克尔凯戈尔不是一个建构体系的思想家，他不仅不是一个体系哲学家，而且猛烈批判黑格尔的体系哲学。然而，结合他在世时出版的著作和死后经人整理出版的《日志和论文》，可以看出他关于沟通问题的一个粗线条的“体系”的大致轮廓。为了真正理解他所发挥的苏格拉底式的沟通方式，尤其是他的

---

① Kierkegaard, *The Point of View for My Work as an Author*, p. 39.

② Kierkegaard, *Journals and Papers*, Vol. 1, p. 274.

③ Kierkegaard, *The Point of View for My Work as an Author*, p. 40.

实存沟通论，我们有必要对他关于一般沟通的思考作一番初步的研究。克尔凯戈尔认为，如果我们把沟通作为一种研究对象，可以看出它是一个包含多种因素的综合体。按照他的看法，沟通至少有四个重要因素：它们分别是对象（object）、沟通者（communicator）、接受者（receiver）、沟通活动（communication）。[①] 在另一个地方，他只谈到了三个因素。他这样表示：只要一想到沟通，就有三个范畴之划分，也即对象、导师、学生（学生或接受者是一个主动的词）。[②] 这两种表达并没有什么实质性的区别，因为沟通活动是自然存在的。如上几个因素辩证地联系在一起。当我们强调的中心不同时，就会出现沟通类型的区别。克尔凯戈尔所作的首要区分实际上是要将知识沟通和艺术沟通分别开来，前者表现为客观性、直接性、思辨性，后者则表现为主观性、间接性、实存性。这一区分也可以用知识沟通和能力沟通来作分别。另外，这些沟通在美感、伦理和宗教中分别以不同形式呈现。

如果我们强调对象，或者说当我们对“对象”进行反思时，就会产生这样的区别：沟通活动要么有对象，要么无对象。对“某一对象”的沟通并不是进行一种物品转让，沟通者不是把对象输入到接受者手里，他传达的只是知识，“对象必定是一种知识”，而这种知识又有两类，即“一切知识要么是关于某种东西的知识，要么是自我知识”[③]。这样一来，沟通的性质就变成了

① Kierkegaard, *Journals and Papers*, Vol. 1, p. 281.

② Kierkegaard, *Journals and Papers*, Vol. 1, p. 270.

③ Kierkegaard, *Journals and Papers*, Vol. 1, p. 270.

知识沟通。然而，克尔凯戈尔认为，要客观地沟通知识是不可能的，因为苏格拉底的精神接生术已经表明，人与人之间的最高关系是间接的关系，沟通者最多只能是接受者获得知识的契机，不管就自然知识还是自我知识而言，情况都是如此。知识沟通在自然科学与学术研究中被普遍强调，而克尔凯戈尔却认为，科学和学术已经成为虚幻的纯粹知识，此外常常是学究和滑稽的结合，更为重要的是，这种知识沟通忘却了作为一个人意味着什么，因为它让人逃避，逃避伦理和真诚。[①] 书本世界的份量重于人世界，即便关注自我的伦理观念也被科学化，有了伦理学，但没了道德践履，有了美术，而忘记了审美。

如果没有对象呢？没有对象，就无知识沟通可言，剩下的就只有沟通者、接受者、沟通活动三者间的关系，这意味着两个主体的面对面。主体间的沟通不可能是关于某一主体的知识的沟通（自我知识的沟通），因为自我知识仍然属于对象沟通范畴。在克尔凯戈尔看来，这种没有对象的沟通是一种能力沟通。能力沟通的典型特征就是没有对象，也就是主体回避了外在的东西，各自回归自己的主观性，因此意味着某种心心相映。其实，能力沟通是一种抽象观念，还应该进行更具体的分类。众所周知，克尔凯戈尔把人生态度分成美感、伦理和宗教三种形式。相应地，他把能力沟通也分成三种，分别是美感能力沟通、伦理能力沟通和宗教能力沟通。在他心目中，伦理能力沟通和宗教能力沟通是两种主要的形式。伦理代表的是人的责任和行动，因

① Kierkegaard, *Journals and Papers*, Vol. 1, pp. 268-269.

此不属于知识沟通问题，“在此绝对没有对象”[1]。苏格拉底已经表明，人只应当关注自己的伦理，不可能伦理地关注外界的对象。宗教能力同样包含着行动，但是，宗教由于其悖谬性，不可能让人直接达到信仰，一定的背景知识是必要的。因此，宗教能力的沟通不是无条件地无对象的，在其间包含一定的知识沟通。异教徒之所以产生偶像崇拜，就因为他没有神的正确观念。因此，为了让他成为基督徒，应当灌输给他一定的知识。尽管如此，知识是次要的，不能把逻辑推理、证明或思辨运用到宗教方面。否则的话，还不如异教徒的偶像崇拜好。

当我们对“沟通活动”进行反思时，首先要考虑到，存在着沟通的媒介问题。克尔凯戈尔认为，可以把这种媒介区分为两种：一是想象的媒介、一是现实的媒介。在他看来，一切知识的沟通都处于想象的媒介中。[2]想象或幻想表现为人对可能性的一种无根据的企求，所谓知识的沟通处于想象的媒介中，即是说知识的沟通只有可能性，而无现实性。比如认识另一个人，克尔凯戈尔就此指出：“一个人不能伦理地判断另一个人，因为除了作为可能性外，他不能认识这另一个人。”[3]认识另一个人，实际上就是设想或想象另一个人，这只能在可能性中进行。在知识的沟通中，可能性高于现实性，把一切都置于想象力的驰骋中。与此相反的是现实的媒介。克尔凯戈尔认为，一切关于能力的沟通都处于现实的媒介中。这里又存在着某些区别。在

① Kierkegaard, *Journals and Papers*, Vol. 1, p. 281.

② Kierkegaard, *Journals and Papers*, Vol. 1, pp. 281-282.

③ Kierkegaard, *Concluding Unscientific Postscript*, p. 286.

他看来，美感能力的沟通因其包含着非伦理的主观性而不是无条件地处于现实媒介中的，这是因为，美感能力主要体现为现实生活中感性的生活和爱的能力，另一方面也表现为一种梦幻性的期望。总而言之，美感生活使人有“人生如梦”的感觉，基本上是靠梦幻维系的，其间有现实性，但绝不是无条件地如此。

伦理能力的沟通无条件地是处于现实媒介中的。在伦理生活方式中，要求个体的是关注自己的伦理：一方面，他不能伦理地关注他人，如果这样的话，他只会使他人的伦理被转化成可能性；另一方面，他也不可能伦理地保持与神的关系，因为这属于信仰的事情。所谓无条件性，表明伦理中绝对没有想象的成分，它是一种道德命令，个体必须担负起自己的责任，必须奋斗，而责任、奋斗、活动恰恰是实存中的现实性。与伦理能力有一定程度的差别的是，宗教能力不可能无条件地是在现实媒介中的。这是因为，如同前面所说，宗教能力之沟通中包含有一定程度的知识沟通，而且，知识沟通构成了能力沟通的契机，这种沟通因此有一定的想象成分。但问题的关键仍然是信仰，在信仰中，一切都是现实的，知识沟通中的可能性已被扬弃。基督来到世上是一个历史事件，但它不是一般的历史事件，它代表的是永恒与时间结合的瞬间，而每一个人都有亲历这一结合的瞬间，这一切代表的都是间接沟通。

其次存在的是直接沟通与间接沟通的区分。克尔凯戈尔认为，“一切知识的沟通都是直接沟通”[①]。知识沟通如同前面所说意味着对一客观对象的某些确定性方面进行交流。这种交流暗

① Kierkegaard, *Journals and Papers*, Vol. 1, p. 282.

含着，对于自然的认识是确定的，因此把认识结果传送给别人也一样确定无疑。在这里，接受者的主体性无疑是未被重视的，沟通被看作是与灌输同一的东西，从而以知识的追求忘却了实存。另一方面，“一切能力的沟通都是间接沟通”[①]。所谓能力沟通意味着两个主体本身间的一种交流活动，意味着主观性间的同情或共鸣。人与人之间有一堵墙，各是一个单独个体，就如同莱布尼茨所谓的单子一样，但两者间还是有某些可沟通的东西。不能沟通乃因为处处存在着误解，但误解的根底中还是有某种理解。不过，这种理解不是读一本书，它不能找到明确的东西，单独个体各有自己的内心秘密，而恰恰是这些秘密阻止了个体间的直接沟通。然而，在彼此无言中，在各自的内心体验中，人们有了某种“共识”。比如说对于真理的拥有，克尔凯戈尔这样写道，“真理的内向性并不是同志式的内向性，并不是两个友好的朋友并肩漫步就拥有的，而是在他们的分离中存在于各个人那儿的”，如此一来，“在与作为内向性的真理的关系中，任何直接沟通都是一种误解”。[②]

克尔凯戈尔仍然根据美感、伦理和宗教三个方面区分了三种间接沟通方式。美感沟通方式一般而言属于直接性的范畴，并没有反思性渗透，更无双重反思（double reflection）的介入。他认为，在黑格尔哲学中，直接性既被任意地又被偷偷地作为感性的来使用。[③] 唐·璜传达的唯一信息是性欲，这一信息没有

---

① Kierkegaard, *Journals and Papers*, Vol. 1, p. 282.

② Kierkegaard, *Concluding Unscientific Postscript*, pp. 222-223.

③ Kierkegaard, *Journals and Papers*, Vol. 2, p. 377.

受到任何掩饰，感官欲望直接表达了出来。克尔凯戈尔以为，感性生活中的沟通基本上是直接性的。然而，一旦涉及美感能力，间接沟通又会起作用。他写道：“美感能力沟通是直接的，但由于是能力沟通，因此又是间接的。”[①] 能力沟通总是已经引入了反思和双重反思，直接性因此已经被突破，一切都以间接的方式表现出来。克尔凯戈尔认为，伦理沟通比美感能力更具间接性，或者说，“伦理沟通无条件地是间接的”[②]。在苏格拉底的精神接生术中，主要关涉的就是伦理沟通，而克尔凯戈尔在关于伦理现实的思考中，反复强调了这种沟通的间接性。他指出：“伦理不能够说教式地教授，因为如此的话，就是非伦理的沟通了。”[③] 因此，只有在间接沟通中才能表达伦理的精神。如果以直接方式表达，一切都转化成知识，从而把伦理由能力沟通转化成了知识沟通，把伦理实践转化成了伦理科学、伦理学术。

宗教方面的沟通在一定程度上涉及知识，而知识之沟通具有一定程度的直接性。显然，宗教沟通不是无条件地间接的。但在克尔凯戈尔看来，宗教沟通在本质上是间接的。[④] 知识沟通只是第一步，这是因为，在内在的宗教领域，关于神的知识可以把人引向宗教。但是，宗教本质上是超越性的，它以其悖谬、悖理而拒绝一切知识的努力，因此直接沟通在这里是不可能的。克尔凯戈尔用宗教谈话取代布道，就是要从直接沟通转向间接

① Kierkegaard, *Journals and Papers*, Vol. 1, p. 282.

② Kierkegaard, *Journals and Papers*, Vol. 1, p. 282.

③ Kierkegaard, *Concluding Unscientific Postscript*, p. 286.

④ Kierkegaard, *Journals and Papers*, Vol. 1, p. 282.

沟通。另一方面，基督不是作为神，而是作为人来到人间，他进行的也是一种间接沟通，而不是直接沟通。克尔凯戈尔写道："基督甚至最后都用间接的方式，因为他是一个潜行者，以奴仆为伪装，使得他的一切直接沟通成为间接的。"① 这意味着适时当场见证基督被钉在十字架上的人不一定有信仰，而没有适时当场见证的人却仍然可以有信仰。这样，宗教沟通本质上是一种间接沟通。当然，当个体独自面对神时，他成为见证人，直接沟通会在新的意义上得以恢复。

当我们反思沟通者与接受者的关系时，即如果我们把沟通者与接受者作为反思的对象，沟通类型又有了分别。克尔凯戈尔分析了三种情况：当同等强调接受者和沟通者时，这种沟通构成为美感能力的沟通；当强调的重点是沟通者时，宗教能力的沟通就出现了；当强调接受者时，出现的则是伦理能力的沟通。虽然克尔凯戈尔没有对美感能力的沟通作出客观的说明，但他的整个美学作品都在演示美感能力的沟通。《重复》中的年轻人和其恋人的关系就是一个很好的例子。他们两个人接受的都是美感生活方式，但前者倾向于美感理想性，后者则承受美感现实性。他们处于热恋之中，在这一关系中，两个人是同等重要的。他们都爱恋着对方，但问题在于：相处一起却彼此无言，不在一起则又万般思念。他们都没有直接表达自己的爱意，其结果是处于一种独特的处境中：爱亦不能，离也不能。在这种关系中，失去任何一方，这种独持处境都会消解。伦理沟通的情形很不相同。它要求的是伦理个体关注自己的伦理实在，沟通者已退

① Kierkegaard, *Journals and Papers*, Vol. 1, p. 316.

居一边，他最多只能提供某种暗示，或者像苏格拉底那样作一个刺激个体的“马虻”。黑格尔认为苏格拉底思想已经达到绝对精神发展的自主性阶段。这是赞赏苏格拉底把伦理个体的自主性突现了出来。苏格拉底的精神接生术认为“导师”只是接生婆，重要的则是由“学生”自己生出“伦理子息”来。这显然强调了接受者的意义。

在宗教沟通中，沟通者有两个层次的区分，一方面，有世俗意义上的导师，他告诉我们一些关于基督的知识，人只有在有一定程度的了解的情况下，才能够接受基督教，而沟通者在这方面有一定的权威。另一方面，最有权威、真正意义上的导师应当是神。苏格拉底虽是最高的人间导师，但他却远远低于神。苏格拉底是无知的，他不给予学生任何东西；神却是全知全能的，他给予学生一切东西，或者说学生的一切都由于导师。① 苏格拉底需要学生作为自己的契机，神却没有这种需要，神不需要学生来理解他。② 如此一来，神与苏格拉底的区别就在于，神的作用是积极的，而苏格拉底的作用是消极的。克尔凯戈尔指出：“如果人不具有对神的绝对需要，他就不能了解自己（自我认识），也不能成为不朽”，如此的话，“人的最高成就就是让神能够帮助他”。③ 苏格拉底的作用却没有这样大，他的作用是消极的，他缺乏积极的意义。④ 由于强调沟通者的作用，宗教

---

① Kierkegaard, *Philosophical Fragment*, p. 30.

② Kierkegaard, *Philosophical Fragment*, p. 24.

③ Kierkegaard, *Journals and Papers*, Vol. 1, p. 22.

④ Kierkegaard, *Philosophical Fragment*, p. 23.

沟通似乎最为容易，但实际情况并非如此。这是因为，人总是自命不凡、自高自大，要让他谦卑并接受神的帮助是不容易的，这就是真正的信徒为数渺渺的原因。

三、双重反思与秘密

克尔凯戈尔在此进行的是沟通的分类学研究，他为我们展示了沟通的一般内容。十分明显的是，由于受到苏格拉底间接沟通的精神接生术观念的影响，他把知识沟通放在了十分次要的地位，强调了能力沟能的意义，这表明他是一位主观实存思想家。他关于实存沟通的思想是十分丰富的，它们直接派生自对黑格尔思辨哲学的反叛。他关于双重反思和秘密的有关论述，确认了实存沟通观念在其精神哲学中的意义。思想家有两类：要么是客观思想家，要么是主观思想家。客观思想家对思想的主体及其实存漠不关心，他关注的只是对象、客体。主观思想家则相反，作为一个本质上对思想感兴趣的实存个体，在其思考中有其实存，在其实存中有其思考，思考必须有助于实存。很显然，两类思想家会采取截然不同的反思方式。主观思想家采取一种内向反思的方式，就是说他会由客体回归主体；客观思想家采取一种外向反思的方式，他会把一切都外化为结果、答案，使人们越来越客观，以至与思辨哲学合一。克尔凯戈尔认为，我们应该实存地对待思想，应当采取主观反思的方式。

主观反思或内向性反思使一个人成为思想的拥有者而不是研究者。思想属于自己，而不是属于他人，因此内向性反思具有一种双重反思的特征。克尔凯戈尔这样指出：“内向性反思给予主体一种双重反思，他思考着普遍，但因其生活于这些思想中，因其把它们吸收到他的内向性中，他就越来越变得主观地孤独。”[①] 何谓双重反思呢？克尔凯戈尔写道：“当一种思想在字词中找到了一种合适的表达时，它是通过第一重反思实现的，接下来是第二重反思，关系到沟通者之间的关系，反映作者对该观念的实存关系。”[②] 第一重反思是客观的，它让观念与观念的作者保持距离；但第二重反思修正了这种客观性，它使作者与他自己提出的观念本质地相关起来，而不是空幻地探讨观念。由此，经过双重反思，思想沟通完全变成了实存沟通。克尔凯戈尔把伦理沟通看作是比较典型的双重反思。他表示：“既然不存在伦理地直接沟通，一切沟通都必须经过双重反思。第一重是沟通在其中进行的反思，第二重是沟通在其中被重新体验的反思。”[③] 被重新体验实际上是指主体的体用（占有）。

在克尔凯戈尔看来，通常的沟通总是直接性的，因为人们从根本上来说就处于直接性中。当一个人用话语述说了某件事情，而另一个人完全承认他的述说时，人们就会认为他们意见一致，他们相互理解。但是，在克尔凯戈尔看来，他们根本就不懂得双重反思，他们不知道这种理解很可能是一种最严重的误解。所以，他坚持认为：“一切沟通的秘密正在于解放接受者，因此他必须不是直接地沟通自己。”[④] 这样一种思路无疑可以导

① Kierkegaard, *Concluding Unscientific Postscript*, p. 68.

② Kierkegaard, *Concluding Unscientific Postscript*, p. 21.

③ Kierkegaard, *Journals and Papers*, Vol. 1, p. 274.

④ Kierkegaard, *Concluding Unscientific Postscript*, p. 69.

向后来的读者反映理论、解释学以及结构主义，这些思潮都十分突出读者或接受者在文本阅读中扮演的重要角色，甚至承认其首要角色。克尔凯戈尔哲学还不像它们那样极端，毕竟他还提倡主体的中心地位，而不是主张作者死了。无论如何，沟通者给予接受者的只是一种不言明的提示，接受者应该可以摆脱沟通者，独自面对文本，通过双重反思，使这种文本反映的观念与自己的实存相联系，为自己所体用。苏格拉底作为沟通者最了解双重反思的意义，以其无知和反讽，从来不告诉对方以任何确定性的知识，以便让他发挥自己的主观性。如此说来，双重反思于沟通者和接受者都同等地具有意义。

直接沟通不可能表达确定性，如果执着于直接沟通，就会把人置于某种可笑的境地。克尔凯戈尔借用别人提到的一个例子来说明人的实存必须是双重反思的，而不能停留在客观反思中。两个朋友见面，甲邀请乙去他家喝酒，说是家里有美味佳肴等着他，叫他一定去。乙满口答应，说你相信我好了。然后两个人分了手。当他们各自赶路时，房上掉下一匹瓦，砸在乙的头上，使他当场毙命。显然，这里的保证成了笑话。乙答应赴约，但没有反思自己的可能性，从根本上说他不是一个主观实存者，他只进行客观反思。在客观反思中，死亡和不确定性被当作一般性的东西，与个体自己毫不相干。他在谈到死亡时，仿佛只是在为别人操心。因此，在与朋友的关系中，个体把一切都当作直接的、理所当然的。日常生活中的一切都平淡无奇，他没有意识到不确定性给他的生活增添的难度。这个故事同样是反讽性的，寓严肃于诙谐之中，在诙谐中体现了严肃。乙把一切都寻常看待，没有保有自己的内向性，信口承诺，自己身死本为悲剧，但由于诺言未能履行，反而被当作笑柄，可谓黑色幽默。当然，这也体现了克尔凯戈尔的不近人情。

沟通的努力需要同时保证沟通者和接受者的内向性，这意味着每一个个体都有属于自己的天地，有着自己独特的情感感受，这些都是不能向外泄露的，否则，个体就失去了自己的实存意义。克尔凯戈尔将这种内向性地独自享有的东西称作秘密。亚伯拉罕就拥有一个秘密：神让他献祭独子。神让他有了以撒，却又让他献祭以撒，这显然是一种悖谬，是对信仰的考验。依据克尔凯戈尔对《圣经》的解读，亚伯拉罕只能孤独地面对这一考验，他既不能怀疑其真伪，也无法与他人商量，他完全知道，这是神对他作为一个孤独个体的考验。亚伯拉罕孤独地面对这一秘密，从而处在“恐惧和颤怖”中。秘密的首要特征是不可传达性。克尔凯戈尔这样写道：“秘密不可传达，信念不可传达。”① 秘密之所以不可传达，因为它是属于个体本己的东西。秘密本来属于自己内在独有的东西，一旦与外界沟通，秘密也就失去了其本来的内蕴。信念也是如此，信念属于一个人自己，他相信什么，不相信什么，完全取决于他自己的虔诚。信念一旦被表达出来，他就得为它寻找根据、寻求证明，因而就得借助理性。但理性显然是与信念相矛盾的。

克尔凯戈尔所说的秘密与日常生活中所说的秘密是有别的。前者是所谓的本质的秘密，后者则是偶然的秘密。秘密会议就其不公开举行，不让记者采访而言，具有秘密性质。但这种秘密是偶然的，因为一旦公开，它的内容即刻就可以直接被

---

① Kierkegaard, *Concluding Unscientific Postscript*, p. 72.

理解。说它是秘密，是因为现在尚未被圈外人所知，但它毕竟是一个确定的事实，无论如何保密，总会有泄密的可能、总会出现解除秘密之时。当苏格拉底通过诉诸自己的灵机而使自己与外界隔离时，如此内心生活就是一种本质的秘密。由于它的本质内容是一种内向性情感体验而不是事实，这种秘密就无法被直接沟通。当苏格拉底要把自己的体验告知他人时，他的灵机会提醒他，这是不可能的。因此他只能间接地、消极地帮助他人发现各自心中的灵机，从而让他们各自回到自己的内心生活中去，真诚地保守自己的秘密。克尔凯戈尔整个美学作品都源于自己的内心秘密。这些秘密使他一直处于忧郁中，包含着他对女友蕾吉娜·奥尔逊（R. Qlsen）的爱、对父亲的爱、对神的爱。他无法把这种秘密直接表达出来。他采取文学手段，并以署上假名的方式来间接地、欺骗性地表达自己的心境和立场。他尤其指望恋人能够理解他的一片“苦心”，也指望人们通过其中的暗示的启发，能够由美感的外在生活回归自我。

秘密实际上划定了内在情感活动与外在认知活动之界限。对于内心生活，我们应当保持沉默。维特根斯坦《逻辑哲学论》的最后一个总结性的命题是：“一个人对于不能谈的事情就应当沉默。”①他所说的“不能谈的事情”恰恰就是属于“秘密”的事物。我们可以这样认为，和克尔凯戈尔一样，维特根斯坦在审美、伦理、宗教等领域倡导的不是直接沟通，而是间接沟通。克尔凯戈尔采取了美学作品这种反讽性的欺骗方式，因此没有保持沉默。维特根斯坦主张对不可说的保持沉默，但对于可说

① 维特根斯坦：《逻辑哲学论》，商务印书馆，1985，第97页。

的并未保持沉默。他们两个人实际上都偏离了自己的重心，都不直接谈论最重要的东西。谈美感，谈世界的逻辑构造，都不过是在玩间接沟通的欺骗。可说的都是无关紧要的，不可说的才是人应当力求珍藏的秘密。维特根斯坦似乎没有直接接受克尔凯戈尔的影响，但至少同样关心内在情感的陀斯妥耶夫斯基（F. M. Dostoyevsky）和叔本华的作品在这方面给予他以灵感。

四、做一个见证人

克尔凯戈尔作为一个宗教思想家，更为关注的是宗教实存。按照他的看法，个体在成为基督徒的过程中，精神沟通将经历三个阶段：首先是虚幻的知识沟通阶段，其次是具有伦理实在的能力沟通（实存沟通）阶段，最后是做一个见证人。在他看来，第一阶段是直接沟通，第二阶段是间接沟通，第三阶段则是在新的意义上的直接沟通。思辨的方式和历史研究的方式都属于直接沟通方式。教会中的布道常常采取这两种方式。所谓思辨的布道，就是以推理方式进行的布道，它没有让个体回归到本己的实存中去。比如确定布道的主题是“基督徒的幸福”。布道者解释说，基督徒的幸福不是世俗的幸福，不是诗歌和艺术给予的满足，不是学术赋予创造性精神的宁静自身，如此等等。他大部分时间都在谈论这些“不是”，当布道要结束时，他会宣称：基督徒的幸福高于其他一切幸福。克尔凯戈尔认为，这种布道实际上是违背基督教的本性的，它从字面上理解幸福，而没有看到基督教的本质是受难和痛苦。而且，这种受难和痛苦并不是外显的，它深藏在心底，只有走在成为基督徒的窄路上，人们才会明白。历史的布道方式以某一历史事件为起点。布道者海阔天空地大谈那一历史事件（基督下凡），而忘却了个人与这一事件的关系。历史布道实际上把个人消融于历史事件中了，由于外在地看待这一事件而使个体忘却了主观性。

历史的布道和思辨的布道都想把神圣的宗教表现在感性直接性中。在克尔凯戈尔看来，“就宗教布道与世俗智慧或者有关计算、结论的教条混淆在一起而言，它成了关于伦理的一种美学演讲”①。这两种布道显然以直接的方式，用“生理之眼”看待一切，不知道宗教沟通不是知识问题，不是世俗问题。凡是以有形教会作为与神打交道之中介的地方，人们都受到布道的蒙骗，以为布道就是通向天堂的阶梯。克尔凯戈尔认为，宗教沟通是一种能力问题，宗教培养的目标是让个体自己面对自己与宗教的关系。无论如何，“基督教是一种借助权威而进入世界的实存沟通，它不会成为思辨的对象”②。这样一来，直接沟通应当让位于间接沟通，知识沟通应当让位于能力沟通。神并不直接与人打交道，他派圣子以奴仆的方式、以人的形象来到世上，这乃是典型的间接沟通。③克尔凯戈尔就此评论说：“此乃神人沟通的形式，它是一种象征，一种矛盾的象征，因此一切直接沟通都是不可能的。”④我们要与神打交道，不应该通过教会，而应该通过基督这一中介。理解《圣经》对此是有益的，

---

① *Kierkegaard, Journals and Papers*, Vol. 1, p. 260.

② Kierkegaard, *Journals and Papers*, Vol. 1, p. 75.

③ Kierkegaard, *Philosophical Fragment*, p. 55.

④ Kierkegaard, *Training in Christianity*, Princeton University Press, 1972, p. 134.

但这里所谓的理解不是获取知识意义上的，而是要领会《圣经》对于个体所具有的实存意蕴。通常，人们把《圣经》看作历史文献，因此客观地阅读和解释其文本。基督教界让圣经或神的话“成为非人格的、客观的，成为教条”[1]。如此一来，“整个而言，大批的《圣经》解释者更多地是破坏了而不是有利于对新约《圣经》的理解”[2]。

按照克尔凯戈尔的看法，阅读圣经应当像一种照镜子的行为，因为《圣经》的确不是一种教条，而是一面镜子。照镜子的时候，我们看到的显然不是镜子，而是我们自己：“首先要求的是，你必须不要看镜子，注视镜子，而是在镜子中看到你自己。”[3] 正是通过照镜子，个体才能意识到神对自己的要求。《圣经》是神的“话”，基督乃是神传递信息的主要话语。克尔凯戈尔这样写道：“为了使一个人相信某人，他要求那个人说话，神也给出了话语，这话语就是基督。”[4] 基督集神和人于一身，这是无法直接沟通的，因为这意味着绝对的悖谬：“神人即悖谬，绝对的悖谬，因此很明显，理解必须在他面前停止。”[5] 基督一方面是神，一方面又是奴仆，这是常人难以理解的，而这恰恰

---

① Kierkegaard, *Self-examination and Judge for Yourself*, “The Unchangeableness of God”, p. 64.

② Kierkegaard, *Self-examination and Judge for Yourself*, “The Unchangeableness of God”, p. 55.

③ Kierkegaard, *Self-examination and Judge for Yourself*, “The Unchangeableness of God”, p. 50.

④ Kierkegaard, *Journals and Papers*, Vol. 1, p. 87.

⑤ Kierkegaard, *Training in Christianity*, p. 85.

是对人们的信仰的考验。不仅如此，“直接沟通的不可能乃是基督受难的秘密”[1]。把仆人看作符号和象征的人，成了信徒，而把仆人看作仆人的人，与信仰失之交臂。莱辛表示，一个人不能把永福建立在某种历史的东西之上，而克尔凯戈尔却告诉我们，存在着某种历史的东西，也就是基督耶稣的故事。[2]凡是排斥了对《圣经》的客观理解，排除了直接沟通的人，都明白了，基督下凡及其在世上的一切遭遇，只不过是神在通过圣子而设计一条通向天国之路。

很显然，一个人要成为基督徒，需要恩宠，需要基督[3]，而“《圣经》乃是大道的标志：基督即路”[4]。然而，这不是一条平坦宽阔的大路，而是崎岖狭窄的小路。克尔凯戈尔写道：“基督即路，这是他自己的话，因此必然是真理，而这条路是狭窄的，这是他自己的话，因此必定是真理。”[5]他进而表示：“这一基督之路，这一窄路，越来越窄，直至最后，直至死亡。”[6]我们不应当只是阅读《圣经》，关键是行动，也就是仿效基督，沿着基督受难的旅程：“如果我们与基督一起生，我们也将与基督一起

---

① Kierkegaard, *Training in Christianity*, p. 136.

② Kierkegaard, *Journals and Papers*, Vol. 1, p. 27.

③ Kierkegaard, *Journals and Papers*, Vol. 1, p. 206.

④ Kierkegaard, *Journals and Papers*, Vol. 1, p. 84.

⑤ Kierkegaard, *Self-examination and Judge for Yourself*, “The Unchangeableness of God”, p. 78.

⑥ Kierkegaard, *Self-examination and Judge for Yourself*, “The Unchangeableness of God”, p. 82.

死！”“如果我们与基督一起死，我们也将与基督一起生！”[①]个体对《圣经》的体用成了他成为基督徒的一种契机。克尔凯戈尔不是教士，他没有搞过布道，他的宗教主张主要通过“基督教谈话”（Christian discourse）和“基督教训导”表现出来。训导和谈话总是伴随着他的以间接沟通形式出现的作品，这已经冲淡了“直接性”，而且，这些训导和谈话并不主张灌输，它们主张体用。个体于是可以自由选择，其作为主体的地位突现出来。无论如何，它们与直接沟通有别。克尔凯戈尔区别“基督教谈话”和布道说：“基督教谈话在一定程度上以怀疑的姿态探讨，布道绝对地唯一地以《圣经》和基督使徒的权威进行。”[②]他并且指出：“布道以牧师为前提，而基督教谈话外行也行。”[③]

谈话是谈话者个人宗教感受的暗示，它不代表权威，也不是知识，听众可以通过这一启示而自我反省。布道以知识、权威的面目出现，个体毫无自主性可言。克尔凯戈尔认为，采取间接沟通方式一方面表明他自己还没有达到真正的使徒的水平，另一方面也是为了让他人从这种幻相中解脱出来。他自喻为基督教中的苏格拉底，他要通过美学作品和训导、谈话向人们间接地沟通宗教精神。但是，基督的要求不止于此，新的直接沟通在排出了幻相后重新开始。克尔凯戈尔在 1848 年以后发表的作品不同于以前的作品，不仅因为它们集中于基督教

---

① Kierkegaard, *Self-examination and Judge for Yourself*, “The Unchangeableness of God”, p. 100.

② Kierkegaard, *Journals and Papers*, Vol. 1, p. 262.

③ Kierkegaard, *Journals and Papers*, Vol. 1, p. 262.

主题，而且因为说话的直接性，以间接沟通方式著称的假名著作不再有了。这并不意味着前后期著作没有连贯性。我们可以从两个方面找到这种连贯性：一方面，后期著作是一直伴随假名著作的宗教谈话的必然结果；另一方面，正如《基督教培养》一书的英译者“历史导言”所说，后期著作与假名著作没有本质的区别：“假名著作实际上说着同样的东西，只是在用不同的方式说。”[①] 这一切都表明，克尔凯戈尔以为，直接攻击虚假的基督教观念、直接宣传基督教真理的时机成熟了。

更为重要的是，在克尔凯戈尔看来，基督教的本质决定了必须放弃间接沟通。以信仰的眼光看待基督来到世上，这表明个体必须远离直接性与知识的眼光，因此要摆脱想做基督的直接见证人（以生理之眼看到他）的幻像，但这并不意味着人应当一直保持“苏格拉底式关系”。苏格拉底式的接生术关系是针对人与人之间关系的，尽管基督采取过这种方式，但这毕竟是俯就人们，而真正要成为基督徒，人们就必须上升地向基督看齐。因此，尽管基督在世上 34 年一直保持间接沟通，但是，“他的生活有一个因此被否定的阶段——由死者再生，升天，在此存在着他的真正的直接沟通”[②]。也就是说，人性和神性毕竟不同，苏格拉底接生关系不适合于神与人的关系，因此，根据基督教的要求，在消除感性的直接性和思辨的直接性后，个体必须从经由接生婆转而成为见证人，“基督教的沟通最终必须

① Kierkegaard, *Training in Christianity*, p. xx.

② *Kierkegaard, Journals and Papers*, Vol. 1, p. 316.

归到‘做见证人’”[①]。克尔凯戈尔解释说:“接生婆的形式绝不是最终形式，因为根据基督教的观点，真理并不存在于自我之内（如苏格拉底所认为的），而存在于一种必然被宣称的启示中。”[②]

一个人成为见证人并不意味着他与基督在流俗时间意义上是同时代的，即“见证是直接沟通，但它并不使他的那些同时代人成为权威”[③]。这要求的显然不是“生理之眼”的见证，而是“信仰之眼”的见证。这种见证人“因通过了变成为见证人的程序而与直接见证人不同”[④]。实际上,按克尔凯戈尔的理解，只要你信仰，你就永远与神同在，并因此始终是基督和神的忠实见证人。于是会出现这样的情形：一个尽管与基督是同时代的人却与基督不是同时代的，而一个尽管不是同时代的后来人，却与基督成了同时代的。[⑤]这其实意味着，后来者通过信仰，可以使曾出现的东西重现,并因此使自己与其同时代。“直接沟通—间接沟通—直接沟通”，克尔凯戈尔的“精神”实际上作了一次黑格尔式的螺旋式上升的旅行，在更高层次上回归了。他非常明确地表示，基督教不是一种学说而是一种实证，它需要的不是教授而是见证人。[⑥]因此，个体应该完全放弃虚幻的观念和外在活动，虔诚地投入到自己的宗教实存中去。

---

① Kierkegaard, *Diary of Soren Kierkegaard*, p. 183.

② Kierkegaard, *Diary of Soren Kierkegaard*, p. 180.

③ Kierkegaard, *Journals and Papers*, Vol. 1, p. 314.

④ Kierkegaard, *Diary of Soren Kierkegaard*, p. 181.

⑤ Kierkegaard, *Philosophical Fragment*, p. 67.

⑥ Kierkegaard, *Journals and Papers*, Vol. 1, p. 107.

第三章
精神失落论

克尔凯戈尔用美感生活观来概指日常生活观或者说异端生活观。这里的异端是相对于基督徒而言的。这意味着两种生活方式的选择:要么做一个基督徒,要么做一个异端。对个体而言,不管意识到与否,存在的都是一个非此即彼。了解古希腊哲学的人都知道,苏格拉底和柏拉图那儿也同样存在着这样的非此即彼:要么是感觉世界(日常生活世界),要么是理念世界(伦理精神世界)。美感生活远离伦理和宗教,因此是违背精神的本质的,从而与精神无缘。所谓失落,即丧失,表明为一种褫夺。对于柏拉图来说,人在出世前与理念世界打交道,拥有善的知识,拥有伦理的观念,一旦出世,感性的东西却把这一切给遮蔽了,人因而表现为沉沦于世。克尔凯戈尔的观念与此并无多大差异,只是给这种观念罩上了一层神圣的光晕。也即,人本来作为精神与神同在,但是由于原罪,人被贬到了感性世界中,从而被感性的东西遮蔽了。克尔凯戈尔并不认为美感生活方式完全出于自发性。我们因此就不能说美感生活意指精神还没有出场、不能说还没有精神,而只应当说个体选择了美感生活方式,从而选择了自己的堕落。美感生活方式因此表现为精神的失落，从而让在场的精神归隐或退场了。一旦进行决断，个体就可以重获本真性，恢复其精神。

第一节　美感生活论

德国的鲍姆加登(A. G. Baumgarten)于 1750 年发表《美学》(*Aesthetica*) 一书，确立了作为一门独立哲学学科的美学，按其本意则是感性学。美学的观念古已有之，它被归属于哲学和文艺理论。由于鲍姆加登，它获得了相对独立的地位，成了研究人的感性认识的科学，视感性认识的完满为美。但是，在后来的发展中，美的观念实际上并不局限于感性范围。例如康德的形式主义美学,以为美即纯形式,是靠天才及其判断力形成的，这样一来，美学就突破了感性学。尤其值得注意的是，康德把感性学完全归于认识论范畴，它一方面研究数学知识如何可能，另一方面研究科学知识的经验材料是如何通过直观被人接受的。克尔凯戈尔基本上是在感性的意义上使用 Aesthetica 一词的，可以译之为“美感”或“美学”，它同时包含了感性生活和审美偏好双重内蕴。在他的一些重要著作中，美感以其感性的内涵，可以指称一切物化的、大众的生活；以其审美的内涵，则表达了一切诗意的感性理想。前者是美感生活的物质层面，后者是其心灵层面,两者都没有超出感性生活范围,都不属于精神范畴；它们分别代表了美感生活的现实性和美感生活的理想性。这种区分为描述美感生活的基本情绪及其如何体现为精神的失落奠定了基础。

一、美感生活的现实性

我们不妨首先将目光转向日常生活，也即美感生活的现实性方面。所谓美感现实性，指向的是地地道道的感性生活、物质生活，或者用实存主义的一般看法来表达，就是指人的在世存在及其沉沦状态。克尔凯戈尔将美感生活整体称作精神的直接性阶段，这类同于黑格尔所说的感性直接性。美感生活的现实性表达了这种直接性的主要内容。美感生活的现实性所追寻的就是生活的感性维度、物质性方面。叔本华认为，人生在世，最根本的指向就是欲望的满足。在其《作为意志与表象的世界》这部洋洋洒洒几十万字的巨著中，他详尽地描述了人的物质性欲求。在叔本华看来，在世存在的人就是由一个个的欲望组成的。欲望总是存在于个体的身上，人不断地追求感官享受，因此也就是在不断地受欲望的支配和左右。他也谈到了个体因沉溺于物质性压力而失去了生活的情趣和闲暇。克尔凯戈尔赞同叔本华的这番描述，但并不因此认可其禁欲主义。他批判了“资产阶级心理”或“市侩主义”，认为这意味着一切以赚钱为中心。即便黑格尔这个聪明人，最后也是靠写书挣钱。[①] 然而，克尔凯戈尔分析的重点不在于此。他抓住了这种美感生活的一个中心方面，也即他要通过对爱的美感分析来揭示美感生活的处境。

爱的物质性方面主要指性爱，也即肉体之爱，集中体现了

---

① Kierkegaard, *Journals and Papers*, Vol. 1, p. 91.

感性欲望，它绝不属于伦理的范畴，与精神的要求是完全不同的。传说中的唐·璜是克尔凯戈尔用以表达这种性爱特征的典型人物；在他自己的作品中，则有诱惑者约翰尼斯（Johannes）不断出没；而在实际生活中，这一人物也可以找到其原型，那就是他大学时代的一个名叫穆勒（P. L. Møller）的酒肉朋友。克尔凯戈尔一度十分放荡，整天花天酒地，并逛过妓院，他为之后悔终生。由于他把这位同窗用作自己作品中塑造的“唐·璜”形象，引起后者在《海盗船》杂志上攻击他，由此爆发了所谓的“《海盗船》事件”。无论如何，克尔凯戈尔关于美感生活的描述并非出于虚构，而是在很大程度上了反映了他自己以及周围的人们的真实生活。如同叔本华一样，他看到了美感生活主要表现为欲望。值得注意的是，克尔凯戈尔很少围绕女人展开美感生活的论述，但他其实注意到了，在某种意义上说，女人更能代表美感生活。最终说来，男人唐·璜才是欲望的最高表达，而欲望的发展有梦求（dreaming）、寻求（seeking）和欲求（desiring）三个阶段。[①]

在第一个阶段，欲望表现为梦求。当此之时，欲望还无法获得其对象。不过，欲望和对象本身是辩证地联系在一块的，没有欲望也就不会有对象。因此，个体尚处在梦求中，还没有进达欲望的水平。这一阶段的典型代表是莫扎特（W. A. Mozart）歌剧《费加罗》中的仆人佩奇（Page）。在佩奇所代表的个体那里，感官欲望还未觉醒，他似乎还处于一种秘而不宣的宁静中，尚未具有愉快和欢乐的意识。但是，个体已经陷

① Kierkegaard, *Either/Or*, Vol. 1, p. 79.

入深深的忧郁中。这种情况基本上属于内心不安状态，绝不会有任何外在的征兆。也就是说，个体还不知道向外寻找欲望的对象，“欲望还未觉醒，它只有一种朦胧的预感”[①]。个体让欲望在自身中徘徊、流连，他已经预感到自己有一种要求，表面上看起来却十分坦然。没有对象，没有征候，一切都深深地埋在心底。因此，尽管我们不把它界定为欲望，它仍然具有了某种特征，这种特征使它有了成为欲望的可能。这种特征集中体现为它在心底所拥有的深度，它隐藏起来了，但终归会爆发出来。隐藏愈深，爆发愈烈。真正说来，梦求的力量会越来越大，梦境中的一个梦因此具有无限的挥发性。[②]

在第二阶段，欲望体现为寻求。对象在多样性中展现，个体面对的是一个花花绿绿的世界，其中的千姿百态令他目不暇接。但是，当欲望在这种多样性中寻找其对象时，对象闪避了，一切似乎都是过眼烟云。从深层意义上说，它仍然没有对象，也因此不能将其界定为欲望。在这一阶段的代表人物是莫扎特《魔笛》中的帕帕吉诺（Papageno）。欲望苏醒了，因为梦幻已经结束。个体把自己的视野投向外部，一个个对象展现在他眼前，然而它们却又飞快地逃离，出现、消失，消失、出现，个体完全处于眼花缭乱之中。因此，个体面对的情况是，他仍然“没有发现他恰要寻求的对象，但他发现了多样性”[③]。帕帕吉诺不断寻求，但发现的只是多样性。这种发现并不就是欲望，这是

① Kierkegaard, *Either/Or*, Vol. 1, p. 74.

② Kierkegaard, *Journals and Papers*, Vol. 1, p. 370.

③ Kierkegaard, *Either/Or*, Vol. 1, p. 79.

因为，他按理应当欲求他所发现的对象，然而他并不这样，他的寻求和发现只是一种对于多样性的惊叹。可是，在美感生活中，惊叹、赞美都没有任何助益，关键是占有和征服，犹如俗话所说，一鸟在手，胜过十鸟在林。

在第三阶段，欲望达到了欲求的水平，它已经被绝对地界定为欲望。这一阶段是前两个阶段的综合：第一阶段梦求的实际上是理想中、幻念中的对象，第二阶段寻求的是现实中的多样性，而在第三阶段，个体已将理想与现实结合起来，找到并征服现实中的一个个具体的对象。莫扎特歌剧《唐·璜》中的主人公唐·璜是这一阶段的典型代表，而用“强烈的”“洋洋自得的”“不可阻挡的”“恶魔般的”来修辞其欲望是毫不过分的。这是个体对于感官天赋的完全运用。克尔凯戈尔认为，这种欲望是每一个个体都必然具有的，它完全对立于伦理和宗教的要求。正因为此，唐·璜才被看作是基督教的异端，他的故事只能在民间流传。唐·璜、流浪的犹太人和浮士德（Faust）是克尔凯戈尔最感兴趣的三个传奇人物，他认为它们代表了宗教之外关于单独个体的三种主要观念。[①] 他同时表示，人们经常说某某是唐·璜或浮士德，但很少说某某是流浪的犹太人。[②] 唐·璜代表美感观念，流浪的犹太人代表绝望，而浮士德是一个怀疑论者。唐·璜和浮士德是欧洲中世纪传说中的两个人物，他们分别是感性和理智的代表，他们都被看作异端，因为他们代表着不同于基督教的精神。浮士德博士是一个自强不息的人，是

① Kierkegaard, *Journals and Papers*, Vol. 1, p. 368.

② Kierkegaard, *Journals and Papers*, Vol. 2, p. 502.

一个怀疑论者，与基督教的服从和信仰观念是冲突的，因此受到排斥。唐·璜因为放荡不羁，遭到了更为猛烈的攻击。

有许多人写过以唐·璜的传奇为题材的诗歌、小说和戏剧，最有名的当然是莫扎特的歌剧《唐·璜》和拜伦的长诗《唐·璜》。但克尔凯戈尔认为，在对唐·璜的一切表达中，只有莫扎特的音乐才是成功的。这不仅因为“莫扎特的音乐的确是诱惑性的”①，而且因为只有音乐才能表达唐·璜诱惑了一千零三个女人。拜伦的作品无论如何不可能把这些都描写出来，因此其唐·璜形象在克尔凯戈尔看来是一个失败。②无论如何，克尔凯戈尔感兴趣的是莫扎特的唐·璜形象。唐·璜是美感欲望的典型，因为只有他才能够代表音乐性人生。克尔凯戈尔屡次要为莫扎特争地位，认为仅凭《唐·璜》就足以使他在音乐界位居第一。音乐在他看来是表达美感生活的主要媒介，“只有音乐能表达唐·璜，而语言不能”，原因就在于，“音乐可以重复听出、唤起对女人的渴望，语言却无此功效”。③在听《唐·璜》的曲子时，我们眼前并没有一个唐·璜的形象，没有某个特定个体，没有任何造型，我们只能听到声音，即欲望的呻吟。我们之所以听到这个声音，是因为我们自己对女人的渴望与那诱人的音乐声完全契合。

不知道尼采是否读过克尔凯戈尔的《非此即彼》，但从其《悲剧的诞生》可以看出，他与克尔凯戈尔一样，强调了音乐在

---

① Kierkegaard, *Either/Or*, Vol. 1, p. 103.

② Kierkegaard, *Either/Or*, Vol. 1, p. 107.

③ Kierkegaard, *Either/Or*, Vol. 1, p. 95.

表达生命冲动方面所具有的优势地位。唐 · 璜无疑也寻求发现，但他更主要地表现为征服和拥有，而且这种过程是不断重复的。他不愿停留于发现之旅中的冒险，他力图做一个征服的骑士，"在此，发现和胜利是同一的"①。唐·璜的这种以征服性为主的性格显然不同于帕帕吉诺。如果说后者在作分类选择工作的话，前者却沉浸于享受之中。享受的前提当然是征服，但征服自身已经是一种享受。唐 · 璜凭什么来征服呢？他像浮士德那样凭学识，像使徒那样凭精神吗？抑或他是一个道德典范、一个圣人，从而赢得了女人的青睐？这些答案都是否定的。克尔凯戈尔旨在指出，唐 · 璜凭借的是感官天赋。正是这种感官天赋具有强烈的诱惑性，正是这种诱惑征服了女人。克尔凯戈尔自问自答说："唐·璜的诱惑性力量是什么呢？是其欲望，感官欲望的力量。"②这位花花公子不折不扣地代表着肉欲和性爱。克尔凯戈尔指出："如果我敢于说的话，唐 · 璜乃是肉体的化身，或者说是由肉体精神造成的肉体灵化。"③

唐 · 璜这一形象表达了感性欲望和精神的分离：感官觉醒了，而精神却远走高飞。克尔凯戈尔认为，唐 · 璜生活的领域是基督精神没能渗入的一个王国。这个王国就是所谓的"维纳斯山"。在这个王国中，精神无家可归，而欲望却如鱼得水。维纳斯山是一个音乐的世界，音乐在这里是唯一的交往媒介，而语言却失去了地位。呻吟、骚动、狂吼和欢悦构成其主旋律。

① Kierkegaard, *Either/Or*, Vol. 1, p. 79.

② Kierkegaard, *Either/Or*, Vol. 1, p. 98.

③ Kierkegaard, *Either/Or*, Vol. 1, p. 87.

唐·璜就是这个王国的君主，其生命就在不断的欲求中："他沉溺于欲望的满足，一旦满足了，他就寻找新的目标，并因此毫无止境。"① 在克尔凯戈尔看来，这个王国的尺度不是伦理规范。伦理意义上的诱惑需要反思意识的参与，诱惑者必须考虑到道德规范的制约性，他因此会预先订立一个周密的计划，绝不冒险，以免身败名裂。但唐·璜没有伦理原则，他绝不会偷偷地制定计划，也不会精心思考阴谋的后果，他完全以感官天赋的直接性进行诱惑。他缺乏精明清醒的精神，他的生活就如同使他迷醉的酒一样让人愉快，就如同伴随他的音乐之宴一样富有戏剧色彩。他总是利用直接性力量，他总是得意洋洋。因此，美感生活从根本上是抵制伦理标准的。

尼采的相关观念与这里的克尔凯戈尔十分相似。在分析希腊悲剧时，尼采认为，音乐和酒都是狄奥尼索斯情愫的有力发动者。他首先看重的是酒的陶醉作用和促进生命冲动的意义。他这样表示："酒神祭之作为一种满溢的生命感和力量感，在其中连痛苦也起着兴奋剂的作用。"② 在他的眼里，音乐的力量稍逊风骚，但也是很强大的。他这样写道："音乐……是情绪的总激发和总释放，然而只是一个完满得多的情绪表现世界的残余，是酒神戏剧仅有的一种遗迹……是酒神状态的新产品。"③ 两者本质上是一致的，只是程度有异，都代表生命冲动，代表具有征服性的诱惑力。克尔凯戈尔认为音乐唤起的是对性的渴望，

① Kierkegaard, *Either/Or*, Vol. 1, p. 97.

② 尼采:《尼采美学文选》,生活·读书·新知三联书店,1986,第34页。

③ 尼采 :《尼采美学文选》, 第320—321页。

而尼采认为酒和其他陶醉引起的是力的传递。尼采如是说道:“陶醉真是无所不能，这被称作爱情的陶醉，这还不止于爱情的陶醉！对此人人都有切身的体会，只要一个男人来到近旁，一个女人的肌肉力量就会增加，这一点可以用仪器测量出来。在两性更接近的关系中，例如在舞会上或其他社交场合，这种力量愈发增加到可以成为真正神力的地步。”[①] 这种力量不外乎一种生命冲动，性欲冲动。

克尔凯戈尔塑造的“诱惑者”约翰尼斯认为，男人在内心深处都是诱惑者，而女人都渴望被诱惑，“被诱惑有多么幸福，只有女人才知道”[②]。尼采则坚持认为:“对古希腊人来说，性的象征本是可敬的象征。”[③] 在他看来，人，尤其是艺术家应当是精力过剩的、像野兽一样的、充满性欲的，应当有一种常驻的醉意，从而永葆青春活力。唐 璜的形象正好如此，他的实存就是不断的欲求,就如同音乐声不息。在莫扎特的《唐·璜》中，当主人公被杀死时，音乐之声沉默了。克尔凯戈尔认为，音乐声的停顿表明语言的出场，表明道德规范和基督教精神的胜利。尼采对古希腊悲剧艺术的衰落的解释与此十分类似：原始悲剧被哲学战胜,因为欧里庇德斯把戏剧理性化、知识化、语言化了。山羊神、酒神（狄奥尼索斯）代表性欲、快乐、生命冲动，而太阳神（阿波罗）则是普照大地的理性之光。苏格拉底崇拜阿波罗神，他也被称作第二个阿波罗，这恰恰表明本能被理性战

---

① 尼采 :《尼采美学文选》，第 355 页。

② Kierkegaard, *Stages on Life's Way*, p. 87.

③ 尼采 :《尼采美学文选》，第 334 页。

胜了。克尔凯戈尔以音乐性的唐·璜表达美感生活观念,而唐·璜的化身就是诱惑者约翰尼斯。

约翰尼斯言必称颂美酒和女人。在他看来,男女之爱为人的本性,而诱惑与被诱惑为人间真情。约翰尼斯追求的是享乐原则,他声称:“二十岁的男人如果还不知道‘玩得开心’这一命令性范畴的话,他就是一个傻瓜蛋。”[①]《酒宴记》描述的是五个朋友畅饮美酒并纵论爱情的故事。当“年轻人”沉溺于思想、当维克多(Victor)沉溺于梦幻、当康斯坦丁(Constantin)失于“戏谑”、当女装裁缝穷于低声下气奉承时髦女人时,“诱惑者”却在向女人献殷勤,以便把她搞到手。世上的其他一切他都不在乎,唯一有吸引力的就是女人和美酒。因此他甘愿投向女人的怀抱,这倒不是让他去说服女人,而是女人要说服他。献殷勤是男人特有的事情,这一切都是为了获得享受。他明确表示,“向女人献殷勤,毫无花费,却能带来一切,它是一切性的享受的条件”[②];又说,“献殷勤是男人与女人之间肉感和性欲的互助会,它是一种自然的原始语言,如同恋人的一般语言一样”[③]。约翰尼斯的形象与唐·璜完全一致,他借助酒醉,犹如后者借助音乐。尽管酒能使他忘记周围的一切,女人和性欲的观念却越来越清楚。他赞美女人,因此也就有所获得,于是成为一个幸运的“恋人”。

其他人都想按自己的观念重塑女人的形象,而约翰尼斯则

① Kierkegaard, *Stages on Life's Way*, p. 81.

② Kierkegaard, *Stages on Life's Way*, p. 81.

③ Kierkegaard, *Stages on Life's Way*, p. 81.

坚持，女人已有的形象是完美的，她不折不扣地代表着性欲。按照他的想法，世界上最初只有男人，力大无比，骄狂无羁，使造物主自己也感到震惊，因此要制造女人来约束他。然而，造物主再度干了“傻事”，“爱情”的力量更具威力，神对人越发失去了控制。过去，真理掌握在自然力量手里，而现在却要由“色情狂”来掌握真理的天平。在约翰尼斯看来，“每一个女人都相应于一个诱惑者，她的幸运就在于恰恰碰上了这个特定的他”[①]。诱惑者并不是一个“拾破烂者”，他征服少女，他享受的不是婚恋，而是不折不扣的原始情爱。唐·璜身死，性爱才为道德战胜。在约翰尼斯看来，为了控制洪水猛兽般的性爱冲动，神又有了新的发明，即分配每一个男人一个固定的女人，诱使人进入婚姻义务的圈套中，“通过婚姻，神获胜了”[②]。婚姻即伦理，伦理的义务和责任压制了无限制的享受。在约翰尼斯看来，人应当冲破婚姻之网。他因此始终以“诱惑者”形象出现，每当对方有某种婚姻暗示时，他便溜开了。克尔凯戈尔《酒宴记》显然深受柏拉图《会饮篇》的影响，后者的主题同样是纵论爱情与女人。

当有人建议每人都应致称颂爱情之辞时，苏格拉底即刻提到阿里斯托芬。他表示：“阿里斯托芬日与酒神爱神为伍，则更无疑义也。”[③] 喜剧作家阿里斯托芬与约翰尼斯有许多共同之处，当轮到他发言时，他的确特别，不像常人那样清谈爱神与爱情，

---

① Kierkegaard, *Stages on Life's Way*, p. 87.

② Kierkegaard, *Stages on Life's Way*, p. 87.

③ 柏拉图：《柏拉图对话集六种》，第 190 页。

他不喜欢“柏拉图式的爱情”，他歌颂情爱，声称“众神之中，唯爱神乃人类挚友”[①]。他讲述了一种爱情神话，以为人类最初是卵生的“原人”，或纯男性，或纯女性，或为双性。他们的器官都是双倍的，是自身完美的。他们力大性狂，为神不容，被剖为二，最初的自足被破坏了。因此这一半寻其另一半，不愿分离。人既被剖，力量锐减，年寿也缩短，此半已死，他半痛不欲生，因此悲悲戚戚，让神灵也感到悲悯。神于是让人胎生。从此，“男女相悦，人类因此不绝”；正因为此，“人求其偶，人之恒情”;人们于是追求“在天比翼，在地连理”[②]。人之爱情乃是对全体、完满的追求，要求的是恢复“原人”状态，“还我本来之性”。诱惑者约翰尼斯和唐·璜实际是阿里斯托芬所认为的由双性原人分裂成的“纵欲无度者”，是卵生原人的残余。美感现实性还表现在对财富、地位、荣誉等方面的欲求中，但性爱尤其典型地代表了物质对精神的遮蔽。

二、美感生活的理想性

克尔凯戈尔首先需要解决文学艺术的起源问题。美感生活的理想性揭示的是美学观念与感性生活的关系。在某种意义上我们可以这样来看待感性现实性和感性理想性的关系：它们两者都是美学探讨的对象，前者表明，感性现实即美，后者表明感性理想才是美。但是，两者都属于美感范畴，前者表述了美

---

① 柏拉图：《柏拉图对话集六种》，第200页。

② 柏拉图：《柏拉图对话集六种》，第201页。

的现实性，而后者则表达了一种艺术美学观念，其中揭示了美学的感性源泉。文学艺术起源问题，是各种文艺理论思潮都一直在探讨的重要课题，其答案是多种多样的：马克思主义的劳动说、能动反映论；康德等人的游戏说、天才论；柏拉图的理念论、迷狂说；雷纳克（S. Reinach）的魔法说；克罗齐（B. Groce）的直觉表现说；弗洛伊德的潜意识说；中国古代的“感物说”；西方的模仿说；等等。柏拉图的理念说中有一个重要的观点就是现实是不可能被模仿的，因为现实是不真实的，真正的艺术应该是理念的产物，是神灵附身，个体必须依靠那附身的神灵才能获得真正的艺术精神。也就是说，艺术家受神灵感召，陷入一种迷狂状态，失去了常人理智，由神灵凭附着向人说话。此种观念，在西方有着持久的影响，后来的许多文艺理论家都十分强调灵感的作用。

当然，他们认识到了灵感的来源是广泛的，不仅可以因神让人处于迷狂状态而获得灵感，爱情也会有这种作用和功效。柏拉图所说的神灵即缪斯（Muse），但阿佛洛狄特（Alphlodite）同样也让人迷狂，《会饮篇》中的阿稼生（Agathon，或译“阿佳通”“阿迦同”“阿伽松”等）歌颂爱神对于悲剧的贡献就是证明。克尔凯戈尔遍读柏拉图作品，受其影响是十分自然的。这种爱情灵感之产生，实际上体现为性欲升华。弗洛伊德的潜意识理论系统地揭示了这一主题。这一心理学、精神分析学理论受克尔凯戈尔和尼采的影响很大，这种潜意识的性欲升华说在很大程度上表达了克尔凯戈尔关于文学艺术起源的观念。柏拉图在《会饮篇》中让苏格拉底、阿里斯托芬、阿稼生等人探讨情爱、爱神与文艺的关系。与克尔凯戈尔自己观点最为接近的是阿稼生提出的“爱为一切艺术之源”的观点。创作必先有创作冲动，这一冲动总为某人某事所触发，从而表现为创作的激情和欲望。阿稼生认为，爱神就是这种创作冲动的激发者。他称颂爱神至善至美，尤其强调爱神之至美。他所说的爱神是一位美少年。因为爱神年少貌美，韶华永驻，人因此爱之，爱之而称颂之，于是一切文学作品乃成。依柏拉图的描述：“爱神为他人诗思之源，彼非诗人，乌能使人有诗意乎？常人遇之，虽不谙音律，亦能成诗人。”[①]

柏拉图笔下的阿稼生是一位悲剧作家，而且历史上实有其人。笔录阿稼生的切身体会，显得言之有据，有的放矢。在阿稼生看来，不仅诗歌出于爱神赋予人的灵感，美和一切艺术实际上也出于此。他表示：“抑万物的化生，莫非爱情之所致。美术家之成名者，非得爱情之助乎？不得爱情之助者，如盲人夜行，甚矣其危！”[②]在古希腊，爱神实际上是爱情的代称，爱神之助诗意，实恋人使然。古希腊有倾慕美少年之俗，于克尔凯戈尔时代当不适宜，但阿稼生强调爱情在创作中的力量，是他完全可以认可的。这样一来，尽管主流的看法是阿稼生的言论比较空泛，克尔凯戈尔显然却比较赞同他的看法，因而在自己的美学作品中表达了惊人相似的观点。克尔凯戈尔坚持认为，文学作品不是写实，而是出于灵感，由于某种契机，而这种契机在“每一作品中都是重要的”[③]。诗神缪斯与现实是无缘的，只有自

① 柏拉图：《柏拉图五大对语集》，上海国立编译局，1934，第201页。

② 柏拉图：《柏拉图五大对语集》，第207页。

③ Kierkegaard, *The Concept of Irony*, pp. 234-235.

由的心灵才会有闲情逸致产生诗思。与此同时，克尔凯戈尔认为反讽者最能诗意地对待一切，也因此最能成为诗人。反讽实际上是一种升华，它表现为自由、超越和对现实的否定，也就是说，现实的东西被诗意地思考。反讽渗透诗人的作品，它“不只是在诗歌中的某些地方出现，而是无所不在”，这样，“诗和诗人都获得了自由”。[①]

当然，这里有一个前提，诗人必须是反讽的主宰者，而不是被反讽牵着鼻子走。诗人反讽地生活，也就是诗意地生活，不对现实抱积极的态度。在爱情中，他与她保持的不是积极的关系，也即不是性关系，不是婚姻关系，他只把她作为一切灵感之源。克尔凯戈尔实际上把他自己与奥尔逊的初恋作为他全部美学作品创作的灵感源泉。他没有和她结婚，没有建立伦理的家庭，正因为此，初恋和她的影子总是影响着他，对她的思念和要倾诉心中忧郁的想法激励着他，他写了一部又一部的华丽的美学作品，以求诗意地、间接地与她沟通。他的全部作品都是为她写的，也是为每一个沉于初恋或初恋的回忆中的人写的，每一个字、每一句话都是爱情和思念的产物。他无疑是《重复》这本小书的主人公。克尔凯戈尔在书中塑造了一个具有诗意生活倾向的年轻人，他生性忧郁，顾虑重重，总与他心爱的姑娘保持着一段距离。他希望与她待在一起，但待在一起又怕出岔子，从而失去好印象，他因此离得远远的，生活在诗意和思念中。他把一位男性朋友当作自己可信赖的人，向他诉说自己是如何地爱那姑娘，字字句句都充满了诗意，而且每当读到

① Kierkegaard, *The Concept of Irony*, p. 338.

歌颂少女和爱情的诗时，总禁不住潸然泪下。这种性格使他越发诗意地看待自己的爱情，不敢现实地面对，因此不尽的思念跃然纸上，少女遂成了自己的诗意之源。

在写给自己的信赖者的信中，这位年轻人表示："我的爱不能够在婚姻中获得表达，如果那样做，那她就是被强制了。或许可以诱惑她,我不能那样做。当这成为事实时,一切都丧失了,那么就晚了。"[①] 他的确诗意地对待爱情，不愿与她结婚，也不愿占有她，这样她的唯一意义便是成了诗思之源。他的信赖者评论说："那位年轻的姑娘并不是他的恋人，她乃是唤醒他身上的诗意并使之成为一个诗人的契机。"[②] 但情形要复杂得多，因为他真正爱她，他并不愿意以成为诗人作为失去她的补偿："成为诗人是我的补偿吗？我不需要补偿。"[③] 他的信赖者也评论说："痛苦之处在于他真实地爱那个姑娘，但是为了真实地爱她，他首先得摆脱他所陷入的对于诗歌的迷恋。"[④] 另一方面："如果他希望结束与这个姑娘的事情，那么他可以向这个姑娘承认这些，这样做毕竟是可敬的，但是他不能够这样做。"[⑤] 这显然是一个奇特的爱情故事，结果是欲保持不能，欲结束不能，整个地表现为一部悲剧诗篇。克尔凯戈尔认为，真正的解脱乃是信仰的救助，在神面前，一切都是可能的，此乃重复的本意。这个故事显然是他自己与奥尔逊的恋爱故事的文学表达：她多么盼望

---

① Kierkegaard, *Fear and Trembling; Repetition*, p. 202.

② Kierkegaard, *Fear and Trembling; Repetition*, p. 138.

③ Kierkegaard, *Fear and Trembling; Repetition*, p. 202.

④ Kierkegaard, *Fear and Trembling; Repetition*, p. 138.

⑤ Kierkegaard, *Fear and Trembling; Repetition*, p. 139.

他留在自己的身旁，他又是多么地愿意与她相伴，然而内心的忧郁使他弃她而去。克尔凯戈尔在现实中诗意地生活，因此才有了诗意的作品。

在《酒宴记》中，克尔凯戈尔通过维克多更进一步表达了女人、爱情与艺术的关系。维克多认为，爱情绝不是出于情欲，实乃因为对象之年少貌美而产生的一种审美的愉悦。他提出了一种观念，那就是男人只应与女人保持消极关系，而不是积极关系。所谓积极关系，就是诸如性爱、家庭生活之类的现实生活方面，而所谓消极关系就是只将女人作为灵感、诗意之源，而不旁求其他。维克多原先生活在修道院中，其全名维克多·艾瑞米塔（Victor Eremita）。其姓氏艾瑞米塔是充满意味的，因为它的原意是“隐士”。维克多受《唐 · 璜》这一魔曲的诱惑，诱奸了少女埃尔维拉（Elvira），因此终身忏悔。这与克尔凯戈尔生活于内心忧郁的“内在修道院”中，生活在一个抑郁的宗教家庭中，出于反叛而放荡不羁，最后终身忏悔是一致的。维克多后来重新转向了严肃，回到诗意的忧郁中。克尔凯戈尔让维克多说道：“诗歌，从酒歌到悲剧都是由于女人的纯化，……她美丽、高贵，男人最高贵的才华都由于女人，她给予他以灵感，女人是灵感的触发者。”[①] 这里的女人是代指一般，她与诗神是同一概念。也就是说，女人即爱洛斯（Eros），女人即缪斯。维克多与阿稼生同样强调“年少貌美”是诗意之源。也就是说，对美感对象的崇敬而起诗意，因此诗歌起于感情的纯化、理想化和升华。即使在弗洛伊德那里，文学艺术也不是原始冲动的

① Kierkegaard, *Stages on Life's Way*, p. 70.

直接表露，相反，它是这种冲动的纯化或者转移，因此成功的艺术家就在于将生命冲动升华为审美感受。叔本华要达到主客融合的无意欲状态就是这种观点的表达。

美感生活有其理想性维度。克尔凯戈尔与柏拉图一样，实际上是主张将内在情欲升华为审美中的“客观性”，因此他的美学观念与西方传统的美学理论并无原则性区别，实际上表达了美感生活的理想性。与唐·璜、约翰尼斯和阿里斯托芬不同，阿稼生、维克多追求的不是性爱的直接性，要求的不是欲望方面的满足，他们要让这种欲望升华为一种创造性冲动。他们代表的这种人格仍然属于美感范畴，它仍然徘徊在伦理规范的大门之外。《重复》中的年轻人诗意地生活已如前面所述。克尔凯戈尔对德国戏剧家斯克里伯（A. Scribe）的代表作《初恋》评价甚高，其原因就在于这部作品揭示了美感生活的理想性、梦幻性。鳏夫德里埃（Deriere）、其娇生惯养的任性宝贝女儿埃米琳（Emmeline）和侄儿查尔斯（Charles）是该作品中三个主要人物。还有一个重要人物是受过学校教育的林维尔（Rinville），他游历过不少国家，社会经验丰富，是他打破了德里埃一家的虚幻氛围。他向埃米琳求婚，一则因为她的父亲很有钱财，二则因为她也是一个可人儿。埃米琳和查尔斯小时候曾经生活在一起，是游戏的伙伴，他们在姑姑朱迪思（Judith）的教养下成长。姑姑总喜欢给他们讲传奇和浪漫故事，他们生活在这种传奇小说的氛围中。在埃米琳八岁时，查尔斯离开了。他们天各一方，唯一把他们联系在一起的是分别时许下的“神圣的诺言”。

但现实改变了查尔斯，他在外面的闯荡是不成功的，他成了一个放荡的家伙、一个坏小子、一个不成功的恶魔。他看起来放弃了幻想，但实际情况并非如此。他脑海中仍然充满幻念，尽管他身处可怜境地，却仍然感觉到自己是一个特殊人才。克尔凯戈尔认为斯克里伯并没有把埃米琳写成一个多愁善感的小姑娘，而把查尔斯写成一个满是世俗智慧的小伙，相反，“查尔斯在他自己的方式上与埃米琳一样是多愁善感者，因此两者同样表现为朱迪斯姑姑活脱脱的学生”[①]。这是因为，姑姑讲的传奇故事仍然印在他脑海中，从前的誓约总在浮现，表妹在他心目中仍然是一个天真的小女孩。埃米琳的生活则完全是虚幻的，一切都在想象中出现，但她的想象只不过停留在这一点上，她爱着她的表哥。他在她8岁时就离开了，但他们有过神圣的誓言。埃米琳把这一誓言看作她的初恋的象征，而且她始终抱着这样的观念：“初恋是真正的爱，一个人只能爱一次。”[②]于是她一直生活在童话般的梦幻中，等待着她的白马王子。林维尔向她求婚，她总是不答应。实际上，人们已经知道查尔斯的一些事情，因此劝她不要再生活在空幻的回忆中了，但她却说别人缺乏同情心。于是，林维尔就尽量模仿她幻念中的查尔斯。当他以这个形象出现时，她欣喜若狂，但当他以自身面目出现时，她就感到讨厌。

最后，查尔斯回来了，他与埃米琳想象中的“真”查尔斯相去甚远，被看作是“假”查尔斯。听完“假”查尔斯诉说自己放荡生活并已结婚后，她最终下定决心嫁给了林维尔，但这

---

① Kierkegaard, *Either/Or*, Vol. 1, p. 250.

② Kierkegaard, *Either/Or*, Vol. 1, p. 252.

并不表示她放弃了她的查尔斯形象，而是因为林维尔更像她心目中的查尔斯。与此同时，即使与林维尔的结合并不理想，她的神圣“初恋”仍是一个美好的回忆。克尔凯戈尔把这种诗意地生活、凭想象力过日子看作一种普遍现象，认为这是感性生活的另一极。他试图表明，美感生活终归是虚幻的，并没有真实的基础。这就是为什么他在《作为一个作家我的作品的观点》中要声明，其美学作品意在把人引离美学的原因。也就是说，美学作品描述的感性生活最终都是让人失望的，因此必须转换生活方式。理想和现实是统一的，它们的结合才会有伦理的实在。但在美感生活中，人们一方面固执于有限性和直接性中，另一方面却片面追求无限性和理想性。前者让人失落于物欲和尘世中，后者使人徘徊在空幻和想象中，从而都不能体现真实的人格处境。在柏拉图的《会饮篇》中，其他人的爱情观都是陪衬，苏格拉底的婚姻观才是归宿。在克尔凯戈尔的《酒宴记》中，五个酒友被清晨的凉风吹醒，威廉夫妇（伦理形象）在背景中出现，这同样暗示了：美感生活必须让位于伦理。

第二节　美感的情绪

美感现实性和美感理想性是每个个体都拥有的日常生活的两个方面。但这一切都还只是表面的写照，在其根底中总还潜存些什么。实存主义对于个体及其实存的分析总是围绕情绪展开，而实存哲学之父克尔凯戈尔早就在各种情绪中发现了美感生活的秘密。他为我们揭示了日常生活中的忧郁、不幸 / 苦恼、烦、客观焦虑和客观绝望等情绪。这些情绪是美感体验的构成部分，它们尚未意识到虚无和自由，因此与精神无缘。换言之，在克尔凯戈尔眼里，这些情绪或情感还只是一些原初意识和情感冲动，只有经受伦理和宗教的洗礼才能够进入到精神的自由中。他这样表示："只有当一个人变得如此不快乐，或者如此深刻地体会到实存的可悲，以至于他必须真正地说：对我来说，生命没有价值。只有到那时，他才会努力争取基督教；只有这样，生命才能获得最高的价值。"[①] 个体在情绪中体验到了日常生活的无常和困境，这些情绪还不具有积极的意义。

一、忧郁

克尔凯戈尔自己是一个忧郁的人。自从他懂事起，忧郁的影子就一直伴着他，直至生命的终结。他在日志中谈到一对父子，都充满理智，也很机敏，每一位到访他们家的人都受到了好心招待。然而，父亲认为儿子处在平静的绝望（quiet despair）中，儿子觉得父亲也是如此。以至于克尔凯戈尔感叹，这对父子也许是人类记忆中最忧郁的两个人。[②] 这里涉及的其实是克尔凯戈尔父亲与他自己两个人之间的关系。与此同时，他的假名著作或隐或显总在论述着忧郁（melancholy）这一主题。忧郁是美感生活的组成部分，在人的各种活动中都出现，如影随形。那么什么是忧郁呢？在克尔凯戈尔看来，忧郁是人的一种精神疾

---

① Kierkegaard, *Either/Or*, Vol. 2, p. 24.

② Kierkegaard, *Journals and Papers*, Vol. 1, pp. 345-346.

病。总有那么一个时刻，它会来到人的生活中。一个人的直接性仿佛成熟了，而其精神要求一种较高形式藉以把自己理解为精神。也就是说，人至此一直生活在直接精神中，与整个尘世生活融合在一起。现在，精神要积聚自己，仿佛要从这种压制中解脱出来，以便在自身中实现转换：人格要在自己的永恒正确中意识到自身。但是，如果这不顺利，如果这种运动受到抑制，如果人在此时心生退缩，忧郁就产生了[①]。忧郁因此表现为人对自己的当下生活倍感厌倦，却始终无能为力，因此只好回到内在的孤独中去。

美感生活的目标很简单，从根本上说就是追求物质方面的满足。但这种满足会产生厌倦。厌倦本身表现为凡事都无所谓，然而却有某种“有所谓”的东西在背后干扰并搅乱人的安宁，它让人感到害怕，使人感到目前的生活是令人沮丧的。因此，人忧郁地看待自己的生活。美感生活之满足的第一个后果就是这种忧郁。忧郁是不外显的。我们很满足，我们非常快乐，我们在庆祝，我们在欢呼。但在我们内心深处呢？克尔凯戈尔说，我们在忧郁。他在论反讽时谈到的“内不是外，外不是内”[②]的观点，对于忧郁来说是完全适合的。他主张须透过外在的假象，沉入到内心深处去发掘人的心态。在他看来，人的内心是一个与外界迥然不同的王国，在表面上看来，尘世的喧嚣主宰着一切，而在实际上，阴影的王国才是真正的统治者。雅斯贝尔斯有言，人应当维持白昼的理性与夜晚的激情两者间的和谐统一。

① Kierkegaard, *Either/Or*, Vol. 2, p. 194.

② Kierkegaard, *Either/Or*, Vol. 1, p. 3.

这无疑看到了人的实存的两个层面。克尔凯戈尔把忧郁比喻为黑夜或阴影，忧郁的出现就如同夜晚取代白昼。白昼尽管辉煌，毕竟终将过去。一旦太阳的余晖退尽，夜幕笼罩大地时，黑暗就成了人间主宰，忧郁总会在人的尘世生活之喧嚷后面潜入人的心灵。

对于克尔凯戈尔来说，忧郁和阴暗才是生活的本质。也就是说，生活归根到底是令人沮丧的。然而，人们在白昼中沉溺于吃喝玩乐，根本没有看清自己的可怜处境。黑暗是大地之母。按《圣经》所说，在神说有光之前，大地一片沉寂，一片黑暗。古埃及人也认为大地最初是黑暗的，而且人死后的灵魂总居于黑暗中。因此就有了最古老的诗歌《亡灵颂》。克尔凯戈尔也歌颂黑暗。他写道："黑夜，万类由你而降生的永恒母亲！它们由你而降生，他们也要回到你的怀抱。"[①] 他告诉我们，歌颂黑夜看起来是与历史上人们追求光明的愿望相违背的，但是，人们之所以寻找光明，恰恰因为美感生活本身就没有光明，表面上的欣喜掩饰着内心的痛苦，潜意识的力量侵蚀着人的心灵。美感个体无疑渴望光明，但找不到出路，于是转向内心深处，让悲伤和忧郁吞噬他，直至陷入恐惧的深渊。忧郁的根本内容是悲伤或忧伤。悲伤和欢乐是日常生活中互相对立的范畴，要让它们同等地获得艺术表达是困难的。快乐更容易在艺术中表达出来，要揭示悲伤却有难度，这主要因为："快乐的本质是揭示自己，而悲伤则是掩饰自己，有时甚至是欺骗。快乐是交往的、社交的、坦率的，它寻求表达；悲伤则是私下的、沉默的，它

① Kierkegaard, *Either/Or*, Vol. 1, p. 166.

寻求退隐。”[①]

当然，快乐和悲伤的这种关系也不是绝对的，有的人会掩饰快乐，心中狂喜，却不溢于言表；有的人则对自己的悲伤唠叨不休。但是，这些都是直接性的快乐和悲伤，从根本上说它们都由那深层的忧郁主宰着。真正的忧郁不在直接性中表现出来，因为反思已经在一定程度上介入了。一个女人面对着自己的不幸爱情，因为她被欺骗了。她的表情忧郁，这无疑会获得世人的同情，并使人们痛骂那个负心郎。她悲伤，而这毕竟是一种日常生活现象。但是，一旦她反思自身的命运，如果她认识到美感生活本身就是让人沮丧的，人与人之间存在的就是欺骗和被欺骗，那么她就会产生一种反思的忧郁。她回归到自身的内在痛苦中，把这种痛苦默默地珍藏在心底，绝不露一丝痕迹，因为她已意识到，自己的命运应该由自己主宰，他人无权知道自己的秘密，唤起别人同情只能表明自己是弱者。当然，这种忧郁的阴影也不会在心中安详静处，它就像钟摆一样晃动，单调地重复，在心中侵蚀着意志，忧郁也因此表现为一种病态的坚强。她对外在的一切采取一种内心沉思的态度，从而只作出消极的反应。克尔凯戈尔要求人们必须注重人的内在方面，不被其表面现象所欺骗。他这样表示：“外在现象的确有意义，但它不是内在的表达，相反，它是传来的一种讯息，它告知内在深处有某种东西掩藏着。”[②]内在和外在就如同两层面具，人因此必须看清两者。

① Kierkegaard, *Either/Or*, Vol. 1, p. 167.

② Kierkegaard, *Either/Or*, Vol. 1, p. 173.

忧郁不仅是人的内在生活特质，它同时也是普遍的。悲伤是生活的本质，因此为了揭示生活，就应当跟随悲伤的足迹。美感人格最终都会向悲伤靠拢，“我们决定了这一选择，我们只会喜欢悲伤，孤独悲伤才是我们研究的对象，我们在任何地方都会发现它的踪迹”[①]。我们发现到处都让人感到沮丧，但其表达形式却各不相同。克尔凯戈尔打比方说，就如同我们沿街一看，两边的每幢房屋都和“左邻右舍”相似，但是，由于其居者不同，其内涵也就迥然有异。忧郁是多样的，它秘密地渗透到所有人那里。它的本质是内在的、退隐的，但这并不表明它是漂移的，它总是由个体负载着，它栖身于个体身上。看起来它是一种不可传达的秘密，但并非一点也不能被人窥视。事实上，间接沟通是可能的，人的一个眼神、一句话、一声叹息、声音的一丝颤抖，都会背叛深一层的秘密。每个人都会感觉到，自己在内心深处是忧郁的。正因为此，才有许多文学作品要冒险来表达那不可沟通的秘密。通过分析几个文学作品中的人物，克尔凯戈尔试图表明这种忧郁是无所不在的。由于女性的软弱与忧郁有不解之缘，他重点分析的都是女人。其实，男女都一样，设若他读过缪塞（A. de Musset）的《一个世纪儿的忏悔》的话，他一定会把作品中男主人公作为忧郁的典型加以分析。

克尔凯戈尔主要分析了歌德（J. W. von Goethe）剧作《克拉维哥》中的玛丽·博马舍（Marie Beaumarchais）、莫扎特《唐·璜》中的唐娜·埃尔维拉（Donna Elvira）和歌德《浮士德》中的玛格丽特（Margaret）。玛丽是一位忧郁、悲伤如影随

① Kierkegaard, *Either/Or*, Vol. 1, p. 172.

形的年轻女人。她的故事十分简单：克拉维哥（Clavigo）曾经和她订婚，然而却离开了她。克尔凯戈尔认为，这个故事中深深地铭刻着忧郁的烙印。忧郁不是外在可见的，因为就忧郁的本质而言，"外在的与内在的比较起来，是无意义的，是无关紧要的"[①]。忧伤在内心深处寻找着对象，但这种寻找是变动的，内心因此是不安宁的，而外在表现却十分平静。当不幸的爱情根源于一种欺骗时，之所以产生痛苦乃是因为那不幸的人儿无力寻找其忧伤的对象。假如欺骗被证实了，悲伤并未停止，而是转为外在形式。这种外在显露的悲伤不是反思性的，而是直接性的。但玛丽为什么悲伤呢？如果克拉维哥是一个欺骗者，难道不是离开得越早越好吗？按理她应该感到高兴。实际上，她的悲伤出于她自己曾经爱过他。这种爱是对的吗？这取决于她的爱是否值得。就克拉维哥而言，得看他是否真的是欺骗者。这个问题的悬而未决恰恰引起了她的悲伤，"然而他是，抑或不是一个欺骗者的问题，恰恰就是那不断产生悲伤的不宁"。[②]

欺骗不是可以由外在现象看出来的，因此，"欺骗在爱情中乃是一种绝对的悖谬，在此存在着反思性悲伤的必然性"[③]。在克尔凯戈尔看来，爱情是不能通过理性和逻辑来加以思考的。然而，人们在日常生活中却力图理性地看待它，似乎可以区分出诚实和欺骗来，实际上只会导致悖谬。在玛丽的故事中，她和克拉维哥只是订了婚。订婚表明一切还悬在可能性中，离现实

① Kicrkegaard, *Either/Or*, Vol. 1, p. 176.

② Kierkegaard, *Either/Or*, Vol. 1, p. 177.

③ Kierkegaard, *Either/Or*, Vol. 1, p. 177.

性还有距离。从常人的观点看，订婚只表明了一种可能性，解除婚约的要求很容易得到认可。这是因为损失并不太大吗？的确，一旦结婚，少女变成了少妇，一个人就完全被改变了。不过，在克尔凯戈尔看来，可能性的中断更能引起反思性忧郁。这是因为，当彻底决裂发生时，既然中断是完全的，痛苦也就是一次性的。但就可能性而言，废除之时或许无痛苦可言，打击也不太沉重，但这种打击导致的内心忧伤却是持久的。玛丽总在内心深处反思："我本来可以和他结婚的！"持续不断的痛苦由此萦绕她的心际，她于是陷入了真正的忧伤中。她不到修道院去，因为这只会表现出忧伤的直接性。相反，她把一切都珍藏在心底，而外表却相当地安详。在别人看来她已经忘记了过去，她也不打算让人们怀疑这一点，因此她靠自己的内在秘密维持着自己的生命。

这种忧伤在内心深处变成一种既是爱又是恨的感情，玛丽在内心深处诅咒克拉维哥，同时又希望自己的这种诅咒是错误的，她徘徊在他是抑或不是欺骗者这二难选择中，因此备受折磨。但这种折磨是她生命的唯一支撑，除了她的忧伤外，她一无所有。在克尔凯戈尔看来，歌剧《唐·璜》中的唐娜·埃尔维拉的例子更具意义。唐娜是一个修女，她抛弃了尘世的一切，她唯一的希望是进入天堂。然而，这条路被阻断了，因为唐·璜诱奸了她。与玛丽还处在所谓的可能性中不同，她的故事是完全事实性的。她失去了少女和修女双重贞操，她由一个少女成了一个少妇，由一名修女成了一个凡人，唐·璜却抛弃了她。天堂和尘世都丧失了，她因此只能生活在记忆中。克尔凯戈尔描述说："每当绝望抓牢她时，她就在唐·璜给予她的爱的回忆中寻求避难所，而为了使自己在这一避难所中感到平安，她于是倾向于认为他不是欺骗者。”[1]唐娜于是回到自己内心深处，她唯一的栖息处就是她对自己的不幸爱情的忧伤。她没有表露出任何忧伤的痕迹，忧郁却反而在内心积聚。她与玛丽一样在反思：一切都似乎有理，又似乎无理，于是总存在着悖论。忘却与记忆都无法摆脱这种忧伤的内心不宁。

最有意义的当属于《浮士德》中玛格丽特的例子。玛格丽特是一个出生于中产阶级家庭的小女孩，尽管她不像唐娜那样生活在修道院中,但也是在敬畏神的氛围中成长的,至少处于“半是儿戏，半是心存神”的状态。这个小女孩之所以可爱，就在于她迷人的心地单纯和谦卑。当她第一次见到浮士德时，她根本不敢奢望他会爱上自己，她感到自己只不过是小家碧玉，自己是卑微的。但浮士德爱上了她，并且让她有了一个孩子。这样，她不仅成了一个少妇，而且成了一位母亲。她显然比起唐娜更多了一重忧郁。浮士德离她而去，她陷入绝望之中。她珍视浮士德曾经对她有过的爱，渴望他回到自己的身边、回到孩子的身边;但她同时意识到这是不可能的。因此,忧郁笼罩着她。这种忧郁同样是反思性的。她同样在思考“他欺骗了我，还是没有欺骗我？”这一问题。看起来，玛格丽特的情形与唐娜有许多共同性，但她们之间的区别也是很大的。

诱惑唐娜的是与一千零三个女人发生过关系的色魔唐·璜，而诱惑玛格丽特的却是“单纯的”浮士德博士。浮士德实际上只与玛格丽特一个人有过实质性关系。唐·璜的本质就是征服

---

① Kierkegaard, *Either/Or*, Vol. 1, p. 197.

和诱惑女人，他对一切都不在乎；浮士德却是理智的代表，他是一个怀疑论者，他代表着理性的批判精神，他不在性欲中寻找栖息处，与玛格丽特的关系只不过是他不断地超越自己的旅程中的一环。他与她的关系是直接精神的表征，与更高精神状态是格格不入的，因此他“逃离”了。玛格丽特反思自己与浮士德的关系，她不敢想象自己是有所失还是有所得。想来浮士德是伟大的，而自己是一个无名小卒，他能来到自己身边，完全是上天恩赐，欺骗似乎无从说起，心中也因此有了一些宁静。反过来一想，欺骗又是毫无疑问的：她爱他，而且有了他的孩子，他却撇下她们母子不管。周围的一切于她都无所谓了，她生活于内心秘密中，对他的爱和恨构成了她生活下去的唯一动力。

通过对前述三个虚构人物的分析，克尔凯戈尔认为，忧郁构成美感生活的一种本质的情绪。忧郁是一种普遍的东西，因此美感生活领域终归不是人的栖息处。正是在对忧郁和悲伤的再反思中，个体会认识到，感性生活是荒谬的、偶然的，个体自己对此是无能为力的，因此其存在的必然性消退了。无论如何，忧郁的人只是处于悲伤中，他无力找到解脱的出路。按照克尔凯戈尔在《日志和论文》中的说法，一个人的忧伤是如此恐怖，以至直至现在都被视为真实的东西被自己否定了。① 非常明显，忧伤针对的不是具体的人与事，而是萦绕着自己的整个生活，意味着在世存在的美感生活方式出现了问题，也因此需要某种断裂性的改变。

---

① Kierkegaard, *Journals and Papers*, Vol. 1, p. 344.

二、不幸／苦恼

在凡尘中存在幸福吗？克尔凯戈尔写道："如果一个人的普遍责任感还没有觉醒，如果他承认别人是主人，那他就是幸福的。"① 这种幸福无疑是虚幻的。通过对一个故事的分析，克尔凯戈尔试图表明美感生活的实质就是不幸（unhappy）。据说，英国某地有一墓碑上铭刻着这样几个字：最不幸的人（The Unhappiest Man）。人们十分好奇，打开坟墓，结果却找不到尸体。克尔凯戈尔认为，按常人的观点，进坟墓最为不幸，死亡是头等坏事；而实际上，不幸的人恰恰是活着的人。人们之所以要打开坟墓看看那"最不幸的人"，原因就在于总要把自己的不幸与那最不幸的人进行一番比较，看看自己能否够得上最不幸的人。克尔凯戈尔因此断言："每一个人都在其内心宁静中秘密地抱着这样的想法，他是人群中最不幸的人。"② 在他看来，生活就是不幸，他甚至认为，活着还不如死去的好。苏格拉底在告别辞中说道："我很清楚，借助死亡来摆脱一切烦杂事务对我来说是件好事。"并且不无反讽地对陪审员们说："现在我该走了，我去赴死；你们去继续生活；谁也不知道我们之中谁更幸福，只有神才知道。"③ 苏格拉底实际上把死亡看作不幸的解脱，而那些继续活着的只不过是继续忍受不幸而已，虽然说还有"神"的判断，但他自己的"灵机"早已传达了这个信息。

---

① Kierkegaard, *Journals and Papers*, Vol. 1, p. 392.

② Kierkegaard, *Either/Or*, Vol. 1, p. 197.

③ 柏拉图：《苏格拉底的最后日子》，上海三联书店，1988，第 81 页。

克尔凯戈尔十分推崇苏格拉底这种看法，并且认为，许多诗人都是歌颂死亡的。他们这样吟咏道："在坟墓中有着安宁，其无言的居者在忧伤中领悟到了解脱。"[①] 按照克尔凯戈尔的说法，死亡是一位挑剔的女主人，并不是所有的人都能接到死亡邀请的。在他看来，只有在死亡之宴中，人们才能够了解人生的真谛："我们知道更大的不幸，活着乃是一切不幸中最初的、最后的、首要的不幸。"[②] 因此，如果一个人不能死亡，不受死亡女神的召唤，该有多么痛苦！那空空如也的坟墓恰好表明，最不幸者是没有进入坟墓的人，是不能获得解脱的人。克尔凯戈尔正是根据人与这个世界脱离的早晚来分别不幸之程度的："最不幸者是那些不能死亡的人，幸运的是那些能死亡者。在老年时死去，他是幸福的；在他年轻时死去，他更幸福；如果一生下来就死去，他最幸福；如果他根本没有出生，那么他就是最最幸福的人了。"[③] 佛教的观念与克尔凯戈尔的这种看法有相似性。西方文化中也有类似观念。奥狄浦斯（Oedipus）杀父娶母后刺瞎自己的眼睛，自我流放，备受磨难。悲剧作家索福克勒斯（Sophocles）在其剧作中也让歌队表达了这种观念：要么不出生，要么一生下来就死去。歌队唱道：一个人最好是不要出生，一旦出生了，求其次，是从何处来，尽快回到何处去。

在克尔凯戈尔看来，黑格尔的每一部系统的著作都有专节分析不幸意识，这恰恰暗示生活本身是不幸的。因为不幸意识

---

① Kierkegaard, *Either/Or*, Vol. 1, p. 217.

② Kierkegaard, *Either/Or*, Vol. 1, p. 217.

③ Kierkegaard, *Either/Or*, Vol. 1, p. 219.

或苦恼意识即“那意识到自身是二元化的、分裂的、仅仅是矛盾的东西”，它揭示了生活中的痛苦、矛盾和冲突，作为“自身分裂为二的意识”，它没能达到对立面的统一。[1]不幸意识这一概念本身就让人的血液停止循环，让人的神经颤抖不已，因为它的确揭示了生活的根本。哲学家或许还会客观地探讨不幸意识，仿佛自己是一个旁观者似的。然而，如果是一个实存思想家，不幸意识本身时时处处伴随着他，因此他在自己的生活中体会到了生活的不幸。世界上的人的实存方式是多样的，有的人生活在希望中，另一些人则生活在记忆中。这两种人是幸运的，抑或是不幸的呢？克尔凯戈尔表示，生活在希望中是不幸的，因为他不可能获得希望的满足，他不可能在希望中维持自己。他这样写道：“如果他不能在希望中出现在自己面前，而是失去了希望，并一再失去，那么他就从自己离开，不仅失去了现在，也失去了未来，这就给予了我们一个不幸意识的例子。”[2]生活在希望中表明，个体已将过去和现在看作某种不适意的东西，然而，希望总导致一连串的失望，这就使得他的唯一寄托——自己的未来——也失去了。因此，在美感生活中，希望总归落空，不幸总是取代希望。

生活在记忆中又如何呢？希望指向未来，记忆则指向过去，个体不满意现在，对未来也没有什么指望，他因此就沉浸在对过去的美好回忆中。问题在于，即使过去是快乐的，但它毕竟已经过去，因此沉入于过去也会使人沮丧，他为不能持久地保

---

① 黑格尔：《精神现象学》，第 140 页。

② Kierkegaard, *Either/Or*, Vol. 1, p. 221.

持过去的快乐而感到不幸。如果过去从根本上就是不幸的，而他又不能忘却，这种不幸感就更为强烈，因此生活在记忆中也总是不幸的。在这两种情况下，记忆中的不幸最为显著。一个个的希望之落空作为苦涩的过去铭刻在人们心中，回忆总相应于痛苦。希望和回忆两者都是不幸的，但是它们的区分是显著的。克尔凯戈尔以比喻的方式进行了比较：希望是一件新外衣，笔挺古板而光彩照人，但是人从未试穿过它，因此不知道它如何合适或如何合身；回忆则是一件被弃置的外套，它已不合身，然而它曾经多么漂亮，因为人已经把它穿坏了。新外衣在试穿前总会让人满怀希望，他会想，我是多么幸运，我会穿上一件漂亮合身的新衣；而穿旧的衣服只会让人若有所失，对它留恋，恰恰因为它已经不能让他满意了。但两者都是不现实的，克尔凯戈尔因此进一步把希望比喻为一个诱人却不让他满足的果子，回忆则是漂亮却不能兑现的旅行支票。[①]

记忆和希望都受不幸意识的支配。换一个比喻来说，就更能体现这种不幸意识了。克尔凯戈尔指出，希望是一个从指缝中溜走的少女，而回忆则是一个漂亮的老妇。前者之给人不幸感在于它的转眼即逝，难以捕捉，就如同不断破灭的肥皂泡，而后者则在于它的不可更改的事实性。总括两种情况，这两类人之所以会有不幸感，就因为他们不可能在希望和记忆中保持自身完整，相反，无情的时间之流总在冲淡美好的方面，留下的总是痛苦和辛酸，种种因素沉淀为不幸意识的种子。希望和回忆也是交叉的，它们两者的对立冲突会让不幸意识加剧，“只

---

① Kierkegaard, *Either/Or*, Vol. 1, p. 6.

有一种结合类型，它在如下情况中发生：记忆阻止不幸的个体在希望中发现自己，而希望阻止他从记忆中发现自己。”[①]这样，人没有出路，总是在不幸意识中徘徊。美感生活从根本上说就是不幸的，人无法摆脱此种命运，这或许类同于海德格尔和雅斯贝尔斯等人所说的被抛处境，人们想象自己根本没有出生，但是“生”不由己，既如此，人就只得忍受命运。克尔凯戈尔最终看重的是信仰的力量。他就此写道：“基督徒在世上当然是不幸的，他会为之忧伤；但这不是他一个人在承载的忧伤，而是神会帮忙他承载，如果他不是太骄傲而不把神放在心上的话。”[②]真正说来，受难和不幸是神爱你的标志，是和神的关系的标志。[③]

三、厌烦

烦 / 操心（care, concern）这一范畴在海德格尔思想中具有实存论－存在论（本体论）意义，是此在的在世存在的构成性环节。它由与人相处的烦神 / 操持和与物相涉的麻烦 / 操劳构成。烦已经与虚无相关涉，因此它已经超越美感生活的事实性。烦的衍生形式就是厌倦 / 厌烦（boredom）。克尔凯戈尔强调的正是这种厌烦。人在这种情绪中尚未达到“虚无”的边缘，因此与本真的烦还有很大的差异。在一定意义上，我们可以说，

① Kierkegaard, *Either/Or*, Vol. 1, p. 232.

② Kicrkegaard, *Journals and Papers,* Vol. 1, p. 395.

③ Kierkegaard, *Journals and Papers,* Vol. 4, p. 409.

克尔凯戈尔所描述的只是烦的表面形式，也即烦忙、烦神所导致的厌烦感。海德格尔揭示的烦更为根本。厌烦是一种普遍现象，是一切运动的原则。它看似某种沉静、惰性的否定性力量，但它却能够推动一切运动；它看一切都不顺眼，因此其推动是从负面开始的；它所产生的也只是负效应；如此说来，“厌烦是一切罪恶之源”[①]。由于这是一种与正常相对立的姿态或立场，个体生活变得毫无意义，它导致个人行为的不负责任和缺乏道德感，因此才产生了罪恶。厌烦于是成为一种毁灭性的力量。

厌烦在小孩子那里就已经表现出来了。克尔凯戈尔表示：“在小孩那里，厌烦的破坏性特征已经得到了普遍承认。”[②]小孩子在他自得其乐时是比较安分的，他会规规矩矩地玩自己的游戏，但是，他也会突然变得撒泼起来。为什么呢？因为他对这个游戏厌倦了。也就是说，他对这种“快乐”失去了兴趣。小孩子的“胃口”也是蛮好的，如果要给他安排一个管理员，这个管理员必须有才能，要有迷人的品格，必须能够不断地满足他的胃口。然而，厌烦总是不断地产生，因此小孩子是很折腾人的。小孩子的厌烦也会导致管理员的厌烦、父母的厌烦，甚至导致家庭不和，以及诸如此类的后果。克尔凯戈尔认为，社会生活的情形也是如此：某人因为其妻令人厌烦而离婚，某国王因为看起来令人厌烦而被废除，某布道者因其布道听起来烦人而被哄走，如此等等。总之，生活中的情况总是很糟，厌烦总是接踵而来，社会也因此越来越不得安宁。一次大的动乱或

---

① Kierkegaard, *Either/Or*, Vol. 1, p. 281.

② Kierkegaard, *Either/Or*, Vol. 1, p. 281.

破坏完全可能由某人的厌烦而引起，因此我们生活在不确定性中。克尔凯戈尔以为，人类的历史就是人的厌烦史。

海德格尔在发掘人的烦的前存在论根据时，曾引用了一个罗马神话。这个神话说忧愁女神用胶泥塑造了人的形象，她打算用自己的名字给人命名；但赋予人以灵魂的是朱庇特，他要求以他自己的名字来称谓人；而土地神赋予了人以身形，也要求要用自己的名字来称呼；最后由农神作出了裁决：朱庇特在人死后接受其灵魂，土地神接受其身躯，忧愁女神因其创造之功而在人的有生之年掌握他，但命名为人（homo），因为他由泥土构成。[①] 忧愁女神掌握人，意味着他从根本上来说就是由烦、忧愁和关心主宰着。克尔凯戈尔基本上也是从这一角度来思考厌烦的起源的。但是，由于克尔凯戈尔的有神论倾向，他不是把这个故事看作神话传说，而是表达为神性与人性的直接关联。按照他的看法，神本身也感到厌烦，因此就创造了人。根据《圣经》，神最初创造的是亚当；亚当孤单一人，因此感到很烦，于是神用亚当的一根肋骨创造了夏娃。亚当和夏娃吃了智慧果，有了善恶知识，但却因此违逆了神。亚当和夏娃通过生育，把厌烦渗透到了整个世界，而且这种厌烦是随着人口的增长而迅速增长的。最初是单个人的厌烦，然后是家庭的厌烦，进而是社会的厌烦。因此，厌烦不仅是一种历史范畴，而且是一种空间范畴。哪里有人，哪里就有厌烦。

克尔凯戈尔认为，人想通过创造通天塔以求通达上天的愿望本身就是厌烦的象征，而把人们分散开来，使他们互相不通

---

① 海德格尔：《存在与时间》，第238—240页。

言语则使厌烦更甚。为了维护国家、民族，人类创设了军队等机关，制定了货币等制度，有了各种计划和盘算，这一切似乎让人生活在规范中。然而，人们却因此丧失了太多的自由，从而也就更加感到心烦。一切都是令人厌烦的，这句话表明厌烦具有多样性，而令人厌烦的人有多种类型。至少有两类令人厌烦的人，一类是让别人厌烦者，另一类是让自己厌烦者。克尔凯戈尔认为，让别人厌烦者属于大众，让自己厌烦者则属于贵族。他写道："那些让别人厌烦者是暴民、群众，一般地说，是人的无限堆积；让自己厌烦者则是精英、贵族。"[①] 克尔凯戈尔在此之意即要表明人有高低贵贱之分，下等人总让高贵者厌烦。这是因为，看到他们的卑贱、劳苦，高贵者看不顺眼，但是又不能失去他们，因此心中感到厌烦。大众自己却感觉不到这种厌烦，因为他们烦忙 / 繁忙于事务之中，根本无闲心产生厌烦，因此是烦忙而无倦意。实际上，劳苦大众在根底里也有厌倦，只是没有意识到而已。当然，他们在劳苦中消融了反思，因此内心相对来说要宁静得多。高贵者因其闲散而不烦忙于事，因此必烦自己，这显然符合所谓闲散为罪恶之源的道理。烦忙于事务实际上最容易引起厌烦感，厌烦因此是两种人的共同现象。

有产阶级、贵族由闲生烦，将自己投身于事业中并不能解脱这种厌烦感。通常都认为厌烦产生于无聊和闲散，于是无事找事做，但"无事找事"本身就是烦。人们或许以为自行其乐可以消除厌烦，但如同前面所说的小孩子的例子一样，自行其乐也总是伴随着厌烦。克尔凯戈尔进一步指出，厌烦之产生既

---

① Kierkegaard, *Either/Or*, Vol. 1, p. 284.

是天生的，即人类本性使然，也是人在现实生活中自讨的，难以找到治疗的药方，因为开出的药方同样会引起人的厌烦。厌烦只是个体对某种东西不合自己之意的感受，他觉得自己太空虚，需要梦求、寻求、欲求某种其他东西来填补这一空虚。但是，厌烦中的人对虚无、对自己的可能性，具体地说对自由没有意识。因此解救的方式在于一种内心转换，个体不仅对具体对象厌烦，而且对厌烦自身也厌烦，从而用另外的情感方式取而代之。记忆与忘却的辩证法在这里得到了良好的运用：该记住的记住，该忘却的忘却，总之不让自己感到扫兴的东西潜入脑海中。这样一来，“你必须警惕友谊”，这是因为，它在给你带来方便时，同时也会产生烦恼；“你必须不结婚”，虽是山盟海誓，女人实际也会毁灭一个男人；“你必须注意不要进入许多人参与的圈子”，包括友谊和婚姻这两种主要形式，它们都会给你带来烦恼，如此等等。最终还是需要借助信仰获得拯救，这是一种“救赎性的分心”，即通过“凝视基督”来忘却“厌烦、悲惨和罪恶”。[①]

四、客观焦虑与客观绝望

我们在美感生活的边缘处境中会发现人对感性生活持一种同情与厌恶的两难态度，这意味着否定精神意义上的焦虑和绝望。然而，还存在着与此不同的，完全属于美感范畴内的焦虑和绝望。这意味着个体不是对自己的虚无、对自己的可能性感到焦虑和绝望，即焦虑和绝望在这种情况尚未针对个体自身及

① Kierkegaard, *Journals and Papers*, Vol. 1, p. 148.

其美感生活方式，他只是对某些具体事物感到焦虑、感到绝望。就焦虑和绝望预示着自由的来临而言，它们是两种反叛现实的力量、两种超然的态度，尽管它们仍然会回头，并且随时可能重新融入到美感生活中，但它们毕竟不是停留在具体事物中，它们对美感生活整体提出了疑问，它们处于边缘状态。与它们相反，美感生活范畴内的具体焦虑和具体绝望与美感生活方式毫不动摇地联系在一起，丝毫没有触动美感生活的充实性，因为个体追求的就是这种充实性。因此，它们被称为直接性焦虑（immediate anxiety）和直接性绝望（immediate despair），根本有别于作为否定性的焦虑和绝望。当然，一旦反思介入，直接性就会被否定性取代，两者因此并非泾渭分明，也并不是水火不相容。

直接性焦虑即对日常生活中的具体对象的焦虑。个体对某一对象不满意，于是试图用另一对象取而代之。仿佛一件工具不顺手，他就另换一件来使用。美感生活原则仍然被遵循，但其中的具体生活有适意与不适意之区分。我们对使用工具的方式一般不会产生疑问，只会对某一工具是否好用产生怀疑。在《基督教谈话》中，克尔凯戈尔用的是“客观焦虑”（objective anxiety）这一概念。他在《焦虑的概念》中也提到了这一概念。他把主观焦虑界定为个体与原罪的源初关系，或者说主观焦虑是导致原罪的一种心境；客观焦虑则是原罪的后果，是罪、感性欲望等事实性方面，它存在于一切创造物中。克尔凯戈尔界定说：“罪在非人性的存在中的后果我名之为客观焦虑。”① 也即，

① Kierkegaard, *The Concept of Anxiety*, p. 57.

由于亚当和夏娃的焦虑，导致了原罪（亚当之罪），而由于亚当之罪，万物都被赋予了欲求和被欲求的特征，从而是罪孽的，是焦虑的，这表明了焦虑的自然处境。正因为此，这种客观焦虑就还未涉及人的自由或人的精神性。人性在克尔凯戈尔那里主要指精神性，而非人性的东西不仅包括外在诸物，人的自然性也应该包含在其中。总之，就客观焦虑关涉人而言，意指人在各种欲求关系中的一种心境：他焦虑于不能得到某物，或者得到后不能保有它。客观焦虑有多种形式，它们表现为日常生活方式或异教徒生活方式的根本处境。

对贫穷和富裕的焦虑。生活在贫穷中的人总是提出“我们吃什么或我们穿什么”的问题，因为吃和穿是他们最根本的欲求。[①] 他们担心缺衣少食，因此渴望富裕，从而陷入种种诱惑。然而，摆脱贫穷，追求富裕的要求是没有满足之时的，他们会追求“更多”，因为贫穷和富裕都是相对的，总不会有“知足”之时，也总不会平息对贫穷的焦虑。与此相反的是对富裕的焦虑。人关心的是吃和穿，他在丰衣足食后还会焦虑吗？焦虑始终存在，因为他总是担心财富被剥夺，就像羊总是在提防狼一样。他于是心事重重，他知道自己很富足，越是这样就越是焦虑。今天吃得这般丰盛，穿得这般华贵，明日还会如此吗？因此，为了保持财富或让其增殖，他不惜一切代价，从而陷入诱惑中，陷入焦虑中。如此说来，对贫穷和对富裕的焦虑是一致的，个体在此种心境中尚未具有自由，还不知道精神富足才是

① Kierkegaard, *Christian Discourse etc.*, Princeton University Press, 1974, pp. 17, 27.

值得追求的。克尔凯戈尔告诉我们，应当像空中的小鸟和田野中的百合花一样，依赖神的恩赐而生活，不必焦虑于财富之类。他提醒我们，这样的生活不是诗人的生活，而是充满永恒之思、为了永恒目标而工作的使徒的生活。①

对高贵和卑下的焦虑。人生在世被看作是有高低贵贱之分的。那些地位低的人渴求升位，处心积虑地向上爬，因而始终处于种种诱惑之中。那些地位高的人呢？为了维持已有的地位或追求更高的地位，他们整天勾心斗角，与物为构，从而忧心忡忡，拿官场行话说，就叫作“高处不胜寒”。人们总是互相攀比，对地位低的不屑一顾，昂然自得；对地位高的低头哈腰，同时又心存嫉妒。因此，世人或是八面玲珑，或是丑态百出。克尔凯戈尔表示，真正应该区分的是精神境界的高低。在神面前，人人都是卑微者。况且，为了救赎人类，基督屈尊为仆，凡间之人何必还要为地位高低而焦虑呢？凡间地位高者反而难以成为基督徒。因为基督徒的本质就是顺从和谦卑。无论如何，信仰才是高低贵贱的评判。克尔凯戈尔这样表示：“从这句话中也可以看出，真正的谦卑和骄傲是合二为一的，因为说这句话时有一种非常骄傲的感觉：我只敬畏神，其他什么都不怕。然而，只有这样才是对神的敬畏，因为敬畏神而同时又敬畏其他东西并不是真正的敬畏神。”②

对自傲和自卑的焦虑。世俗生活中，人的确有所谓的高低贵贱之分。一个人对自己的地位感到焦虑，他就或者表现为自

① Kierkegaard, *Journals and Papers*, Vol. 1, pp. 63-64.

② Kierkegaard, *Journals and Papers*, Vol. 2, p. 116.

傲，或者表现为自卑。克尔凯戈尔认为，在基督教的眼界中，“没有人能够给自己的地位增添一点儿，但异教徒却要这样寻求”[①]。人之所以要自傲，因为他以为自己的高傲会让人敬畏，从而抬高自己的地位，这显然违逆神意。实际上，自傲是内心恐惧的象征，是一种掩饰的努力，自傲与自卑没有截然的界线。自卑也是不对的，如果说自傲者是不屑于神的救助，以为自己是自身命运的主宰的话，自卑者则认为自己太卑下，根本不敢指望神的垂顾。这样一来，与自傲者一样，他把自己的事情看作自己分内的事，不需要神的“插手”。与此相应，会出现自我折磨的焦虑。人对自己的生活怀着恐惧感，他不知道明天会怎么样，因此他焦虑自己的明天。明天就像梦魇一样纠缠着他，他盘算计划，他为自己的明天备受折磨。他想到自己可能会不久于人世，想到已有的地位可能会丧失。他因此与自己作斗争，绝望地想挣脱这种命运，由此在希望和绝望中徘徊、折腾，这显然是无论贫贱富贵者都会有的焦虑。富裕者担心失去一座金山与贫穷者担心失去一件旧衣无异，高贵者担心失去王室之尊，与低贱者担心失去自由民地位无别。两者之间的实质是一样的，程度也可能难分高低。

如上种种焦虑的共同点在于，个体在焦虑中还没有把自由、精神、决断等范畴提出来。个体只关注世俗生活，因此为诸种凡事尘务所扰，不能专注于精神性的实存中。他没有摆脱命运的直接性，而且正被这种直接性所吞噬。无论如何，客观焦虑是美感生活难以摆脱的普遍现象。

---

① Kierkegaard, *Christian Discourse etc*., p. 63.

绝望是焦虑的强化状态。在美感生活中，人们不仅对种种具体对象感到焦虑，而且从根本上说就是对这些对象感到绝望，这就是所谓的直接性绝望或客观绝望（objective despair）。克尔凯戈尔在完成《致死的病》这部论“否定精神”意义上的绝望的著作之后，曾打算写一部探讨美感生活内的绝望的书，标题为“不要让心灵沉浸于对罪的懊悔之中”。他并且已经写好了该书的导言。他打算从人性的角度来探讨诸如爱情的不幸、对恋人死亡的悲伤、对在世上没有获得适当地位的懊恼等情绪。美感生活的最后情绪或心境就是绝望，而这种绝望是迈向伦理的一个阶梯。在这种绝望产生之前，不存在着任何更日常化的绝望情态。人为什么会绝望？人们的生活基础是流变的，一个偶然的事物、一个偶发的事件就会让人陷于绝望中。

这种由偶然事物、事件引发的绝望是客观而直接的，它直接地反映了美感生活的无常性，个体绝望于某一具体对象，却指望用另一对象来补偿。各种直接的、客观的绝望最终会导向本真的绝望，即直接性绝望或客观绝望的强化形式。克尔凯戈尔指出，如果人们绝望，“那一定因为他们事先就处于绝望中，不同的就在于他们不知道这一点”[①]。处于绝望中却不知道，这表明了客观绝望的直接性、非反思性。而反思性的绝望则超脱了对具体对象的绝望，个体对“对具体对象的绝望”产生了绝望，从而有了人格转型的要求。但是，在美感生活的直接现实中，个体对自己的人格并没有表示怀疑，他要求改变条件和环境，而不要求改变自己。他追求的是快乐原则，但快乐是转瞬即逝的，

---

① Kierkegaard, *Either/Or*, Vol. 2, p. 196.

他因此感到绝望。他只感到了对象的可变性，不易捕捉性，而没有意识到自己的生活观本身就是有问题的。个体唯一的选择是对世上的一切都绝望。这样一来，欲求和欲求对象同时改变了，于是发生了人格的内在转化。这不是说要他完全生活在美感生活领域之外。他生活在美感领域之内，但他与这种生活观的关系是“同床异梦”。

克尔凯戈尔总结性地指出，美感生活的“最后生活观是绝望自身，它是一种美感生活观，因为人格仍然处于其直接性中，它是最后的美感生活观，因为在一定程度上它意识到了自己的虚无”[①]。显然，本真的绝望因其反思性而把矛头指向了美感生活整体，因此与客观绝望形成了鲜明的对照。总而言之，客观焦虑和客观绝望针对具体对象，而真正的焦虑和绝望针对的却是整个美感生活；前者处于前反省状况，而后者是反思的；前者针对个体之外的东西，后者针对个体本身。由于个体反思意识的增强，自由和虚无渐显，直接性的绝望和焦虑于是转化为否定性的绝望和焦虑。客观焦虑和客观绝望就如同前述其他情绪，其共同特征是感性直接性。这些情绪现象表明，人的美感生活就是满足和厌倦的交替进程，从而代表的是人的异化状态、是精神的外在化处境。正因为如此，人的美感生活必须经过人格转化，必须恢复人的精神本性，经由伦理通达信仰。

① Kierkegaard, *Either/Or*, Vol. 2, p. 198.

第三节　精神的失落

美感生活的两个层次及其包含的基本情绪表明，美感生活意味着精神的失落，而这正是精神在如此生活观中的根本处境。个体追求现世的物质方面的满足，追求浮生的殊荣，然而忧郁、不幸、厌烦等情绪却时刻袭击着他。一个人或是满足，或是厌倦；或是沉溺于物欲，或是失落于虚幻；他总是对外在的东西怀有焦虑，充满失望甚至绝望。他总以为他需要的是外在的满足，他根本没有意识到他自身拥有的潜力，因此他悲哀于外在对象而不是自己。这种情况就如同黑格尔《精神现象学》中描述的精神发展过程中的感性直接性阶段。在此阶段，反思没有进入，意识还处于冬眠状态，精神直接地面对对象。它欲求，也就是要与欲求的对象合二为一，它是感性对象的一部分，整个感性世界是一个尚未分割的充实体。尽管美感生活的方式也是多样的，但它们都有一个共同特征，那就是精神没有在场，因为它无立足之地。在这种情况下，人是其所是，也即他是直接性，“一个人身上的美感因素也就是那他由之直接所是的东西”；或者说，“尽管美感领域内的差异可能是巨大的，但是各领域具有这种共同性：精神尚未被规定为精神，而是被直接地规定了”。①

美感生活的人格具有程度上的不同，具有从愚蠢到聪明的不同等级的区分，但即便最高一级的人格也算不上精神，聪明最多只能算作一种才能。但才能是命定的，精神则是后天磨练

① Kierkegaard, *Either/Or*, Vol. 2, p. 182.

出来的。因此，作为赐品的才能与精神是相距甚远的。个体必须具有精神性人格，必须经过双重反思而回到主体自身。主体就是真理、主体就是一切的评判。但是，美感人格并不取决于主体，而是取决于外在因素。唐·璜之所以具有诱惑力，并不是因为他具有某种吸引人的精神品格，相反，他代表美感直接性。在他代表的那个时代，精神与感官分离，精神被抛离了这个世界。因此一切受感官欲望的主宰，他表达的正是这种观念。克尔凯戈尔因此指出："如果谁人想象在唐·璜那里有精神之爱，那他就会处于滑稽和自相矛盾的处境中。"[①] 这样一来，当问及唐·璜的诱惑力是什么时，唯一真正的答案是："他的欲望，感官欲望的力量。"[②] 这种力量与外在对象是直接相联系的，它不需要什么精心设计，因为他并不选择性爱对象，他爱的是任何女人，女人就是他的感官欲望由以表达的对象，凡是女人即为他的猎取对象。

自然性主宰着唐·璜，没有一种精神性的力量起调节作用。欲望是直接性的表达，个体与自然力交织在一起，感性欲望的满足或快乐原则就是一切。由于自然力起决定性作用，才能也就在美感原则内起着作用。美感生活是追求享乐的，如果具有某种才能，享乐就会来得顺利一些。感性生活是有条件的，"但是那说自己要享受生活者总是要设定一种条件，这种条件要么是在个体自身之外，要么是在个体自身之中，但却不是个体自

① Kierkegaard, *Either/Or*, Vol. 2, p. 185.

② Kierkegaard, *Either/Or*, Vol. 2, p. 93.

身设定的"[1]。条件在个体之外，表明欲望之满足取决于对象；在自身中却不由自身设定，则表明了条件的偶有性。也就是说，这种条件不是主体自身能够决定的，恰恰因为只有精神才具有决定和选择的能力，而感性人格只具承受性，他天然地具有那种条件，因此他比其他人更充分地享乐。如果没有那种条件，一切都无从谈起。细分起来，享受生活的条件有如下几种情况。首先，人格不是被界定为精神而是肉体，在这种情况下，肉体的健康等方面被看作是至关重要的，对女人来说，美貌则最为重要。在这两种情况下的幸福，条件似乎都在自己手中，因为健康和美总是自己禀有的。问题在于，个体并不能想健康就健康，想美就美，因此他并不能主宰自己的快乐和幸福。

其次是享受生活的条件被置于个体之外。当财富、荣誉和地位被看作生活的目标时，情况就是这样。在克尔凯戈尔看来，小说《两个时代》反映的"现时代"的恋爱故事就是这种情况的极佳说明。在革命时代，克劳汀(Claudine)和卢萨德(Lusard)在异常艰难的条件下，忍受分离，相亲相爱。但在和平年代，他们的下一代人玛丽安（Mariane）和弗里德里希（Frederich）的爱却受外在条件的限制。弗里德里希有爱玛丽安之意，但担心因为自己缺少金钱而不能够给两人的结合带来幸福。后来，他的叔叔卢萨德给他提供了一份遗产，从而让两人走到一起了。克尔凯戈尔评论说，和平年代，"恋人因担心经济困难而抛弃所爱者"，而在战争年代，"克劳汀什么都不想，只是想她的卢萨

① Kierkegaard, *Either/Or*, Vol. 2, p. 184.

德”。[①]第三，享受生活的条件在个体自身中，而个体自己却未设定这种条件。在这种情况下，肉体因素的决定作用退居一边，才能的意义实现了出来，诸如经商的才能、数学才能、诗歌才能、艺术才能，甚至有所谓的哲学才能。享受生活被认为在于发展这诸种才能。这种情况把一切都诉诸偶然性，因为如果自己有才能，就能享受生活，如果没有呢，就只有失落感。因此这种生活不是个体自己所能主宰的，一切都取决于命运。在天才中命运感更强，因为天才绝不是由学习而取得的，天才完全是神的恩赐，他靠人们对天才的崇拜而生活。他失去了天才，反不及庸人能适应生活。因此有才能者和天才都对命运感到焦虑，他们没有意识到自己应该在精神人格下选择自己的生活或生存。

凡此种种，精神被美感直接性代替，因此表现为失落。克尔凯戈尔对《两个时代》所作的文学批评充分表达了这种精神失落的情况。按照他的分析，这部作品表明，在法国大革命时代，丹麦社会也是充满激情的，在那个时候，行动重于一切，人人都精神高昂。但在和平时代，人们普遍表现出“缺乏热情”“谨小慎微”“不采取行动”“缺乏内向性”“重金钱”，而且人人都失去了自己的天地，“新闻媒介的幽灵侵扰着私生活”；基于这种情形，“我们时代尽管有规划、预见、宣言和假设，但从内向性和浪漫的观点看，它本质上缺乏热情”。[②]就爱情方面而言，因为没有经济保障而不敢去爱，金钱似乎就是一切，“年轻人会

① Kierkegaard, *Two Ages: A Literary Review*, Princeton University Press, 1978, p. 76.

② Kierkegaard, *Two Ages: A Literary review*, p. 53.

说，给我钱，我会一切都好”[1]。因此，人与人之间不再是一种真诚的精神沟通关系，而是一种契约关系，公众成为评判者，个体则丧失了其社会主体的意义，他只不过是契约和交易中的一环而已。个体受公众意见、新闻媒介影响，不是内向地思考，而是成为闲聊者、饶舌者，肤浅之徒。海德格尔在《存在与时间》中谈及人的闲谈、好奇、两可等沉沦处境时，或许受到了克尔凯戈尔如上描述和观点的影响。

个体不作决断，而是被外物或想象力牵着鼻子走，精神品格被感性直接性所掩盖，从而丧失了其本然状态，这正是克尔凯戈尔对于美感生活的精神处境的根本看法。在美感生活的论述中，他无疑要揭示人的异化的、无家可归的处境。虽然他在很多情况下似乎都只是在描述，而没有作出评价，但与精神的要求相比照，其间的异化图景就异常明显了。费尔巴哈认为人创造了一个全知全能的神，然后对他顶礼膜拜，人因此被自己的创造物主宰，从而表现为异化。而克尔凯戈尔要把费尔巴哈对基督教的“颠倒”扶正过来。在他看来，人本来生活在伊甸园中，与天使没有什么区别，但是，焦虑和原罪使他堕落了，从而被赶出了乐园，与神疏远并沉沦、操心于与他格格不入的尘世之中，从而产生了异化。只要人沉溺于美感生活中，只要他还没有救赎的要求，他就始终处在异化中。克尔凯戈尔与费尔巴哈的相同处在于，他们都旨在表明，异化完全是由人自己选择的，因此意味着人丧失了主观性。但他们的不同之处在于，一个以基督精神的捍卫者身份出现，一个却站在抨击基督教的

---

① Kierkegaard, *Two Ages: A Literary review*, p. 75.

立场上的；前者认为，对天国失去信念，操心于世就是真正的异化，后者却以为让自己被天国之梦牵着鼻子走才是异化。

克尔凯戈尔与马克思早期的异化观念也有某些共同性。一方面，他们都抨击了现世生活中的物化倾向，另一方面他们也都寄希望于一种理想。前者强调这种理想与人格转换联系在一起，后者则认为理想之实现在社会变革中。克尔凯戈尔和马克思所要揭示的根本的异化处境就是人沉沦于物欲中，受商品原则、金钱万能原则支配，成为外力随意摆布的玩物。马克思和恩格斯认为，在资本主义制度下，个人之所以不自由，原因就在于，他更加受到物的力量的统治。这同时表明，人在精神方面、在创造性方面也是异化的。这就揭示了人在活动性方面的异化。克尔凯戈尔和马克思的异化理论是从黑格尔异化理论中分化出来的两种倾向。黑格尔认为精神创造了与自己完全外在的自然，从而产生了异化，最后可以通过思维和认识达到异化的扬弃。在黑格尔那里，劳动的对象化也被看作异化（异在）。马克思将黑格尔的劳动异化说与费尔巴哈的人本哲学结合起来，他主张根本的异化不是精神转变为自然，而是劳动中人的主体性和创造性的丧失。劳动之对象化实际上是个体的自我实现的一种努力，但个体现在却被当作机器，成为某种外在目标——商业利润——的工具，他的活动成为完全被动的，因此丧失了创造性的审美愉悦。马克思的解决方式是，通过扬弃私有制而恢复劳动的创造本性。

克尔凯戈尔则认为，人本来是一种具有精神品格的存在，他应当独立判断，自我选择，但他现在却受到物欲支配，失去了决断和选择的能力。在这位实存哲学家看来，克服这种异化的途径不在于经济制度的改变，而在于信念的跳跃，因此取决于每一个体的非理性激情。虽然克尔凯戈尔和马克思在关于异化的理论中似乎有些共同点，但是，他们两人的根本立场在本质上是不同的。马克思之所以分析异化劳动，是为了尘世的、现实的目的，那就是为社会革命寻找理论根据，其出发点和归宿是为了在现实社会中实现他所说的人类的理想——社会主义和共产主义。但克尔凯戈尔的观点是消极的，因为他要让人们脱离现实生活，从而在宗教中寻找归宿。这就要求人远离尘世，并为此做出牺牲。问题在于，还必须有这样的信念：真正的牺牲是基督做出的，而不是个体做出的。他这样写道："基督是唯一的牺牲，不需要额外的牺牲。真正的基督徒是为了唤起人们对基督是唯一牺牲这一真理的关注而成为牺牲的人。在这里，我们一方面看到了成为基督徒意味着要被牺牲，另一方面也看到了与基督之间的从属关系。"[1] 无论如何，个体应该死离美感生活。克尔凯戈尔告诉我们，"基督教根本不强调对希腊人来说就是一切尘世之美的观念"[2]。很显然，他在审美或美感名下进行的工作恰恰是为了把人引离美感生活。

① Kierkegaard, *Journals and Papers*, Vol. 4, p. 4.

② Kierkegaard, *Journals and Papers*, Vol. 1, p. 368.

第四章
否定精神论

美感生活的极点是焦虑和绝望。在这两种情绪中，作为精神的自我已经在某种意义上出现了，但它还处于梦求阶段，或者说它还是一种梦幻的精神。克尔凯戈尔著有《焦虑的概念》和《致死的病》两书，其中心论题分别涉及焦虑和绝望，或者说它们分别描述了焦虑和绝望两种情绪。通常认为，这两部著作是所谓的心理学著作，它们探讨的是两种否定/消极的精神。克尔凯戈尔曾经把《重复》一书和《生活道路诸阶段》的“罪抑或非罪？”部分标称为心理学实验，分别研究了人在脱离美感现实生活走向理想性和走向宗教生活方式时的心境。然而，这两部属于美学作品的著作是间接沟通方式的产物，它们论述的思想把一切放在可能性的形式中，因此仍然只是试验性的，还没有像《焦虑的概念》和《致死的病》一样真正展开心理学研究。法国哲学界把19世纪视为心理学的世纪，旨在表明，经验心理学或实验心理学试图在人文科学乃至社会科学中扮演哲学心理学曾经扮演的角色。克尔凯戈尔关于焦虑和绝望的研究表明，他的哲学探索与同时代的基本倾向是一致的。

第一节　否定的精神

《焦虑的概念》和《致死的病》具有直接沟通的性质。在《非科学的结论性附笔》中，克尔凯戈尔针对《焦虑的概念》作了如下评论："《焦虑的概念》不同于其他假名著作的地方在于它有一种直接形式，甚至带有一点客观化的学说特征。"[①] 由于《致死的病》一书在《非科学的结论性附笔》之后写成，克尔凯戈尔在《非科学的结论性附笔》中不可能对它作出沟通方式上的评价。然而，它与《焦虑的概念》的沟通方式本质上是一致的，因为他在其《日志和论文》中把反克莱马库斯为假名的作品看作具有直接沟通的性质，或者说不是间接沟通的。[②] 克尔凯戈尔在这两部著作中开展的心理学与同时代冯特等人开创的实验心理学并不完全相同。这一心理学强调对人的深层心理和情感的分析，它直接关涉人的实存决断，表明人对自己命运的关注。因此克尔凯戈尔的工作不是建立一门心理科学，而是一种获得实存方式的努力，即使他所用的"实验"一词，也只不过意指对个体具有的某种心境的可能性之尝试。更明确地说，这种心理学实验具有本体论意义，因为它与实存这一哲学主题是完全联系在一起的。他的思想对实存主义思潮和现代精神分析学说都产生了深刻的影响：海德格尔和萨特都追述过他关于焦虑的思想，而弗洛伊德则认为他是对焦虑进行真正心理学研究的第一人。

① Kierkegaard, *Concluding Unscientific Postscript*, p. 241.

② Kierkegaard, *Journals and Papers*, Vol. 1, p. 318.

正是在克尔凯戈尔、叔本华和尼采等人的影响下，现代人文哲学和心理学都越来越倾向于人的心理的非理性层次，而不是理性层次，强调的是情感和意志，而不是思维和认知。焦虑和绝望这两种非理性情感构成了克尔凯戈尔思想中否定精神的基本范围。它们在本质上是一致的，分别代表了某种心境的两阶段解释。《致死的病》的英译者在“历史导言”中指出：绝望乃焦虑的更高阶段，正是在这个意义上《致死的病》与《焦虑的概念》是联系在一起的。[①] 新黑格尔主义、实存主义者华尔也指出：“在《焦虑的概念》一书之后，克尔凯戈尔似乎更倾向于用绝望代替焦虑，他认为绝望更具活力，更富于男子气概，同时又更具体，但不管我们称为焦虑也好，绝望也好，这两种现象都是十分相似的。”[②] 焦虑和绝望的分析都基于自我乃有限与无限、暂时与永恒综合这一观念。焦虑是人面对虚无和自由时产生的一种眩晕，而绝望则是更强化的形式，它是一种置人于死地的疾病。在焦虑中，精神想设定有限与无限的综合，但它对于自己的可能性却感到茫然失措，从而让这种综合无从产生，于是它回过头去抓住有限以支撑自己。在绝望中，有限与无限的冲突更为剧烈，它同样表达了精神在设定综合时的心境，它要设定综合关系，而这种关系却失调了，或者说设定了一种紊乱的关系。

焦虑和绝望都是个体在认识自己时要面对的课题，在这两种梦幻精神处境中，个体虽然经受了激烈的内心冲突，但他并

① Kierkegaard, *The Sickness unto Death*, p. xiii.

② 华尔：《存在哲学》，第 175 页。

未因此而选择了某种正确的方向，因为他还在回首。但有一点是明显的，他现在不只是对某种具体的对象感到不满，他对整个美感生活提出了疑问。美感生活归根到底只会让人失望。诚如叔本华所表达的，人的生存意志追求的是种种欲望的满足。然而欲望是无尽的、多样的，满足了一种，又有另一种出现。因此，从根本上来说，欲望是不可能被满足的，最终导致的只是悲观情绪。克尔凯戈尔大体上是认同这种看法的。叔本华主张消灭生存意志，从美感生活中抽离，使个体把精力投到艺术、哲学和宗教中去。他似乎没有给人一个痛苦的决断时期：我厌倦了，因此我转移。也就是说，当我感觉自己在美感生活中做了一场梦，或者说梦一醒，我就已经具有了新的人格。但在克尔凯戈尔看来，感性生活并不是梦，它是充实的，对之的反叛才是一种梦、一种梦幻的精神。但梦幻中的个体不知道应该后退还是向前。个体已经习惯了美感生活，已经习惯于做奴隶，当让他自由时，他不知道如何是好，从而陷入在选择面前的眩晕。

焦虑和绝望正表明了个体在面临抉择时的痛苦。向前，可能跌入虚无的深渊中；向后，一切都让人厌倦。他于是处于二难中，徘徊于诸种可能性面前。精神在此已经有所表现，因为人通过反省已经意识到自己的自由的可能性了。他面对着它，他再也不愿作奴隶了，他意识到自己应当作为一个主体出现，但他还不是肯定的精神，或者说他的精神还不具有积极的意义。因为他还不敢正视自己的可能性，感到没有能力自由地选择自己。不能把焦虑和绝望仅仅看作一种美感生活领域的现象。许多国内学者恰恰把焦虑和绝望与美感生活观等同起来。美感生活中也会有焦虑和绝望，但它们只表现为焦虑和绝望的直接性，也就是说，个体对具体对象感到焦虑和绝望，这是所谓的客观焦虑或客观绝望。但个体指望在另一对象中获得满足，从而没有人格变换的要求，还没有与可能性联系起来。美感生活的基本特征是精神的缺乏，在严格意义上来说只有动物精神。在这种处境中，客观焦虑和客观绝望从根本上说与精神无缘。但是，否定精神意义上的焦虑和绝望却已经具有某种精神的品格，它是通过美感生活体验出来的真理，而不是美感生活中的错误。通过对美感生活的不自由与外在压制性的反思，精神已经作为一种反叛力量出现了。

无论如何，个体在针对具体对象产生焦虑和绝望的基础上，开始对美感人格产生了怀疑。当然，由于他在一定程度上的软弱性，个体还没有形成一种积极的全新的生活观。可见，否定精神体现为一种消极反抗，对现实已经形成了一定的距离。克尔凯戈尔因此说："悖谬是绝望的表达"，而"绝望是信仰的消极标志"。[①] 海德格尔将焦虑看作一种区别于闲谈、好奇、两可等沉沦方式的本真情绪，有些类同于克尔凯戈尔以否定精神区别于美感生活。当然，海德格尔的焦虑已与本真情绪完全联系在一起，克尔凯戈尔却将焦虑和绝望看作过渡性的情绪，只有在选择和决断中才会有精神的本来面目出现。无论如何，否定精神是有重要意义的，因为它是走向积极的、肯定的精神的起点。焦虑和绝望仍然是梦幻精神，也就是说，人在梦幻中对永恒有着某种希冀，与此同时却又对之感到害怕。针对绝望这种情绪是一个优点抑或是一个缺点这一问题，《致死的病》给出了

---

① Kierkegaard, *Journals and Papers*, Vol. 1, p. 6.

一种“辩证”的回答:“纯粹辩证地看，它两者都是；如果只考虑绝望的抽象思想而不想到处于绝望中的人，就会认为它是超越一切的优点。这种病的可能性是人优越于动物之处……它表明人是精神，意识到这种优越乃是基督徒高于自然人之处，治愈这种病乃是基督徒的祝福。”①

绝望是一种低层次的精神现象，尽管如此，它已经使人与动物性、直接性区别开来，因此它是一个优点。但这种精神并不是积极意义上的，它意识到了自由，却害怕自由，它不敢把自己的一切交给神，因此它才会以消极的态度对待一切。这种消极的态度会消融人，从而让人病态地对待自己的命运，并最终致人于死地。从这个立场看，这种情绪又是一种缺点。在克尔凯戈尔看来，当人完全相信神时，他的病就会被治愈，同时他就会由否定精神过渡到肯定精神。焦虑和绝望之所以是一种精神现象，就在于它们已经具备一定的精神规定，它们已经处于“自我与自我”的“人与永恒”的关系中了。②当然，这种关系失调使得焦虑和绝望还不可能是真正的精神。在论及焦虑时，克尔凯戈尔则这样指出:“焦虑是自由的可能性……精神的现实性不断把自己显示为引起可能性的形式。”③精神恰恰重视可能性，当然不是指虚假的可能性，而是有能力实现的与人的实存密切相关的可能性。动物是与自然融为一体的，它没有焦虑，因为它意识不到自己的可能性。克尔凯戈尔明确表示:“动物中

① Kierkegaard, *The Sickness unto Death*, p. 15.

② Kierkegaard, *The Sickness unto Death*, p. 16.

③ Kierkegaard, *The Sickness unto Death*, p. 16.

没有焦虑，恰恰因为动物在本质上不具精神品格。”[①]这就表明，在否定精神阶段，人在朦胧的意识中由精神主宰着自己，而这种精神因其软弱性而在抉择中左右摇摆，最终不能发挥主体性的决断作用。

“否定的”（negative，或译“消极的”）和“肯定的”（positive，也译“积极的”）这两个概念类同于康德《纯粹理性批判》中的用法。康德在第二版序言中论及《纯粹理性批判》的意义时有言：“但将人问，吾人所欲留传于后人者果为何种宝藏？其称为批判所纯化，及最后告成所建立之玄学，其价值如何？凡粗知本著之大略者，自将见其效果仅为消极的，但当吾人承认思辨理性所以超出其固有限界之原理，其结果并不扩大理性之运用而适足缩小其运用时（如吾人在严密审查之下所见及者），则此种教导应得其积极的价值……故在吾人之批判制限思辨理性之限度内，固为消极的，但因其由此除去实践理性运用之障碍，乃至其势欲毁灭实践理性之运用者，则实具有积极的及其重要之效用。”[②]康德实际上要表明，《纯粹理性批判》主要体现为一种消极作用。但他辩证地处理二者的关系，认为著作中并不排斥积极的作用：“凡不以批判为有积极的贡献者，实等于谓警察无积极之益处，以其主要职务仅在防免足使公民互相恐惧之暴乱，而使各人得安居乐业者。”[③]康德式批判的主要作用在于限制理性的超经验使用，在这个意义上说，它是消极的，因为它没有

① Kierkegaard, *The Sickness unto Death*, p. 42.

② 康德：《纯粹理性批判》，第二版序言，第 16 页。

③ 康德：《纯粹理性批判》，第二版序言，第 16 页。

给出正确使用理性的方式；另一方面，把其运用限制在一定范围内，对理性的建构原则之运用又作好了准备，因此有积极的意义。

焦虑和绝望与“批判”的含义有许多共同之处，虽然康德批判理性，克尔凯戈尔则同时批判感性和理性。前者认为理性走得过远，应当适当退回；后者主张人既不能受制于感性，也不能受制于理性，而是应该走向信仰。两者都在进行消极的限制工作，一个在上限放出了“拦路虎”，一个在下限设置了“挡箭牌”。在克尔凯戈尔看来，人的这种消极步骤不完全是精神，但它主张走出美感领域，因而总已经与精神有所关涉，总已经是一种进步，因此也就是一种积极的力量。当然，只有当个体成为真正的基督徒时，他才具有完全的精神品格。克尔凯戈尔自己并没有明确使用“否定的 / 消极的”一词来指称焦虑和绝望，但他所表达的意思与该词完全一致。在《反讽的概念》中，他把反讽解释为否定的、消极的、批判的。他认为苏格拉底即反讽，意即苏格拉底不寻找一个积极的答案。苏格拉底的精神就表现在对感性生活持批判态度，消除人们心目中的幻想，让人们追求伦理理想，但他并没有建立一套伦理规范。当黑格尔在《哲学史讲演录》中要确定一个积极的苏格拉底道德形象时，克尔凯戈尔对此持批判的态度。他认为反讽、焦虑和绝望都代表一种消极精神，但反讽的消极是一种主动姿态，是一种超然，而焦虑与绝望则是面对选择时的一种被动态度。焦虑、绝望与反讽都不愿回到美感领域，但前两者有时会投向美感领域，而后者始终对美感生活持冷嘲热讽的态度。

反讽是不愿向前的：它对新的生活方式有所认识，但它对这种生活方式同样持一种冷嘲热讽的态度。焦虑和绝望对新的生活方式有所认识，它们愿意向前，但却有所担心，因为它们对自由毫无把握。两者的一致也是显然的，它们同样病态地对待自由：焦虑和绝望表现为对自由的惊慌失措，而反讽则任性地运用自由，两者都没有把握自由的真谛，因此同样是一种否定精神。否定精神是精神性自我发展的一个阶段。人最初处于精神丧失的异化处境中，他在这种情形中最多只有动物精神，他几乎与自然完全融合，构成为自然的一部分。他因此是一种直接性精神，与精神的决断性相去甚远。但人不会永久停留在这种动物性中，他由对具体事物的不满、忧郁、厌倦等情绪逐步产生对自己人格的怀疑。他不愿回归动物性，但他又无能力跨入精神性的大门，因此他在徘徊，这就是否定精神的处境。焦虑和绝望是精神性的某种病态的表达，因此只有消极的意义。但它们是进入精神阶段的一个契机。在克尔凯戈尔那里，肯定精神体现为伦理精神和宗教精神，尽管两者之间也是有重要区别的，分别代表的是精神的不同层次。

第二节　焦虑的概念

克尔凯戈尔从基督教立场出发，围绕原罪意识而展开了对焦虑这一情绪的探讨。事实上，这种具有否定精神性质的焦虑一直是基督教思想家思考的主题。在后来的实存主义思潮中，焦虑一直是哲学家们关注的主要情绪。作为现象学的情感认识论的重要范畴，它是我们把握在世存在的重要路径。海德格尔

《存在与时间》和萨特《存在与虚无》尤其给予这一概念以重要地位，他们把它与人面对虚无、需要作出决断的处境联系在一起。海德格尔追溯焦虑概念的历史，认为奥古斯丁和路德思想中早已包含了关于焦虑的基本观念，而“在对焦虑的现象分析中向前走得最远的是克尔凯戈尔，不过这一分析是在对与神学相关联的原罪问题作‘心理学’的解说时进行的”①。这样的定位显然是比较准确的。撇开其宗教内涵，在克尔凯戈尔思想中，“焦虑”（Anxiety）是用来探讨人的心境的一个重要概念。中国学术界译海德格尔《存在与时间》中德文词“Angst”为“畏”，译萨特《存在与虚无》中法文词“Angoisse”为“焦虑”。其实，西文中上述三个词的意思大致是一致的，我们完全可以而且应该统一译名，焦虑正是一个合适的名称。

一、焦虑的一般界定

在中文里面，我们总是难以把“畏”和“怕”区别开来，况且“畏”这个词也体现不出人面对选择时的二难心境，它留给我们的印象是，既然我们有所畏，也就干脆退缩了。然而，有意思的是，《存在与时间》中译者采用“畏”这个词，正是为了与“怕”相对应。其实，用“焦虑”和“害怕”作区别，既可以表达两种情绪的相似，又很容易避免两者的混淆。非常明显的是，“焦虑”能够充分表达人在选择时左右为难、举足无措的心境，因此采用“焦虑”的译法更为贴切。焦虑的首要特征

① 海德格尔：《存在与时间》，第230页。

表现为它是一种否定精神。作为否定精神，焦虑在个体精神的发展中具有一定的意义，它展示了自由的可能性，但它的一般处境却表现为面对可能性的眩晕。这其实意味着，自由的可能性代表的只是自由的一种抽象形式。个体在向往和畏缩两难中感到焦急，感到无所适从。这种焦急担心也是我们平时生活中会出现的，如果把它限于自身范围内，它就更具有趋于本真性的意义。我们担心自己身体的状况，并不是就身体的现状而言，而是就其可能性而言：我生病了，我担心病会不会好，会不会趋向严重，以至死亡。很多人本来没有什么病，但他担心自己有病，结果由于焦虑过多而致病，也即对"可能患病"的焦虑导致了病。

因此，焦虑总是面对未来处境。克尔凯戈尔就此指出："正确而恰当的语言使用把焦虑和未来联系在一起。"[①] 有人要问，我们不是对过去的事情也感到焦虑吗？问题在于在何种意义上谈对过去的焦虑。最终还是归结为对未来和可能的焦虑。诚如萨特所言，或许我们会对过去的事情焦虑，但我们对过去焦虑，恰恰因为我们对它会再度出现感到焦虑。过去即刻转换成了未来。赌徒的例子很好地说明了这一点："一个赌徒自由地、真诚地下决心不再赌博了，而当他一走近赌桌，立即发现所有的决心都'融化'了，这个赌徒的焦虑是面对过去的焦虑。"[②] 他此前下过决心不再赌博，但一到赌桌边他就对下过的决心感到焦虑。这恰恰表明，他在焦虑中体验到的东西使过去的决心成为

① Kierkegaard, *Journals and Papers*, Vol. 1, p. 40.

② 萨特 :《存在与虚无》，第 65 页。

无效的，他承认他焦虑地发现没有任何东西阻止自己去赌博。[①]无论如何，对过去的焦虑就转化为对未来的焦虑了。克尔凯戈尔对罪的焦虑的分析也是如此。最初，正是对罪的焦急，使人受了诱惑，从而犯了罪，因此焦虑设定了罪。这显然表现为人们对未来的焦虑。接下来，因为罪的事实性不断地呈现，因为事实性不断沉入到可能性中，人们面对的就是对过去的焦虑了。恰恰是这种再度发生的可能性引起了人们的焦虑，从而使罪在量上不断增长着，这样，过去又转化成了未来。

焦虑与未来相关，恰恰因为它是面对着虚无的。事实性是一种充实，我们对充实不会有什么焦虑。我们即便对充实焦虑，也是对它虚无化的可能感到焦虑。华尔强调了克尔凯戈尔关于焦虑的观念中虚无的重要地位。他写道："虚无概念早在克尔凯戈尔那里就已提出，纠缠着焦虑的概念；处于存在和虚无之间的诱惑的可能性飘晃在我们眼前，并使我们眼花缭乱，使我们充满焦虑。"[②]萨特的例证也是有意义的，他把焦虑说成"自由的眩晕"（the dizziness of freedom）。这明显是对克尔凯戈尔概念的直接使用。当某人一直步行到悬崖之前时，他并没有产生焦虑，因为他一直踏在坚实的大地上。但是悬崖和深渊出现了，充实感消失了，充实中出现了"缝隙"，于是眼睛眩惑了，神志也似有恍惚。当然，真正的眩晕并不是由于自然的缝隙，更重要的是我们心里的充实感断裂了。我们心里忽然闪过一丝念头，我可能会坠入深渊中。我显然没有坠入深渊中。设若如此，就

① 萨特：《存在与虚无》，第66页。

② 华尔：《存在哲学》，第105页。

谈不上眩晕了，而只会有肉体的消灭或痛苦。如果没有死去，日后也许会有焦虑，也即焦虑于坠入深渊的事会再度发生。我没有坠入深渊，但可能会坠入深渊。恰恰是这种可能性，这种尚未现实化的可能性紧紧地攫住了我的心，因此心境随之发生巨大变化，而这种现象就是焦虑。

亚当之罪和任何后来人的罪一样，都是焦虑的产物。在无知中内心万分宁静，但这种宁静会被打破。人梦求其可能性，而这种可能性就是虚无。人面对虚无不能自由地选择自己，他违背了神的命令，因此产生了原罪。对罪的再度产生的可能性的焦虑似乎已有某种确定的对象，但其实并非如此。可能性总表现为虚无，因此焦虑总面对着虚无。虚无不是克尔凯戈尔的中心概念，但这个概念却十分重要。华尔这样指出："他主要关心的是在可能性形式里相对的虚无，而不是绝对的和实际的虚无。"[①] 在实存主义者那里，虚无的确总是与可能性联系在一起。焦虑相应于人的软弱状态。人如果十分坚强，也就是说，如果他有丰富的内心世界作保障，焦虑就无从发生。人宁静时比骚动时坚强，因此他在处之泰然时不会像不耐烦时容易产生焦虑。反过来，焦虑又使人更软弱无力。克尔凯戈尔写道："焦虑使人软弱无力，而原罪通常发生在软弱的时刻，因此它显然缺乏可说明性，但这种缺乏是真正的圈套。"[②] 焦虑是一种让人难以言说的状态，因此更加迫人，使人很容易被吞噬。正是在这种情

---

① 华尔：《存在哲学》，第 106 页。

② Kierkegaard, *The Concept of Anxiety*, p. 43.

形中，个体更加显得烦躁不安，而“焦虑实际上就是不耐烦”[①]。

不耐烦应当有两个方面的意义。一方面，它使人心境不宁，并因此消融人的意志。的确，蛇正是在夏娃软弱和失去宁静的时候诱惑她吃了智慧果，从而使亚当由于她而违背了神的禁令，失去伊甸乐园的。但在另一方面，不耐烦表明为个体对当下处境的不满意，从而使他有了改变生活观的愿望，这又是向上或趋向精神的一种努力。当然，精神的胜利须以软弱被克服为前提。焦虑的作用是双向的。个体或许会由于焦虑而失落于抽象的可能性中，从而成为焦虑的牺牲品。但是，通过决断，个体也会由于克服焦虑而达到本真的存在。焦虑其实处在与动物性相别却又低于本真精神的一种中间阶段。克尔凯戈尔这样指出：“如果认为焦虑是一种不完美，那只会暴露出一种怯懦，因为恰恰相反，焦虑的伟大正是完美奇迹的先知，而无法焦虑则表明一个人要么是动物，要么是天使。”[②]人的根本处境就是徘徊在动物性和精神性之间，因此他必定处于焦虑中。这样说来，他具有一定的精神性，但不完全，因为动物性总在“拖后腿”，因此他只有一种低层次的精神。无论如何，焦虑已经与精神相关，而不仅仅是感性的东西，这就存在着发展的契机。克尔凯戈尔认为，通过个体内向性和确信的增强，也即通过拯救，个体就会克服焦虑。

在海德格尔那里，焦虑归根结底是对死亡的焦虑，这意味着先行向死而在，这就把个体带到自己的可能性面前，他应该

① Kierkegaard, *Journals and Papers*, Vol. 1, p. 41.

② Kierkegaard, *Journals and Papers*, Vol. 1, p. 39.

以决断的方式来表现自己的本真存在。在萨特那里，焦虑大体上也是面对可能性，只不过他没有把死亡联系到一起来考虑。对于他们来说，趋于本真状态是听从良心的呼唤，并因此回归主观的孤独；克尔凯戈尔认为是听从神意的呼唤，但同样回到的是主观的孤独。华尔把克尔凯戈尔有关焦虑的来源的思想作了分类，认为它主要有四个方面的来源：首先，焦虑与选择相关，我们身上有恶的可能性，有诱惑的可能性，因此就有了焦虑的第一个来源；第二，使我们的永恒拯救或沉沦处于危机中的东西；第三，所谓要决定什么是善、什么是恶，决定一个可能性是诱惑的还是救赎的是很困难的；第四，所谓与本体论有关的焦虑。[①]这一分类说明使我们能够深入而明朗地把握焦虑之所在，而这些不外乎就是我们前面所作的分析。但要明确的是，克尔凯戈尔自己并没有作如此区分，他强调的就是选择时的两难心境。当然，华尔的区分是对这种选择作出的比较详尽的阐释。从总体上看，焦虑是对美感生活本身的两难心态。克尔凯戈尔表示："我清楚地知道，不仅仅是穷人感到饥饿，存在着世界上所有的珍宝都无法满足的一种饥饿，在有了这些珍宝之后这种饥饿仍持续存在，——我清楚地知道，存在着一种所有泛滥的溪流都无法浇灭的干渴，而这种干渴在这些溪流之后仍持续存在，——我清楚地知道，存在着一种焦虑，一种针对失去的隐秘的、私下的焦虑。"[②]

---

① 华尔：《存在哲学》，第101—103页。

② Kierkegaard, *Journals and Papers*, Vol. 1, p. 18.

二、焦虑与罪

《焦虑的概念》围绕宗教心理学展开尝试，全面呈现了克尔凯戈尔关于焦虑的思想。任何一个人对海德格尔和萨特哲学中的焦虑概念都可以有某种程度的领会，因为它与我们的在世存在的处境紧密相关，但克尔凯戈尔所说的焦虑似乎有所不同。为了领会焦虑，我们必须熟悉基督教的有关背景；反过来说，要研究基督教的有关思想，也应该把握焦虑的含义。克尔凯戈尔这样指出："原罪从前常常被思考，但它的基本范畴却未被捕捉，那就是焦虑。"[①] 显然，焦虑在他看来主要具有宗教学的意义。他关于焦虑的思想完全是在基督教范围内展开的，应该把焦虑和"罪"（sin）或"原罪"（initial sin）的观念联系起来考察。基督教关于原罪的概念有多重表述，为了更好地分析焦虑与原罪的关系，克尔凯戈尔对这些表述作出了较为细致的区分。无论如何，为了理解焦虑，必须对人的原罪和堕落（fall）的观念有所认识。我们首先面对的是世袭之罪（hereditary sin）的概念。克尔凯戈尔要问的是：世袭之罪与第一罪（first sin）、亚当之罪（Adam's sin）、人的堕落等概念是否相同？通常的看法是将它们等同起来。问题在于，如果是这样的话，亚当岂不是被排除在人类历史之外了？这种看法因此把亚当看作与后来的人具有本质的不同，也就是说亚当没有世袭之罪，而只有原罪，后来的人由于亚当的原罪而招致了这世袭之罪，历史就是从亚当堕落后开始的，因此亚当成为历史之外的开启者。

---

① 祁克果：《祁克果日记》，第 98 页。

克尔凯戈尔认为这是一种错误的观念。他想要表达的是："在任何时候个体都既是自己又是族类。"[①] 因此任何人都不会在历史之外，他参与了历史，对历史产生了影响，也必须承担历史的后果。亚当应该是历史范畴中的第一人，他同时是自己又是族类。他由于违背神的命令而犯了罪，第一罪诞生在他身上，从而使自己成为罪孽的。亚当之罪对后来的人是有影响的。但是，从根本上来说，后来的人并不是被动地承受了亚当之罪的后果，这种第一罪通过他们的主动接受落到了他们的头上。基督教在原罪之外提出了一个"本罪"概念。本罪就是指个体除原罪之外自己所犯的罪。在亚当那里和在任何后来人那里一样，都存在第一罪和世袭之罪的区分。第一罪在于亚当对神的违抗，世袭之罪产生于他没有克服第一罪而继续处于罪中，因此接受了第一罪的后果。后来的人的第一罪根源于他们不信仰神，因此由于自己之故而成为罪人。另一方面，亚当之罪的未克服总已使他处于罪之中了。克尔凯戈尔力图表明，第一罪是一个质的概念。它不是指某种罪（指任何罪中的一种），也不是指第一次犯罪（即有所谓第一次、第二次，诸如此类的区分）。第一罪表明的是，它就是罪，这是一种定性。[②] 亚当的第一罪和其他人的第一罪没有意义上的不同，这意指第一罪总是自己造成的。

克尔凯戈尔因此指出："由于第一罪，罪来到世上，恰恰在同样的方式上真实的是，后来的人通过他们自己的第一罪使罪

① Kierkegaard, *The Concept of Anxiety*, p. 29.

② Kierkegaard, *The Concept of Anxiety*, p. 30.

来到了世上。”[①] 这就意味着，要将亚当的第一罪看成具有重大意义，而后来人的第一罪毫无意义乃是一个错误。第一罪主要表明为对罪的质的界定，罪来到世上既不是一种偶然事件，也不是一种必然事件，它乃是一种飞跃（leap）。飞跃即质变，质变即飞跃。飞跃这一概念直接与每一个体的行为联系起来。个体由于违背神的意志而有了罪，这种罪已经把人从质上设定为罪人，而这种罪也就同时设定了世上的一切罪孽。在克尔凯戈尔看来，通常的表达，即“由于亚当的第一罪，罪来到世上”这一表达有着让人误解的地方。罪来到世上乃是毫无疑问的事情，但这并不一定也并不只是关涉亚当。要准确地理解第一罪，我们应该这样说：“通过第一罪，罪孽发生到了亚当身上……罪孽产生到这个世上，只是由于罪才有可能。”[②] 换言之，这种情况对于张三、李四同样适合。正是通过第一罪，罪来到一个个具体的个体的身上。这样一来，后来的个体就不能只在自身之外寻找原因了，他就是自己罪孽的根源。把后来人的第一罪看作亚当之罪的后果就使后来人的第一罪失去了质的意义，而完全成为一种量的规定。作为质的规定，每个个体正是由于他自己的第一罪才使罪孽来到了世上。人类历史中有飞跃也有持续。持续性表明罪的世袭性，这是量的方面；与此同时，个体完全由于自己而有罪，历史因此也就有着某种质的中断与飞跃。

但是，历史既不会由于新的个体而完全成为新的，也不会因为世袭性而成为持存不变的，这正表明了个体与族类的辩证

① Kierkegaard, *The Concept of Anxiety*, p. 30.

② Kierkegaard, *The Concept of Anxiety*, p. 33.

关系。世袭之罪、亚当之罪、第一罪等概念表明，与罪或原罪关联在一起的乃是个体。克尔凯戈尔的基本意图就是要突出个体在罪的产生中的意义，他把罪与个体的焦虑联系起来，认定焦虑是罪的前提。人最初处于无罪（innocence）的状态中，而无罪即无知。这种无知主要表现为人最初是无明的，不能区分善恶。在无知和无明中，“人不是被规定为精神，而是心理学地被规定为与他的自然条件直接统一”①。人身上存在的只有自然的宁静与和谐，虽然这并不能排除人身上有某种梦幻与不满意感。人的精神在梦求，他寻求某种东西。但这种东西是什么呢？克尔凯戈尔认为，它乃是虚无。②个体针对虚无的焦虑最强烈，他对虚无感到焦急，因为焦虑是对可能性的第一次反映。③在无罪无知无明的自然宁静中突然产生了充实的中断。虚无要给出的是人的自由的可能性，精神也总是不断地把自己设定为可能性。但人在这种可能性面前却感到不自在了，因为他的无知让他还不能将虚无、自由当作自身的事情，他只是将它看作一种外在事件。不过，这一焦虑却与这种外在事件处于一种特殊关系中，因为这种外在事件不是确定的东西，而只是虚无。

焦虑显然与害怕不同，因为害怕总是害怕某种具体的东西。精神的梦求之特征在于，当其苏醒时，自己与自然事物的区别就被设定了，当其沉睡时，这种区分则被悬置了，从而再度陷

① Kierkegaard, *The Concept of Anxiety*, p. 41.

② Kierkegaard, *The Concept of Anxiety*, p. 41.

③ Kierkegaard, *Journals and Papers*, Vol. 1, p. 41.

人直接性的统一中。[①]因此虚无与充实的关系也是辩证的。焦虑最初正是无辜中的一种现象，而且它一开始并没有影响人的宁静与和谐。克尔凯戈尔表示："无罪中设定的焦虑首先无罪过，其次没有烦人的负担，没有什么痛苦不可以与无罪的祝福构成和谐。"[②]尽管如此，原先的风平浪静中毕竟已经泛起了涟漪。人最初无罪，焦虑也在无罪中来到。但是，焦虑无论如何已经对人有了某种影响。这种影响就表现在：正是由于焦虑，人才违逆神，从而犯了罪。看起来这种罪也是无辜的，因为焦虑是身不由己，不是人有意为之。但焦虑逐渐成为一种力量，人不喜欢它，但却为之焦急。与此同时，人又不是无罪的，因为他沉溺于焦虑，甚至如同害怕它一样喜欢它。这正是同情和反感交织在一起的情形，而人的心境在此时是模棱两可的。这与精神在设定但尚未完全确立身心的综合联系在一起。在无知中，人还不是完全的精神，但他也不完全是动物。如果他完全是精神或完全是动物的话，在他那里就不可能有焦虑的产生。

然而，精神无论如何出现了，虽然它以梦求的方式出现。这种梦幻精神骚扰着人的安宁，影响着人最初的身心综合，使之面临着解体的威胁。但是，精神毕竟把自由和可能性凸显出来了，精神在梦求中似乎又体现为一种友好力量，因为它构成了并继续构成着身心间的综合。精神的建构原则就是要使自己与自己相关，但在这种状态下，精神如何使自己与自己相关呢？明确的答案是：焦虑。焦虑对身心关系的维护、对自我命运的

① Kierkegaard, *The Concept of Anxiety*, p. 41.

② Kierkegaard, *The Concept of Anxiety*, p. 44.

关注是精神采取的某种特殊的方式，在这种方式下，“精神不可能取消自己，它又不可能把握住自己”[①]。因为焦虑让自我处于左右为难中，“他不能逃离焦虑，因为他喜欢它，要真实地喜欢它也不可能，因为他逃避它”[②]。个体总是处于焦虑中，但对焦虑的虚无之本性所知甚少，只是感到无从把握，因此他既想又不想摆脱虚无。他在这种情况下当然是焦急的。人的堕落正表明了人的焦虑的心境。在虚无中传来神的禁令：“你只是不能吃那区别善恶的智慧果。”无知的亚当当然是理解不了这一禁令的。如果他能理解，就表明他已经吃了智慧果。不过虽然不能理解，却总已引发了某种焦虑。恰恰是这一禁令唤醒了他的自由的可能性。禁令之后也伴有惩罚性命令：“你会死！”亚当对这一命令同样是不理解的。但是，他在心里已把那一禁令和告诫与自己的命运联系起来。

克尔凯戈尔认为，这一声音也不必一定来自外面，亚当实际上可以自己向自己说着这个命令，这样就可以消除故事的不完美：也即在亚当之外的某某在对亚当说些他不懂的话。亚当对自己说那一命令，也并不表示他能够听懂自己所说。因此，对这一命令的困惑总是存在的。无论如何，把自己与这一禁令联系起来，就使焦虑产生了。焦虑意味着个体对自己所不知道的东西采取一种姿态，于是他焦急起来，他在问自己，我究竟能够干些什么呢？罪的产生恰恰因为这种焦虑的心境。根据《圣经》，神最初创造了亚当，为了消除亚当的孤独，他又创造了

① Kierkegaard, *The Concept of Anxiety*, p. 44.

② Kierkegaard, *The Concept of Anxiety*, p. 44.

夏娃，但后者只是亚当的重复，因为夏娃乃亚当的一根肋骨做成的。蛇比较狡猾，他利用了人的焦虑，他首先诱惑女人，因为女人作为男人的派生物是很软弱的，而越软弱者越焦虑。克尔凯戈尔写道："女人比男人更焦虑，蛇因此选择她作为攻击对象，他通过她的焦虑欺骗了她。"[①] 通过夏娃，亚当也被诱惑了。蛇利用他们的软弱和焦虑使他们吃了智慧果，从而违背神的禁令，因此罪在他们身上产生了。堕落已是一种质变了，无罪与罪已经有了天壤之别。罪的产生同时设定了罪孽，正因为有了罪，亚当与夏娃认识到了彼此的不同，有了羞耻感，从前的感性欲望成为罪恶的，性欲与子息的繁衍也联系起来了，一切人类活动都有了焦虑的印迹。

克尔凯戈尔明确把焦虑与神性关联起来，从根本上说，每一个人的内心深处都活跃着被神遗忘从而孤独于世的焦虑。[②] 罪的来到不是必然的，如果是必然的，人不会产生焦虑；也不可能是自由的，如果是自由的，个体就可以承担起这一责任来。罪恰恰是对自由感到焦虑的一种表达。每一个体都由于自己而使罪来到世上，每一个人都只能孤独地理解罪的产生。克尔凯戈尔对罪的产生的解释，把焦虑与人类历史的产生直接关联起来，从而把它作为一种源初的力量表达了出来，而这恰恰是焦虑的最原始的内蕴。不仅如此，焦虑还是人继续处于罪中的原因。也就是说，焦虑是罪产生的原动力，罪反过来又带来了焦虑，如此循环不息。克尔凯戈尔写道："焦虑意味着两种东西：个体

① Kierkegaard, *Journals and Papers*, Vol. 1, p. 39.

② Kierkegaard, *Journals and Papers*, Vol. 1, p. 40.

在它那里通过质的飞跃而设定了罪的焦虑；随罪而来并继续来到，因此每当个体设定罪时都定量地来到的焦虑。”[①] 前者为我们已经论述过的主题，后者指的则是焦虑在量上的扩展。由于焦虑，罪被设定了，同时罪孽也被设定，性欲与生殖关联在一起，人类历史运动因而开始。正如人类的罪孽在量的范畴内运动一样（罪已经把罪孽的质的特征明确下来，罪孽总已经不是无罪），焦虑也在量的范畴内展开。后来的人与亚当一样是有罪的，他们没有质的区别。但是，后来的人更加具有反省性，他更倾向于对罪进行反思。他越是进行反思，就越是耽误了行动，也因此越是有罪，从而使罪在量上不断增长。

焦虑于是有了新的意义。克尔凯戈尔这样指出：“罪进入焦虑，但罪反过来又带来了焦虑。”[②] 罪的现实性持续着，而拯救是那般遥远，焦虑因此总是存在着。焦虑的特征仍是既喜欢又害怕，在罪获得拯救之前，人总处于焦虑之中。个体在这种焦虑中仍然面对虚无，但这种虚无不再是完全的抽象。克尔凯戈尔认为，这种虚无在两种情况中出现。首先，焦虑的虚无在世代（生育）关系中体现出来。夏娃被派生出来，已经体现了世代关系的后果。夏娃虽然是派生的，但并不意味着她与亚当有什么质的不同。后来的人与亚当一样是质上相同的，他们的派生性只是一种量的问题。但是，夏娃是派生的，她因此更软弱。夏娃与亚当一样具有焦虑，不过，夏娃因其软弱而焦虑更甚。由于性欲罪孽化，焦虑不断地增长。克尔凯戈尔分析说：“随着感性在世代上的增

---

① Kierkegaard, *The Concept of Anxiety*, p. 54.

② Kierkegaard, *The Concept of Anxiety*, p. 53.

长,焦虑也随之增长,世代关系的后果在如此方式上意指一个'更多',以至每个人都不能逃避这一'更多',它是后来每一个人对亚当关系中的一个更多,但这更多永远也不会是那种成为与亚当不同的更多。"[①] 这表明,焦虑在质上相同,量上有异。女人的脆弱和焦虑是由于其生理构造决定的。女人的生理构造具有美感和伦理双重意义。

一方面,女人的生理构造具有美感意义。女人体现为美的理想,而这种美意味着精神的丧失。醒着的维纳斯和梦幻中的维纳斯同样是美的,但她在睡梦中更美。然而,人在梦中无疑最无精神,因而没有精神的美必定产生焦虑,这是男人不可能出现的事情。另一方面,女人的生理构造具有伦理意义,这尤其通过生育体现出来:"女人的生命在其生育时达到高潮,恰恰表明她更具感性。"[②] 克尔凯戈尔表明,女人的焦虑或软弱并不在于她缺乏体力,而是因为她更具美感特性,也因此意味着缺乏精神:"越具焦虑、越具感性欲望";相应的,"精神越是远离,焦虑越甚"。[③] 在世代关系中,每一个个体与亚当的关系都是一个"更多"。在怀孕的时刻,精神最是远离,焦虑也最多。正是在焦虑中,新的个体成形了。而在新的个体出生时,妇女的焦虑第二次达到高潮。再一方面,由于个体在焦虑中得以成形、得以诞生,他总是不可能摆脱焦虑,而且焦虑更甚。这是因为,被生育者比起创生者更具感性,而焦虑与这种感性是成正比的。

---

① Kierkegaard, *The Concept of Anxiety*, p. 64.

② Kierkegaard, *The Concept of Anxiety*, p. 66.

③ Kierkegaard, *The Concept of Anxiety*, p. 72.

这种感性的“更多”使得个体更为焦虑。

其次，焦虑所面对的虚无在历史关系中体现出来。由于罪的被设定，感性欲望就与罪孽联系起来了。个体不仅对罪具有模糊的意识，而且对被告知的历史故事也有误解性的体用。在此，关键问题就在于个体丧失掉了自己的原创性，把自己与种族和历史混淆在一起。感官欲望最初也并非罪孽，只是由于罪才使它成为罪孽的。每一个体都有其历史环境，感性欲望在这一背景下显然已经被表达为罪孽这一事实。对于这种事实的认识使个体产生一种焦虑的“更多”。这样一来，精神不仅被设定为感性欲望的反面，同时也是罪孽的反面。个体以其无知对这种情况是不理解的，恰恰因为这种不理解，使得理解的可能性产生了，自由在其可能性中显示，焦虑也因此更加显著起来。克尔凯戈尔指出：“自由的可能性在焦虑中宣布自身。”①焦虑与自由联系起来，但是个体在自由中会怎样呢？个体在焦虑中认识到了自己的罪，但是对罪的认识却有两个方面的作用：“对罪的洞察可能使某些个体得到拯救，而使另一些陷入堕落。”②

这其实表明，自由是一柄双刃剑，完全取决于个体如何运用它。个体要么服从焦虑，要么克服焦虑。克服焦虑，意味着拯救和自由的现实性；服从焦虑则意味着对罪的焦虑，而对罪的焦虑反过来又产生了罪。关于焦虑与历史后果的关系就在于，由于其所处历史环境的影响，罪已经把感性欲望设定为罪孽，个体与亚当相关的罪的更多和焦虑的更多就突出了出来；此外，

① Kierkegaard, *The Concept of Anxiety*, p. 74.

② Kierkegaard, *The Concept of Anxiety*, p. 74.

个体使自己与关于罪孽的历史知识混淆起来，因此服从于那种关于罪孽的历史知识，把自己看作历史后果的必然承受者，因而把自己与种族、历史等同起来，看不到自己决断的意义，从而不能积极地主宰自己。恰恰因为这种对历史环境和对历史知识的双重投降，个体就完全受焦虑主宰了，而这种焦虑的后果又确定无疑地产生着罪。在焦虑中有了第一罪，这给人一个界定：他是一个罪人。如此一来，克服罪乃是个体的目标，但无论在世代关系还是历史关系中，人们仍然对罪及其后果产生焦虑，因此没有以积极的方式克服之，这就是人为什么一直处于罪之中而得不到救赎的原因。焦虑代表了个体“成为基督徒的过渡危机”，也就是说，“要成为基督徒的人在基督面前首先是焦虑的，尽管他把自己与基督联系在一起”。[①] 无论如何，个体在完全坚信神之前，始终无法克服焦虑。

三、焦虑在意识层次上的区分

我们不仅需要就焦虑的发生学问题进行统括的说明，还应当就焦虑与精神品格的等级关系进行进一步的分析。克尔凯戈尔认为，既存在着未上升到意识层次的焦虑形式，也存在着有意识的焦虑形式。我们首先面对的是缺乏意识的焦虑。时间或暂时与永恒的综合关系表明，自由和可能性已经凸显出来。一旦罪被设定，与永恒相应的未来就表现为焦虑中自由的可能性，而时间（暂时性、时间性）却与罪孽关联起来。人如果逃离永恒，

---

① Kierkegaard, *Journals and Papers*, Vol. 1, p. 202.

从而沉入暂时性中，这种实存方式就是有罪的。但是，要完全脱离暂时对于个体自己也毫无助益，那样只会让个体实存于纯粹的抽象中。无论如何，罪表现为时间性或暂时性与永恒性之间关系的失调。克尔凯戈尔正是借助于这种二元冲突来解释缺乏意识的焦虑，进而对这种没有意识到自己的焦虑之焦虑进行区分，从而清理其不同层次或形式。

缺乏意识的焦虑的第一种形式是无精神的焦虑。焦虑是一种心理状态或心境，在这种心境中通过质的飞跃，罪来到了这个世界上。但这不是说焦虑的心境本身是无罪的，从精神的角度看，焦虑状态自身即是罪孽。[①] 罪孽是相应于基督教而言的，异端并不把自己与罪孽联系起来，因为他没有意识到自己的罪孽。在克尔凯戈尔看来，不把自己与罪孽联系起来，不仅表明个体是缺乏精神的，而且这本身也是一种罪。一个缺乏精神的人的显著特征在于，尽管他与拥有精神者具有同样完整的外观，但他仍然不外乎是一个幽灵，是行尸走肉，是无意义的声音和行为的一种堆积。这就如同一个没有精神品格的演员，他和其他演员说着同样的话，做着同样的动作，但这些话不是通过精神说出的，因此言不由衷，从而只不过是些闲言碎语；这些动作也不是有意识的，也因此完全是机械的、自动的。

在无精神状态的表面，人们看不出个体有其焦虑，这是因为，他“太快乐，太满足，以至完全没有精神，从而不能拥有焦虑”[②]。也就是说，焦虑至少是在精神有一定发展时才出现的，

① Kierkegaard, *The Concept of Anxiety*, p. 93.

② Kierkegaard, *The Concept of Anxiety*, p. 95.

焦虑自身具有一定的精神品格。动物之无焦虑，其原因就在于它们没有精神；异端和自然人在克尔凯戈尔看来不如基督徒那样拥有诸如激情、信仰等精神品格，因此真正说来是无精神的。但这并不能排除异端产生焦虑的可能性。克尔凯戈尔是如此表达其看法的：“即使由于无精神排除了精神，因而没有焦虑，焦虑仍然呈现，只不过它是一种等待……从精神的观点看，无精神中也有精神，只是它隐藏和伪装起来了。”[①] 这意味着将无精神中所具有的潜力提了出来。无精神自身不可能有焦虑，但它包含的精神潜力会发挥出来，当这种潜力面对“自由的可能性”时，仍然会出现眩晕，从而产生焦虑。克尔凯戈尔由此表明，属于暂时性的尘世生活（非基督徒、异端显然没有永恒意识）虽无精神，但其根底中仍然把精神作为维系各种综合关系的动力学原则，从而表现为焦虑。

缺乏意识的焦虑的第二种形式是被界定为命运的焦虑。异教徒不仅关注美感生活，而且也崇拜命运之神。异教徒生活于美感领域中，美感生活自身并没有疑问出现，因此焦虑的对象不可能是美感生活整体，但他们的焦虑仍然是一种可能性，一种虚无。焦虑和虚无总是相互伴随的，虚无就是那自由和精神的可能性，也即自由和精神的现实性尚未实现。如果现实性已成定局，焦虑也会随即消失。异端中的虚无仍然是生活中出现的缝隙，这一缝隙即命运。但命运自身还不是一种精神现象，因为“命运是精神的一种外在关系”[②]。命运是一种让人难以捉

① Kierkegaard, *The Concept of Anxiety*, p. 96.

② Kierkegaard, *The Concept of Anxiety*, p. 96.

摸的东西，它时而表现为必然性，时而表现为偶然性，异教徒对之总是感到惶惑不安，他们既害怕它，又敬畏它，不得不与它产生关系。但这种关系是在焦虑中维系的。命运体现为一种外在因素，而个体却把自己的一切委托给了这种外在因素，因此他丝毫没有在自己的主观性中担负一点什么。这样一来，他也就没有意识到自己的罪过，他受制于普遍性。

天才最能体现出对命运的焦虑。从直接性的观点看，天才应该是主观性的，但与天才发生关系的主要是外在因素，而这种外在因素并不是精神。克尔凯戈尔明确表示，天才要寻找精神，但发现的只是命运。他写道："天才不断地发现命运，这个天才越是深刻，越是发现命运。"[①] 天才并不是教育的结果，他是一种直接性的精神，是在命运范畴中的一种精神。他的成就、他的天才的界线都由命运控制着，命运是他的天然伴侣。当康德说天才不可学而成时，当叔本华承认艺术中的天才时，克尔凯戈尔与他们是完全一致的。命运总伴着天才意味着什么呢？叔本华曾认为天才最为痛苦，而常人不可能领悟天才的痛苦。正因为如此，天才是孤独的、与常人格格不入的。天才不同于普通人的地方就在于，普通人在危险中看到危险，而天才在危险之前即已发现。但天才总是受制于外来的命运，因此，即便他是非常伟大的，常常也是身不由己的。他总是外倾，不能够回到自身内，更无从意识到自己的罪。因此他还未跨入宗教的大门，但他无论如何是焦虑的，他既害怕外在的命运，又舍不得弃绝现有的一切。命运既赋予他以天才，又使之囿于一个狭隘的圈

① Kierkegaard, *The Concept of Anxiety*, p. 98.

子内，因此他的内心深处除了焦虑外，别无其他。

缺乏意识的焦虑的第三种形式是被界定为罪过的焦虑。罪过感是当个体转向自身时产生的一种心境，它同样表现为一种焦虑。在这种焦虑中，个体面对的虚无不再是命运，而是其他的什么东西。罪过的确是某种东西，但是，作为焦虑的对象，它仍然是一种虚无。罪过并不作为现实出现，它作为焦虑的虚无仍然是一种可能。这是因为，如果它是一种事实，引起的就只是忏悔，而不是焦虑。焦虑与其对象保持着一种非常微妙的关系，个体既害怕，又不能从中抽离，不然，出现的就是无益的忏悔。犹太教中所体现的焦虑就已经是对罪的焦虑，这表明它已进展到精神的一定阶段。宗教的天才也是如此，他已经不再服从于外来命运，他做的第一件事就是转向自身，而在他转向自身时，他同时也在考虑自己与神的关系。他发现自己不再受外在命运的支配，相反地有成为自己的自由。但问题在于，他是否珍惜这种自由，他能否利用好这种自由。

个体在自由中意识到自己是有罪的，因为他过去没有认识到自己的自由，从而把自己交付给命运，失去了主动性。现在他认识到了自由，但他对有罪不是采取积极克服的步骤，而是对它感到焦虑，他认识到罪正好是自由的反面。如果犯罪，就意味着自由被剥夺。正因为此，他担心罪过会再度发生，这当然是就可能性而言，“自由与罪过的关系是焦虑，因为自由与罪过都仍然只是可能性”[①]。对罪过的焦虑使个体感到罪过越来越有可能，从而罪过作为一个整体观念出现在他面前，在某种意

① Kierkegaard, *The Concept of Anxiety*, p. 109.

义上他觉得罪过是他无法摆脱的“命运”。个体对自己的罪过予以关注表明,他越来越关注自身,他已经开始走向意识或精神了,这乃是成为基督徒的一种准备性步骤;也就是说,罪过感(guilt sense)其实是罪意识(sin consciousness)的前奏。当然,罪过感仍然是一种消磨人的意志的力量,因为个体沉溺于罪过感中,他焦虑于罪过会再度发生,这恰恰又是一种罪过。焦虑恰恰表明主体仍然未作决断,他因此仍在延误抉择。

进而需要区分意识层次上的焦虑。罪通过质的飞跃而产生到这个世界上,因此它似乎成了一种事实性的东西。按“焦虑被界定为自由在可能性中自由地揭示自身”的本意,焦虑仿佛已无从存在。但在克尔凯戈尔看来,情况并非如此。质的飞跃本身并没有把可能性给消融掉,因为罪仍然不断地以质的飞跃的方式产生到个体身上,使可能性总是不断地出现在人们面前,焦虑因此再度被设定为未来并与可能性发生关系时的一种心境。当然,现在的情况已经有所不同:由于意识的发展,善恶之区别已经设定。焦虑仍然面对虚无,但“这虚无是某种事实性的东西,……焦虑因此丧失了辩证的模棱两可性”[①]。在无知中,焦虑的对象还只是某种抽象的东西、某种模棱两可或不确定的东西,它意味着一切都是可能的。现在不同了,善恶已经因为吃了智慧果这一违逆行为而获得了区分。当个体有所焦虑时,他不是对善就是对恶的焦虑。善恶不是必然产生的,正如罪不是必然的一样。罪的产生是通过质的飞跃实现的,善恶也是如此。它是人面对自身来选择自己的一种后果。

---

① Kierkegaard, *The Concept of Anxiety*, p. 112.

首先涉及的是对恶的焦虑。这种焦虑的前提在于，罪被设定后看似消灭了可能性，但与此同时这一设定之罪也是一种无根据的事实性，个体并不知道这种罪为什么会与自己联系在一起。于是他提出疑问：我如何犯了罪？这样一来，对事实性的疑问成了焦虑的对象。另一方面，被设定之罪表现为一种后果，而焦虑也与之关联起来，因为个体关注这种后果将来是否会再度出现。他陷入深深的焦虑中，但他会陷得更深，而这“会”又成了他焦虑的对象。因此焦虑既面对事实性，又面对可能性，而这些都是个体为之焦虑的“恶”。忏悔面对的是事实性，在忏悔中个体想消灭恶以求得自由，但“忏悔中无自由”[1]，恶因此不能被取消，个体只能对之感到遗憾而已。焦虑和罪总在出现，而忏悔则尾随其后，由于它总是“事后诸葛亮”，因此恶总是无法被消灭。关键在于个体没有采取行动、没有求助于信仰。只有信仰才是唯一的解脱，而忏悔是无济于事的。这就是克尔凯戈尔关于恶的焦虑的基本结论。

其次涉及的是对善的焦虑。对善的焦虑主要表现为着魔（demonic）。着魔乃是一种反常的迷恋。可以从三个角度来界定这种着魔：从美感的角度看，着魔使人处于不幸中；从伦理角度看，它是应受责难的一种行为；另外也可以从病理学角度看，它于是成了一种精神病。无论如何，着魔是一种不正常的处境，这种不正常遍及肉体、心灵和精神各个领域。克尔凯戈尔当然力求从精神的角度对之进行分析。他指出：“着魔是一种状态，

---

① Kierkegaard, *The Concept of Anxiety*, p. 116.

是对善的焦虑。”[①] 在无知中，不存在着魔问题，因为善恶不分。在拯救中，也不会有着魔，因为拯救意味着着魔的消除。着魔中的焦虑与无知中的焦虑是不同的。在无知中，自由还未被设定为自由，恰恰是其可能性引起了个体的焦虑；在着魔中，自由根本地被设定为不自由，因为自由丧失了。无论如何，人总是处于焦虑中，恢复自由的可能性毕竟是存在的。着魔者总想摆脱自己的不自由状态，但这是不可能的，因为着魔的解脱意味着坦诚布公，要求他从迷恋中醒来，从而自由地解释那使他迷恋的事实并自由地接受之。然而，着魔者总是自我封闭的。克尔凯戈尔写道：“着魔是一种封闭的缄默。”[②]

着魔有辩证的两个方面。一方面，个体不敢正视现实，不敢交流，他把一切掩藏在心底，只是对之焦虑而已。但在克尔凯戈尔看来，掩藏总有限度，因此迟早会引爆焦虑，这就是所谓的突发（sudden）。突发是对善的焦虑，它相应于某种软弱，它是非自愿的、非自由的，是一种“不自由的揭示”，它总表现为厌烦，越是厌烦，越是不自由，从而由对善的焦虑转而为恶。另一方面，着魔者也会表现为与沉默、缄默相反的情况，即一种揭示（disclosure），但是，这种揭示不可能是完全的，而只是某种变异的形式，只要个体还处于不自由中，这种揭示就只能表现在琐屑的事例中。无聊的眼神、无意义的活动都可以揭示这种沉默中的秘密，但这些琐屑的活动仍然体现为着魔。身、心和精神在正常的自我结构中是协调一致的，这意味着身体服

① Kierkegaard, *The Concept of Anxiety*, p. 123.

② Kierkegaard, *The Concept of Anxiety*, p. 126.

从于心灵和精神。但是，身体有可能起来反叛。这种反叛意味着什么呢？克尔凯戈尔指出："这种服从关系一旦结束，一旦肉体起来反叛，一旦自由与肉体合谋反叛自己，非自由就表现为着魔。"[①] 自由的丧失表现为自由沉入肉体中，而不是超越肉体。只要自由没有从与肉体的合谋中解脱出来，个体就处于着魔中。但是，正因为对善感到焦虑而不能自由地把握它，个体于是转而为恶。

这种着魔包括极度过敏（hypersensibility）、过激反应（hyperirritability）、神经衰弱（neurasthenia）、歇斯底里（hysteria）、疑病症（hypochondria）等情绪。它们彼此之间只有细微的差别，最极端的着魔则表现为兽性的沉沦（bestial perdition）。处于这种堕落中的个体拒绝任何帮助，他与社会性绝缘，其唯一愿望是："让我单独留在这可怜的处境中吧！"这表明，对自由的不可获得的焦虑在此使他陷入到深深的罪恶中而不能自拔，他完全沉入对自己的罪恶的不能解脱的焦虑中。如上诸种情况都拒绝揭示和沟通，都表现为身、心方面丧失了自由的着魔。着魔也可以表现为精神上丧失了自由。着魔相应的不是理智内容，而是自由与给定内容的关系。如果自由与对象的关系是失调的，那么精神方面就丧失了自由，走向了抽象的理智化与琐屑的外倾化。克尔凯戈尔认为，这种精神方面丧失了自由表现在许多方面。他写道："着魔可以把自己表现为延误思考的懒惰，出于好奇的好奇，不诚实的自欺，经常信赖他

---

① Kierkegaard, *The Concept of Anxiety*, p. 136.

人的女性的软弱，超然的冷漠，愚蠢的忙碌，等等。”[①]

焦虑中的人是缺乏自主的，也因此是抽象地外倾的。与封闭的保留一样，这也是人的一种着魔状态，未能把握住人的自由和主观性。真正的自由和主观性意味着个体对这两种状态的超越，意味着他对自己的一种内向性的拥有。克尔凯戈尔认为，每一种着魔状态都表现为双重形式：它要么是主动－被动，要么是被动－主动。也就是说，要么是由被动而主动，要么是由主动而被动，但从根本上来说都表现为内向性的丧失，不具有积极的、肯定的精神状态。比如，在克尔凯戈尔看来，迷信和不信都是不自由的形式。迷信意指个体过于看重对象，对其顶礼膜拜，从而是不自由的；而不信则表明，个体对自己盲目乐观，过于相信自己的力量，不把对象放在眼里。但在实际上，个体只不过是要通过对客体加以冷嘲热讽而掩饰自己的空虚。在克尔凯戈尔看来，两者都代表个体缺乏内向性，但是不信是通过主动而达到被动，迷信则是通过被动而达到主动。其他诸如伪善与冒犯、自傲与胆怯等也表现为着魔的双重形式。总而之，个体因为无法从着魔状态解脱出来而丧失了精神和自由。

四、焦虑的克服

克尔凯戈尔认为，从根本上来说，人之所以焦虑，是因为他缺乏真诚（earnestness）。内向性即真诚，真诚就是关注自己，在自我的确信中使自己与永恒正确地关联起来。但是，一

① Kierkegaard, *The Concept of Anxiety*, p. 138.

个人如果丧失了精神方面的自由，他就不可能正确地理解永恒。克尔凯戈尔以为，在这方面有如下几种错误地对待永恒的方式：有些人否定人身上存在着永恒；有些人抽象地看待永恒；有些人在想象中把永恒融入到时间性中；有些人形而上学（哲学）地设定永恒。个体在如上方式中都把永恒看作身外之物，不仅不愿意把自己与永恒关联起来，相反，他总是避而远之。克尔凯戈尔在此所表达的不外乎是萨特所说的“自欺”。个体在自欺中把主要属于自己的东西诉诸外物，从而对自己不真诚。他如果想要克服焦虑，就必须转向信仰，即必须增强内向性和确信。用一句话概括就是：“事情很简单，如果我是精神，我会如此坚强，以至只有唯一的关注：我的罪及心灵的拯救。”①

克尔凯戈尔力图表明，焦虑并不是完全有害的东西。他告诉我们，《格林童话》中描述过一个青年人追寻了解焦虑处境的故事。这个故事的寓意就是：这种冒险追寻是值得的，每一个人都应当冒险以求，从而了解焦虑。了解焦虑是很重要的，这样就可能避免两种情况：“个体或者由于从来没有处于焦虑中，不知焦虑为何物，从而面对焦虑感到茫然失措；或者屈服于焦虑，以至被焦虑吞没。”② 克尔凯戈尔因此十分肯定地指出：“谁要是在正当方式上懂得了焦虑，他就懂得了最终的东西。”③ 的确，焦虑是会产生教益的。焦虑是自由的可能性，但是可能性向自由的现实性转化还需要一种内向性的转换。克尔凯戈尔正

① Kierkegaard, *Journals and Papers*, Vol. 4, p. 242.

② Kierkegaard, *The Concept of Anxiety*, p. 155.

③ Kierkegaard, *The Concept of Anxiety*, p. 155.

是据此而提出了信仰对于焦虑的拯救。也就是说，只有经由信仰，如此焦虑才有教益。[①] 焦虑的意义就在于它为信仰准备了条件：个体发现有限世界的实存是有疑问的，有限和暂时并不构成他的"家"，从而要求他去寻找那永恒的家。

因此，一旦克服了焦虑的消极面，精神就会直指信仰，从而超越有限，转向永恒。人们最初在抽象和想象力中超越有限和暂时，在梦幻中向往无限和永恒。就抽象可能性而言，一切都是可能的。但是这种所谓的可能性并没有现实的根基。因此，克尔凯戈尔将其说成是欺骗愚弄可能性，这其实是一种不真诚的表现，他由此强调："为了使一个个体如此绝对地、无限地受到可能性的教益，他必须对可能性诚实并拥有信仰。"[②] 信仰就是内向性和内向确定，就是面对神并在内心深处坚信他是自己的救主。面对自由，个体眩晕但不一定沉入渊底，沉入渊底也可以浮起来，关键在于信仰。克尔凯戈尔将信仰看作万灵药。任何可能性都只有在信仰中才具有意义，正是由于神，一切都是可能的：病者愈，死者生，过去的情景会重复，如此等等。因此拯救是可能的。克尔凯戈尔指出："由于信仰之助，焦虑使个体停息在神圣的怀抱中。"[③]

克尔凯戈尔关于焦虑的思想产生了广泛的影响。萨特在《存在与虚无》中把焦虑与选择、自由、自欺等概念联系起来，并几乎照搬了克尔凯戈尔的"自由的眩晕"的比喻。海德格尔在

---

① Kierkegaard, *The Concept of Anxiety*, p. 155.

② Kierkegaard, *The Concept of Anxiety*, p. 157.

③ Kierkegaard, *The Concept of Anxiety*, p. 161.

克尔凯戈尔思想的基础上进一步深化了焦虑这一主题。海德格尔考察了历史上的焦虑概念，主要探讨了宗教哲学家们对焦虑的沉思。他提到了奥古斯丁、路德等人，尤其指出了克尔凯戈尔的贡献，在他看来，在早期现代，尤其是在关涉原罪的问题时，克尔凯戈尔使焦虑成了他的单独著作《焦虑的概念》的主题。[①]尤其值得注意的是海德格尔在《存在与时间》中对焦虑(畏)进行的多维度的界定。首先，与克尔凯戈尔一样，海德格尔把焦虑与害怕区别开来。害怕针对具体对象，焦虑的对象却是整个人生在世这一现象,因此是对人格、对生活方式的怀疑。他说："焦虑之所焦虑者就是世界本身"，"焦虑之所焦虑者不是任何世内存在者"。[②]"在世"即个体的生活样式，而世内存在者即具体对象，因此害怕与焦虑显然有别。

其次，为什么会产生焦虑呢？在海德格尔那里，正如在克尔凯戈尔那里一样，乃由于"虚无"。海德格尔指出"威胁者乃在无何有之乡"[③]。也就是说，人生活在世内存在的充实中，但虚无出现了，虚无让人感到威胁，恰恰因为他害怕自己的自由，因为自由意味着自己决断，自我选择，对自己负责；但他没有能力如此做，因此导致人在焦虑中觉得自己茫然失其所在，因此如同克尔凯戈尔表达的那样产生自由的眩晕。但在另一方面，焦虑又是人应当为之欢欣的事情，因为"焦虑将此在从消散于

---

① Heidegger, *The History of the Concept of Time*, Indianna University Press, 1985, p. 292.

② 海德格尔：《存在与时间》，第 226 页。

③ 海德格尔：《存在与时间》，第 226 页。

世界的沉沦中抽回来了，日常的熟悉自行垮台了”[1]。这样一来，虚无中的焦虑使人产生既同情又反感的两难心境。第三，焦虑与本真能在关联在一起。海德格尔以为：“焦虑在此在中公开出最本己的能在的存在，也就是说，公开出为了选择与掌握自己本身的自由而需的自由的存在。焦虑把此在带到它的‘为……’的自由存在之前，带到它的存在的本真状态之前，而这种本真状态乃是此在总已所是的可能性。”[2]海德格尔和克尔凯戈尔一样，把焦虑看作个体对自己的可能性的关注。在海德格尔那里，焦虑是展示个体的本真能在的一种积极的现身情绪，但在克尔凯戈尔那里，焦虑却是一种软弱的象征，是一种病态的激情。

必须克服这种病态的犹豫不决。克尔凯戈尔形象地表示，如果我们勇于敲门，门是会打开的，问题在于，我们对前去敲门感到焦虑和害怕。不管焦虑是消极的还是积极的，它无疑都反映了人的在世存在的处境。实存主义者尤其是海德格尔关于焦虑的观念在很大程度上接受了克尔凯戈尔的观念。但是，前者对后者的评价却并不公正，他认为后者仅仅在心理学意义上探讨了焦虑，而没有涉及本真的焦虑。他这样写道：“我们刚刚引述过的从前关于焦虑的反思有着这样的毛病，他们没有真正明白此在的观念的、实存的结构，因此焦虑成为一个心理学问题，即便克尔凯戈尔那儿也是如此。”[3]其实，克尔凯戈尔对可能性、自由和虚无的关注与海德格尔是完全一致的，后者关于焦虑的

---

① 海德格尔：《存在与时间》，第 228 页。

② 海德格尔：《存在与时间》，第 227 页。

③ Heidegger, *The History of the Concept of Time*, p. 292.

思想是以他的思想为基点的。当然，后者进一步深化了这一主题，更明确地表达了其本体论含义。从总体上说，实存主义把焦虑说成人生在世的一种普遍情绪，这其实代表了某种泛悲观主义倾向。

第三节 绝望的概念

克尔凯戈尔认为，绝望是焦虑的强化状态，在这种状态中，人的病态激情使内心不宁更甚，个体也因此更需正视痛苦的抉择。他在《非科学的结论性附笔》完成后痛下决心要结束作家生涯，找一个乡村牧师之类的职务以安定下来。然而，内心的忧郁仍然在激发他做一个写作美感作品的作家，他因此写就了以反克莱马库斯署名的《致死的病》（1848）等著作。克尔凯戈尔内心深处一直处于绝望中，他也一直关注绝望问题。在他看来，他所处的时代是一个绝望的时代、流浪的犹太人的时代。[①] 流浪的犹太人是绝望的象征，克尔凯戈尔告诉我们，与唐·璜必须被抒情地解释、浮士德必须被戏剧地解释不同，流浪的犹太人必须被史诗般地解释[②]。这无疑表明，绝望本身是一个影响深远的重大主题。在1837—1838年的日记片段中，绝望和宽恕一直是他在探讨的主题。他对自己的《致死的病》因此评价甚高，认为自己以反克莱马库斯为作品署名发表的著作（指《致

① Kierkegaard, *Journals and Papers*, Vol. 1, p. 343.

② Kierkegaard, *Journals and Papers*, Vol. 2, p. 34.

死的病》和《基督教培养》）特别具有价值。

一、绝望的基本界定

然而，以“致死的病”作为关于绝望主题的书名有点令人费解，因为它常常给人以某种错误的印象。让我们先引录其序言中和定稿的第一部分中的两段相一致的话。前者曰：“正如我们在整本书中所指出的（亦如标题所宣称），绝望被解释为一种病，而不是治疗。绝望的确是十分辩证的，因此在基督教的用语中，死亡的确是对精神沉沦的最高表达，然而治疗却仅仅是去死，死离这个世界。”[①] 后者曰：“绝望的确是辩证的，它是致死的病，然而，从另一个角度看，它乃是治疗那种病的第一种形式。”[②] 在《日志和论文》中，他又有这样的说法：“卡里古拉希望所有人的头都挂在一个脖子上的想法只不过是有预谋的、懦弱的自杀。它是自杀的对方。两者同样都是绝望的世界观。”[③] 我们在如上引文中可以看出些什么呢？我们至少可以看出克尔凯戈尔哲学中包含的某种关于生死的辩证法。

首先，绝望是一种病，而且是一种精神疾病，是自我的病。这表明，它不是精神或不是真正意义上的精神，而是精神的沉沦。而且，这种精神疾病是比较严重的，以至使人濒临死亡。绝望以其与精神范畴的关联，与世俗意义上的受苦受难，诸如短缺、

---

① Kierkegaard, *The Sickness unto Death*, p. 6.

② Kierkegaard, *The Sickness unto Death*, p. 141.

③ Kierkegaard, *Journals and Papers*, Vol. 1, p. 343.

疾病、痛苦、艰辛、不幸、折磨、心理痛苦、烦心、悲伤等有别，后面这些终究不过是为琐事而烦。通常的病总有所丧失，也即身体健康的丧失，人犯错误也可说是一种病，它会使个体丧失良好的形象以至社会地位。但基督教意义上精神疾病丧失的恰恰不是这些，这种病恰恰是因为个体太注重于世俗的东西而丧失掉了永恒。[①]因此，在基督教看来，尽管受苦者狂叫自己所受之苦难比死还糟，但日常病态不会是致死的病。通常的死亡观又如何呢？日常生活中有这样的说法，就是这个人的病如此严重，足以致命。也就是说，这种病的后果就是死，但是死亡并没有克服病，只是人被病吞噬了，人被征服了而已。克尔凯戈尔这样表达了世俗之见："人性地说，死亡就是一切的终结；同样，人性地说，也只有在生命中才有希望。"[②]这样的死亡与生命在大众意见中是完全对立的，要么身体恢复，要么身体坏去。一旦死亡，什么意义都没有了；只要身体恢复健康，生活与希望又在眼前，生活又重新获得了意义。因此，基督教意义上的致死的病并不是日常意义上的病。

其次，死亡给人以希望。绝望当然不是精神，但它具有某种精神品格，是"病"的第一种治疗形式。这是因为，它与感性直接性分离，从而有了达到积极的精神的可能。死亡在基督教那里尤其具有新的含义。克尔凯戈尔指出："基督教地理解，死亡绝不是一切的终结，事实上它只是那一切永恒生命的东西之内的一桩小事情，而且，基督教地理解，在死亡中有着比生

① Kierkegaard, *Journals and Papers*, Vol. 1, p. 346.

② Kierkegaard, *The Sickness unto Death*, p. 7.

命中更无限多的希望。”[1]死亡中比生命中的希望更多，这样的表达是令人惊讶的，让人困惑。此指何意呢？克尔凯戈尔认为，与异教徒比较，基督徒有更大的勇气正视危险，因为他时刻都在经受考验，当一个人经历了最大的危险以后，其他危险只不过是一次玩笑、一种游戏而已。所谓的最大危险即“致死的病”。克尔凯戈尔要让人体验一种病，这种病在使人死亡的同时又让人恢复生命，而这种病就是绝望。在死亡中更有希望是相对于绝望的克服而言的，“治疗就是去死，死离这个世界”表明了克服绝望的最佳途径。因此，死亡并不是通常所谓的肉体消失，而是表现为一种人格转型。人本来属于天国，但由于违逆神而失去乐园，人于是生活在尘世中，而尘世代表人的沉沦。人依赖这个世界表明，他还不是精神，而是精神的异在。为了回归精神，个体必须抛离尘世的享乐和荣誉。

人生活在这个世界上，遵循这个世界的准则，但这恰恰是丧失精神的证明。个体或沉沦于物欲中而麻木不仁，或者焦虑，更甚者是达到绝望的极点。焦虑和绝望虽然有离开这个世界之意，但却有所牵挂，因此是十分危险的，一旦克服这种危险，其他一切都不成其为问题。因此要成为精神，就必须克服绝望，但是，只有摆脱物质世界才能克服绝望，这样死亡似乎成了克服绝望的最好方式。然而，这里的死亡并不是指动物或人的生命的结束，因为犯罪者身死其灵魂仍然可以得到拯救，绝望作为精神疾病主要是让过去的生活方式“死去”，并由新的方式取而代之。在此最好的表达是庄子式的“槁死”，虽有其形，虽立

① Kierkegaard, *The Sickness unto Death*, pp. 7-8.

于世，但个体却只有精神而已，这样精神的地位就凸显出来了。因此，按基督教的看法，死是基督生命的开始，准确地说是再生。基督自身就是验证：基督最初生活在天国中，他是完全的精神，但他作为凡人在世界上出现，这就不完全是精神了，当他被钉“死”在十字架上后，他的真正生命又重新开始了、复活了，他在天国中重新成为精神。克尔凯戈尔以为，死离世界使人的精神展示出来，由此人作为精神与作为精神的神沟通，在这种意义上，死亡代表着“希望”。

还有，绝望代表的只是死亡的可能性，而不是死亡本身。与此同时，绝望也包含着另一种可能，个体被绝望吞没，在这种情况下的死亡并不能有“新生”：正因为抗拒拯救，他才被绝望吞没。无论如何，作为“致死的病”，绝望代表一种独特的情感状态，它并不针对死亡的现实性。克尔凯戈尔明确表示：“绝望折磨着他，恰恰表明他欲死不能。”[①]个体没有死亡，但他体验着死亡，至少闻到了死亡的气息：“人永远地处于死亡的进行当中，要死而没有死，想去死。死亡意味着一切完结，但渴望去死意指体验死亡，如果在某一时刻体验到了它，他在任何时刻都不会忘记它，绝望中的人可能会死。”[②]绝望代表着一种模棱两可状态。一方面恰恰因为他拒绝拯救，他才陷入绝望中；另一方面，这种绝望对感性生活的怀疑使他又有了拯救的希望。因此，绝望自身不是药方、治疗，不是祝福，但它开放了这种可能性。最终说来，只有个体“死离”这个世界，只有绝望被

① Kierkegaard, *The Sickness unto Death*, p. 18.

② Kierkegaard, *The Sickness unto Death*, p. 18.

“死”治疗，个体才会有新生和希望。然而，这并不意味着自然地，也不意味着思辨地解决问题。真正重要的是在实存中实现从美感到伦理进而到宗教的飞跃。

在克凯戈尔看来，“致死的病”就是绝望。那么，绝望有些什么特征呢？绝望属于否定精神的范畴，它是比焦虑更强烈的一种情感状态。实存主义因其揭露社会和人的阴暗面而被认为是一种悲观主义的哲学。萨特的哲学尤其受到这种责难。他于是写了《实存主义是一种人道主义》一文，以此为自己辩护，在其中他谈到了绝望问题，它可以说代表了实存主义对于绝望的一般看法。萨特写道：“至于‘绝望’，这个名词的意思是极其简单的。它只是指，我们只能把自己所有的依靠限制在自己的意志的范围之内，或者在我们的行为行得通的许多可能性之内。一个人无论指望什么，这种可能性的因素总是存在的……我这就是处在可能性的范围内。但是我并不依赖那些与我的行为没有密切关系的可能性。超过这个限制，那些被认为不再影响我的行为的可能性，我就应当不去感兴趣，因为没有一个神或者什么先天的规划能使世界和它所有的可能性去适应我的意志。……我们应当不怀着希望行动。”①

如上的大段引文概括了绝望与之相涉的几个概念：可能性、意志、行动、希望等等。概而言之，人的意志应当把行动的希望建立在可能性的基础上，否则就会陷入绝望。意志这个概念属于人的主观性的主层面，是排斥思维的，是与决断联系在一起的。当人充满激情地进行决断时，他对可能性是怀着希望的，

① 萨特：《存在主义是一种人道主义》，第17页。

其行动也是有所根据的。那么绝望意味着什么呢？人要么是对可能性之不呈现感到绝望，要么是面对可能性不敢行动，因而感到绝望。萨特主张“我们应当不怀着希望行动”，他看到的显然不是不敢决断、不敢行动意义上的绝望，而是对可能性缺乏的绝望。个体绝望于“没有一个神或者什么先天的规划能使世界和它所有的可能性去适应我的意志”，个体因此绝望地与必然性抗争。萨特所说的“不冒险、无所得”，既表达了对于行动的渴望，也表明了绝望的心境。克尔凯戈尔的绝望概念同样是与可能性相关联的一个概念,它要表明,人要么对可能性之不呈现,要么对抽象的可能性感到绝望，主要表现为人面对自由而不敢决断、不敢行动。

萨特强调意志的重要性，因为它表明了人的主观性、表明人要求决断和行动；克尔凯戈尔强调精神，而其所指主要也是意志、情感等非理性的东西，同样表现为决断和行动的要求。精神在绝望中尚未成熟，或者说处于病态中，它还无力或不愿作决断，面对诸多可能性而感到无所适从。萨特所说的绝望同样是病态的，因为人在行动，但却没有自由的保障，因此绝望地行动。当然，克尔凯戈尔强调的可能性是本体论的，是每一个体面对虚无时的处境，因此不是指某一具体的可能。萨特主要在实践哲学意义上提到可能性，它往往主要针对某一具体行动的“是否可能”，他常常谈到对某些具体方面的绝望。比如，我不知道这场战争是否能打赢，我却不得不参与这场战争；我不知道我的写作计划能否完成，我却只得写下去；如此等等。克尔凯戈尔的行动主要是指内向性实存和本质地决断，因此其绝望是在实存方式意义上表现出来的；而萨特以其强调“介入”

意识和外在活动的倾向，强调的是具体选择中的绝望。不过，从整体上看，绝望在克尔凯戈尔和萨特那里同样是与可能性联系在一起的。

克尔凯戈尔的绝望概念的根本含义是什么呢？作为一种精神疾病，或者说作为自我疾病，绝望表现为自我关系的一种失调，而基于这种失调，个体对自我的人格表示怀疑。克尔凯戈尔指出，绝望是与怀疑有一定亲缘关系的概念，只是绝望用于实存领域，而怀疑用于思想领域，“怀疑是对思想的绝望，绝望是对人格的怀疑”[①]。他并且认为，绝望总是与人格危机相关的。精神总要建构一种自我理想，个体的一切活动都围绕着自我与自我相关联这一精神建构原则，但是，当精神尚不成熟或有疾病时，这种关系就会失调。克尔凯戈尔这样指出：“绝望是使自己与自己关联的关系中的关系失调。”[②]这种关系的失调即有限与无限、时间与永恒关系的失调。就其与精神有关联而言，这种失调正是精神范畴内的事情。绝望是一种自身辩证开展的东西，如果沉溺于绝望，那就意味着被绝望吞噬，相反，如果在绝望中向往光明，渴求拯救，并且投进神的怀抱，精神就从绝望中脱离出来。无论如何，绝望在一定程度上是遵循精神原则的。这就涉及生命、死亡和精神之间的辩证法。真正说来，个体追求的不是尘世的罪恶的精神，而是神圣的精神，而“这种在精神中赋予生命的不是人的自然生命的增长，这种生命的直接延续，不，它是一种新生命”，这意味着，“正是精神给予生命，是的，

① Kierkegaard, *Either/Or*, Vol. 2, p. 215.

② Kierkegaard, *The Sickness unto Death*, p. 142.

它通过死亡给予生命”。[1]

只要我们停留在尘世生活中，绝望就是不可避免的，唯有通过信仰，绝望才是可以克服的。克尔凯戈尔写道：“如果人不是由时间 / 暂时和永恒组成，他就不会绝望。因此，人的绝望是时间 / 暂时和永恒之间的关系失调，而人的本性是由时间 / 暂时和永恒组成的，但在神的手里，两者之间的关系是正确的。那么，这种关系失调是如何产生的呢？是人自己扰乱了这种关系，也就是产生了绝望。”[2] 真正说来，心理与物理、无限与有限、自由与必然、神性与人性之间的关系都会出现失调，而这种失调就表现为绝望。当然这种关系失调并不就是一种事实性，综合关系本身不是失调。如果综合关系本身就是失调，那么绝望就不会存在。也就是说，如果综合自身即失调，那么这种失调的综合关系就构成了自我的本质特征。人格自身就应该如此，这乃是它的命运，人因此应当安于这种失调的综合关系。事实上，绝望来自可能性，也即综合关系失调的可能性引起了人的绝望。这又回到了“可能性的眩晕”。绝望“就像一种眩晕”，但它在“本质上（性质上）是不同的”，它“本质上（性质上）不同于眩晕”。[3] 神要求人使自己与自己相关，实际上就是要求人与自己的可能性或理想自我相关，但是却存在着不能与这种可能性很好相关的“可能”，于是人对这种“可能”感到绝望，因为人单靠自己

① Kierkegaard, *Self-examination and Judge for Yourself*, “The Unchangeableness of God”, p. 96.

② Kierkegaard, *Journals and Papers*, Vol. 1, p. 25.

③ Kierkegaard, *Journals and Papers*, Vol. 1, pp. 347, 349.

的力量无法完成这种“关联”工作，他总感觉到失调在威胁着自己。在此，这种失调的责任主要在于精神，因为建立自我理想是精神的事情，不能达到关系的协调，表明了精神自身有了问题。也就是说，综合由精神设定，而正由于精神的软弱，它没能建立起协调的综合关系。

不管在关于绝望还是关于焦虑的探讨中，可能性都是中心议题。正因为精神面对着可能性，人才会产生绝望，而没有精神的人和自然界并不存在什么绝望。绝望表明人已经有选择的意识。个体对感性生活失望，从而采取绝望的姿态，“采取”绝望正表明绝望是被选择的，即“绝望自身是一种选择”[①]，或者说“一个人不可能没有选择而有绝望”[②]。绝望中的选择并不是具体的选择，而是绝对的选择，选择自我、选择永恒正确中的我自己。但这种自我是什么呢？克尔凯戈尔说：“它是一切东西中最抽象的东西，与此同时也是最具体的东西——它就是自由。”[③]这样，绝望就是与可能性和自由联系在一起的了。由于这种理由，绝望总相应于虚无，即使表面上看是对最具体东西的绝望，实际上也是个体对于自己的可能性的绝望。克尔凯戈尔指出：“在对于某种东西的绝望中，他真正地对自己绝望。”[④]因此，对某种具体的东西表示绝望只是一个起点，它即刻反弹回主体自身。一切绝望都回复到自我关系中主体的决断层面。就实际情况而

① Kierkegaard, *Either/Or*, Vol. 2, p. 215.

② Kierkegaard, *Either/Or*, Vol. 2, p. 215.

③ Kierkegaard, *Either/Or*, Vol. 2, p. 218.

④ Kierkegaard, *The Sickness unto Death*, p. 19.

言，绝望表现为自我选择的迷失。这需要对绝望展开分层次的、多方面的研究。

二、人性自我中的绝望

绝望是一种普遍的而非特殊的现象。克尔凯戈尔写道："无人没有一些绝望，没有人不在私下隐藏着不平衡，隐藏着内心冲突、不和谐、对某种不知道的东西或者某种甚至不敢尝试知道的东西的焦虑，对某些可能性的焦虑，或者对他自己的焦虑。"[①] 他把绝望与其他一些情绪联系在一起，以求证明绝望的普遍性。这表明在一切心境的根底里存在的都是绝望。通常以为，绝望只是某种个别现象，每一个人都有绝望，但绝望却相对于无绝望而言，似乎某人某一刻有绝望，另一刻又无绝望了，就像健康时无疾病，疾病时无健康一样。实际上，疾病无时不在，绝望也时刻都有。克尔凯戈尔因此指出，常识观点没有注意到，"不处于绝望中，没有意识到处于绝望中恰恰是一种绝望的形式"[②]。绝望实际上并不完全外显出来，不管一个人日常生活多么安稳，潜在地总有绝望伴随他，这就是人的根本处境。克尔凯戈尔首先在人性自我层次上对绝望进行分析。这种分析把整个生活与行动都列入到绝望范畴中，显然片面地看待了所谓的异化现象，以其宗教"虔诚"而否认了世俗生活的意义。

首先涉及的是绝望在综合关系上的区分。绝望既然是一种

① Kierkegaard, *The Sickness unto Death*, p. 22.

② Kierkegaard, *The Sickness unto Death*, p. 23.

精神疾病，也就需要在它与精神、与意识的关系中来区别这种疾病的层次。这其实就是要在这种疾病与综合的各构成因素的关系中进行区分，尽管这种区分具有笼统、抽象的特征。主要可以在有限与无限、可能与必然的综合关系中来界定绝望。自我是由精神设定的有限与无限的一种综合，这种综合之目标是要达到一种具体的自我。而这种具体自我既不只是有限，也不只是无限，具体恰恰就是综合。达到了综合，表明个体成了他自己，但如果这种综合没有达到，个体就陷入绝望中。这种绝望可分成无限中包含的绝望与有限中包含的绝望。与此同时，对于成为自我而言，成为可能性与成为必然性同等重要，没有可能性的自我处于绝望中，没有必然性的自我亦然。克尔凯戈尔由此也区分出两种形式，即可能性所包含的绝望和必然性所包含的绝望。

无限中为什么会包含绝望呢？克尔凯戈尔认为，这是因为个体没有达到综合，他缺乏有限这一构成因素。无限和有限是辩证对立的关系，当自我只想成为一方时，他就会陷入绝望。有限本质上是一种限制性因素，而无限是一种扩张性因素。无限中之所以包含绝望就在于，个体处于虚幻中，不加限制地设想自己的可能性，这就如同放飞的气球，漫无边际地飘荡，不可能再回归原处。换句话说，单有无限就如同建造空中楼阁，完全是没有根基的。按照克尔凯戈尔的看法，绝望表现在无限中就是：虚幻引导个体脱离自己而不能回归自己。[①] 个体在追逐一个想象中的自我，把如同影子的东西看作真实的东西，空想

① Kierkegaard, *The Sickness unto Death*, p. 31.

家或许就属于这类绝望者。他当然可以表现得很平静，因为他把一切精力都投入到虚幻和想象中了，对于其他一切都不在乎。然而，克尔凯戈尔认为这种方式乃是从自我抽离的形式，因此是绝望的一种基本形式。

这种形式的绝望可以在认知、情感和意志三个方面表现出来。就情感方面而言，由于情绪漫无边际地扩散，使得个体变得多愁善感，但这种多愁善感不是针对现实自我，而是追逐虚幻中的诗意理想。在认知方面，苏格拉底要求人们“认识你自己”，因此知识即自我知识，知识的增长也就是自我认识的深化；然而，如果这种知识是虚幻的，那么知识越是增长，它就越是成为非人性的东西。在意志方面也是这样，个人意志的膨胀，导致个体越来越趋于无限虚幻而忽略了具体，整个意志的努力完全丧失了现实性基础。认知、情感和意志构成为个体精神的整体，不管个体是主动坠入无限的深渊，还是被动地被带入其中，他都远离了具体。这种绝望是由于缺乏有限所致，其治疗就在于增加有限因素以求达到有限和无限在具体中的综合。

有限中也会包含绝望，这是为什么呢？说来很简单，有限与无限既为辩证相关的一对范畴，缺乏有限会导致绝望，缺乏无限也会如此。有限中之所以包含绝望，就在于个体只关注有限而忽略了无限。克尔凯戈尔指出，这种现象表现为个体精神的狭隘性、限制性，个体只满足于被动地接受现状。他写道：“绝望就是缺乏原创性，剥夺了自己的原创性，在精神的意义上使自己去势了。”[①] 有限作为限制性因素，使个体专注于有限领域，

① Kierkegaard, *The Sickness unto Death*, p. 33.

而失去了发展和创造的能力，所谓“精神上的去势”就是指这种精神的创造力消逝掉了、被消磨掉了。克尔凯戈尔认为，在现代社会中，公众成为评价标准，因此个体越来越成为一个普通人，一个类似于海德格尔哲学描述的“沉沦世界”中的“常人”。如此一来，有限性使个体沉沦于日常琐事或常人中，从而表现为一种绝望。

可能性之所以包含绝望是由于缺乏必然性。必然性是限制性因素，可能性则是扩展性因素。成为自我不是一蹴而就的，这是一个动态的过程，就个体始终是他自己而言，他是必然性的，就他有不断地成为他自己的任务而言，他又面对着各种可能性。个体不能远离必然性，否则的话，他就失去了自己的根基，就不可能回到自己，也就等于无家可归。黑格尔所谓的抽象可能性与这种引起焦虑的可能性是一致的。在抽象可能性里，一切都是可能的，因此找不到现实性的基础，个体也就会无所适从。在这种情况下，个体也就不可能有真正的自我，因为“绝望的深渊吞噬了自我”[①]。无论如何，个体抛弃必然性，完全摆脱约束，只会陷入到各种虚幻的可能性中，这就是可能性中产生绝望的原因。

必然性之所以包含绝望，则是由于缺乏可能性。克尔凯戈尔用发音来比喻丧失必然性和可能性所导致的绝望的不同。丧失必然性就如同婴儿最初只会发元音，即放气的，扩张性的 a、o 之类一样，但是他缺乏发封闭性的辅音的能力，因此他就只能发出一些“啊”“哦”之类的声音。与此相反，丧失可能性的

① Kierkegaard, *The Sickness unto Death*, p. 36.

人就如同哑巴，他只会发辅音。不管前者还是后者都不能完整地“掌握拼音规则”。因此缺乏可能性正是必然性中产生绝望的原因。缺乏可能性，不外有两种情况，要么指一切都是必然的，要么指一切都是琐屑的。对于前一种情况，人们会认为，既然一切都是必然的，也就没有了救赎的希望。但克尔凯戈尔自认为，面对必然性，应当以可能性来冲破牢笼。他用比喻性的说法指出：“当某人昏迷时，我们说拿水来，当某人绝望时，我们说拿可能性来，可能性是唯一的救赎。”① 克尔凯戈尔实际上拿出的又是信仰这一“万灵药”，也即，在神面前，一切都是可能的。对于后一种情况，绝望不外乎沉溺于日常生活琐事中。当个体不再把日常生活看作一切时，他就不再被剥夺自我发展的可能性。

其次涉及的是绝望在意识层次上的区分。在综合关系的失调中表现出来的各种绝望形式是未经反思的，它们与意识的关系尚未得到展开。克尔凯戈尔进而在意识层次上对绝望进行分析，也就是说，他试图用意识来界定绝望。在他看来，绝望是随意识的程度及其增进而增强的。他这样写道：“绝望的不断增强的强度取决于意识的程度，或相应于其增进。意识程度越高，绝望就越强烈。”② 绝望有其或极大或极小的情况。它也不断地处于转化过程中，人的意识程度、精神状态也因此不断变化。着魔表现为绝望的最高状态，个体在这种情况下似乎完全沉溺于精神的病态中，无力自拔。无知状态可以标称绝望的最低状态，个体此时处在绝望中，他自己却根本没有意识到这一点。但在

① Kierkegaard, *The Sickness unto Death*, p. 39.

② Kierkegaard, *The Sickness unto Death*, p. 42.

克尔凯戈尔看来，不知道自己处于绝望中，本身就是一种绝望。于是就出现了如下不同情形。

一是对自己处于绝望中无知的绝望，这是最低层次的绝望。这种绝望的特征及其实质在于，个体“对于拥有一个自我和一个永恒的自我处于绝望的无知中”[①]。个体当此之时完全沉溺于俗世中，尚未具有精神，肉体的力量超过心灵和精神，感官享受主宰着他。生活的根本指针是快乐原则，其他一切都被抛诸脑后。在这种沉沦中，“焦虑是潜存的，绝望也是潜存的”[②]。然而，不管意识到与否，不管是潜存的还是呈现的，绝望总是绝望。由于强调生活即幸福，真理之光即不幸，个体在无知中与真理、精神失之交臂了。克尔凯戈尔把这种状态下的实存看作实存的消极形式：“与意识到了其绝望的人相比较，那没有意识到自己之绝望的人只是一种远离真理与救赎的否定。”[③]这样一来，绝望本身是一种否定，而无知的绝望是一种新的否定，个体就与救赎远离了。个体此时还不具精神性，意识不到他需要神的帮助。没有意识到绝望，内心的不安不是那么强烈，但这并不能中断绝望，相反，它以隐蔽的方式持存着，从而最终会以毁灭性的方式爆发出来。

二是意识到自己处于绝望中的绝望。意识到了自己的绝望的人处于一种程度更高的绝望中。这种意识当然不是认识论意义上的，因为意识到了自己有绝望的人并不一定就理解什么是

① Kierkegaard, *The Sickness unto Death*, p. 42.

② Kierkegaard, *The Sickness unto Death*, p. 43.

③ Kierkegaard, *The Sickness unto Death*, p. 44.

绝望。一个人说他处于绝望中，他很可能误解了绝望，而并没有理解真正意义上的绝望。但无论如何他都处于绝望中，只是没有意识到而已。如果一个人正确地理解了绝望的含义，却继续处于绝望中，那么这种绝望就异常强烈。比如由于绝望而自杀，克尔凯戈尔就此指出："意识到了绝望的真正概念而自杀的人，比没有意识到绝望概念而自杀的人的绝望程度更高。他的绝望概念越不真，它的绝望程度越低。"[①] 这种对应关系是十分重要的，克尔凯戈尔在此力图表明，绝望绝非日常生活用语，它必定与自我理想及其可能性相关。如果仅仅对日常生活绝望，那么个体还没有体会到什么是绝望，因此克服绝望的愿望并不强烈，如果个体在感性生活中对这种方式与人格行为表示绝望，他就会有强烈的转换生活方式的意识，就会以理想性取代日常生活的沉沦。

三是绝望在意识强弱程度上的区分。个体意识到自己的绝望，但他在绝望中并不愿意求助于信仰，相反他只求助于自己，只信赖自己。要么是不愿意成为自我，要么是愿意成为自我，两者都是一种绝望的挣扎而已。前者表现为绝望的"弱的形式"，后者表现为绝望的"强的形式"。在弱的形式中，个体在绝望中不愿成为自我，这被称作"女性的绝望"，它与强的形式即"男性的绝望"区别开来。这里的女性、男性是就或软弱或刚强而言的。女性的软弱使女人始终感到无能为力，而每一个人在其软弱状态中也都像女人一样。当然，女性中也有强者。这种软弱可以表现为对世俗或世俗性事物的绝望。这种绝望的特征就

---

① Kierkegaard, *The Sickness unto Death*, p. 48.

表现在“屈从外部压力，而绝不是作为一种内在行动出现”[①]。个体在此时就像处于幼儿阶段的“我”，其辩证法是：快乐与不快乐；其概念是：好运、坏运、命运。个体因此处于直接性中，从而失去了永恒与希望。显然，这种软弱状态下的个体不愿意成为自我。克尔凯戈尔这样告诉我们：“对自己绝望——绝望地不愿成为自己，绝望地愿意摆脱自己，绝望地愿意吞噬自己——是所有绝望的公式，绝望的另一种形式——绝望地愿意成为自己——也可以追溯到这个公式。”[②]这既表明了绝望的无处不在、无时不在，也表明了它始终萦绕着我的一切行为，始终只是与我的处境而不是客观环境联系在一起。

另一种表述是：“这种绝望的形式是：在绝望中不愿成为自己，或更低一些，在绝望中不愿意成为一个自我，或更低的，在绝望中愿意成为其他某人。”[③]其他某人实即海德格尔所谓的“常人”，这表明个体处于日常平均状态中，别人关注什么，他也关注什么，从而成为一个没有个性、不敢自己决定自己命运的人。这种软弱也可以表现为个体由对世俗的绝望转而对自己绝望，但绝望中的个体并没有选择自我。对于世俗事物的绝望事实上就是对于个体自身的绝望，从而是对自己与永恒的关系的绝望。个体是暂时性的存在，但他却祈求于永恒，永恒的“不在手”状态恰恰构成为个体绝望的对象。对世俗感到绝望是一种软弱的绝望。现在个体对这种软弱本身也感到绝望了，他意

---

① Kierkegaard, *The Sickness unto Death*, p. 51.

② Kierkegaard, *Journals and Papers*, Vol. 1, p. 349.

③ Kierkegaard, *The Sickness unto Death*, p. 53.

识到正因为自己受制于尘世的生活准则才使他与永恒绝缘了，他绝望于自己不能成为永恒。克尔凯戈尔描述这种绝望的特征说：“在绝望中他认识到，正是由于他的软弱才赋予世俗如此重要性，但是，他现在不是由绝望而转向信仰，不是摆脱了软弱中的绝望，而是对软弱产生了绝望。”① 认识到自己的软弱为克服软弱提供了前提，然而绝望于软弱中却使个体为软弱所吓倒、为软弱所消融。这就表明，个体没有作出决断，没有内向性的勇气。这归根到底属于一种不愿成为自我的绝望。

绝望的强的形式有别于其弱的形式。这种形式表现为个体愿意成为自我。问题在于，这种自我并不是本质意义上的自我，没有神之助，自我不会是完善的，而强的绝望形式恰恰在于拒绝神的帮助。克尔凯戈尔认为，这种拒绝表现了一定的“精神品格”，属于“男性的绝望”，它在一定意义上具有坚强性。个体认识到应该拥有一个无限的自我，然而正是这种无限的自我意识又使个体陷入了绝望。“为了在绝望中成为自己，必须意识到有一个无限自我，然而，这无限自我实际只是最抽象的形式，只是自我的最抽象可能性。”② 具体的自我是限制性的，抽象的自我则是扩张性的，个体想在无限扩张中成为自己的主人，创造一个自我，他因此在行动，是一个“行动的自我”，这种行动的自我不断使自己与自己相关，然而最终不能建立起理想自我。克尔凯戈尔认为，这是因为他“不承认在他之上的力量，因此

---

① Kierkegaard, *The Sickness unto Death*, p. 61.

② Kierkegaard, *The Sickness unto Death*, pp. 67-68.

他根本就缺乏真诚,并只能玩弄真诚的假象”[①]。也就是说,个体只承认自己是主人,而不承认那建构这种关系的全能的神,因此,他的行动只是与影子搏击,而建立的也只是空中楼阁。这样一来,个体仍然处于绝望中。

三、神性自我意义上的绝望

前面探讨的诸种绝望形态乃是围绕人性自我而展现的种种病态情绪。克尔凯戈尔认为,人性并不能完整地解释个体的绝望,因为他还有其神性,或者说他还要趋向一种神性自我。一方面,个体在绝望中愿意成为自我,通过让自己越来越抽象而使自己更加舒适;另一方面,个体在绝望中满足于永恒的东西,并因此能够经受住世俗的东西或暂时的东西。[②]这显然是两种完全不同的对待绝望的方式。个体在成为精神、成为神性自我的过程中也会出现关系失调的现象,这使个体在更高层次上陷入绝望之中。这种绝望与罪联系在一起,也就是说,可以用绝望来界定罪:“绝望即罪”。克尔凯戈尔写道:“罪即——在神面前,或者拥有神的观念——在绝望中不愿成为自我,或者在绝望中愿意成为自我。”[③]个体已经来到神面前,关键在于他是否承认自己是一个罪人。换言之,个体之有罪,要么出于软弱,要么出

① Kierkegaard, *The Sickness unto Death*, p. 77.

② Kierkegaard, *Journals and Papers*, Vol. 1, p. 347.

③ Kierkegaard, *The Sickness unto Death*, p. 77.

于绝望[①]。“绝望即罪”这一定义内容丰富，有如下几个要点：

第一，它强调了“在神面前”或“拥有关于神的观念”，这表明，个体已经使自己与基督教关联起来，以神或基督为比照，这是异端或自然人不可能有的情况。尽管他处于绝望中，但他既然想与神沟通，这种绝望也就很容易克服。第二，“罪是强化了的软弱，或强化了的不服从”[②]。人性自我意义上的绝望的强弱之分尚没有与神的观念联系在一起，现在个体既已经“在神面前”，他的软弱或坚强就会具有新的意义。按照克尔凯戈尔的看法，此时的精神品格高于单纯自我关系中的精神，但精神在此时却更容易处于绝望中。因为前面说过，意识程度越高，绝望程度越强，与神相关使个体达到了绝望的顶峰。因此，克尔凯戈尔认为在神性自我中的绝望是人性自我中的绝望的强化形式，不管是软弱的绝望还是坚强的绝望都获得了强化，分别意味着“强化了的软弱”和“强化了的不服从”。他这样指出：“正由于神的概念才使罪辩证地、伦理地、宗教地成为律师们所谓的‘加剧了’的绝望。”[③]第三，这种绝望仍然可以区分绝望中愿意成为自我和绝望中不愿意成为自我这两种形态。只不过，这里所谓的自我已经罩上了神圣的光晕，而且这种“愿意”与“不愿意”都得到了强化。

克尔凯戈尔以为，在神性自我中仍然可以根据自我意识之等级来区分绝望的程度。当然，在这种区分中，必须看到它与

---

① Kierkegaard, *Journals and Papers*, Vol. 4, p. 108.

② Kierkegaard, *The Sickness unto Death*, p. 77.

③ Kierkegaard, *The Sickness unto Death*, p. 77.

人性自我中区分的性质之差异：“关键之点在于，前此考虑的自我意识的等级处于人性自我范畴内，或者说处于其标准为人的自我范畴内，但是，这一自我通过作为直接在神面前的自我而呈现为一种新的特质和品格。”[①]现在，个体通过与神的沟通，以神人标准来树立自我形象，个体由此有了无限的实在性。个体的目标是达到神面前的自我，与此同时，这种理想自我也是个体一切行为的准绳。但是理想自我并不就是完美，根据基督教的观点，正因为人不完满，正因为他有罪，才有神的存在，神面前的自我因此首先是一个罪人。认识到了这一点表明他有被救赎的希望，对罪无知恰恰最有危险。罪意识使个体把神的完满看作自己的镜子，只有这样，个体才能认识到真正的自我，所谓“越具神的观念，越拥有自我”[②]。个体仍然要求成为或不愿成为自我，由于绝望，他停留于罪中，从而不可能建立起信仰，也就因此无法拥有真正的自我。

罪之所以是罪，乃是因为它包含着冒犯的可能性。罪与信仰的对立是基督教范围内才存在的一种对立，而这种对立表明了基督教的悖谬性、悖理性。克尔凯戈尔“否认宗教的任何客观基础”[③]，在他看来，信仰就完全像悖论一样悖理[④]。基督来到世上完全是一个主观的问题，正因为如此，“必须有一种向悖理和荒谬的信仰飞跃，并且将之推进到极端”[⑤]。这种悖谬性是

① Kierkegaard, *The Sickness unto Death*, p. 77.

② Kierkegaard, *The Sickness unto Death*, p. 80.

③ Klemke, *Studies in the Philosophy of Kierkegaard*, p. 4.

④ Kierkegaard, *Philosophical Fragment*, p. 65.

⑤ Klemke, *Studies in the Philosophy of Kierkegaard*, p. 6.

人难以理解的，因为“悖谬是思维的激情”[1]，它需要的是信仰，如果强行理解，只可能引起冒犯。人之所以冒犯或被冒犯，“真正的原因是，基督教太高深了，它的目标不是人的目标，因为它想使人成为某种太特别的东西，以至他不能理解这种意图”[2]。个体恰恰绝望于不理解和冒犯，而这就要求他真诚对待自己的罪。克尔凯戈尔甚至认为，个体唯一要做的事情就是真诚对待自己的罪。[3] 人对天国既向往又惊恐，因为天国是高深莫测的。个体对于神和天国的关系有些类同于人与人之间的崇拜–嫉妒关系，也就是个体对神总是处于信仰–冒犯关系中。克尔凯戈尔把冒犯等同为不愉快的崇拜，他表明的是，个体对神的崇拜关系没有完全建立起来，因此他处于绝望中。一旦个体完全信仰神，悖谬就被他所接受，冒犯也就不会发生了，绝望也因此而消失。

---

① Kierkegaard, *Journals and Papers*, Vol. 1, p. 403.

② Kierkegaard, *The Sickness unto Death*, p. 83.

③ Kierkegaard, *Journals and Papers*, Vol. 4, p. 109.

第五章
肯定精神论

克尔凯戈尔哲学没有停留在关于否定精神或消极精神的论述或描述中，它真正关心的是伦理和宗教两种肯定 / 积极的精神形态。伦理和宗教虽然都属于肯定精神的范畴，但它们彼此之间也有质的差异。个体在感性的绝望中求助于伦理之助，将自己投身于道德的普遍性中，立志成为一个“伦理的英雄”（the ethical hero）。伦理普遍性并非保护伞，因此它要求个体不是出于强制而是出于自愿，通过自己选择而投靠这种普遍性。伦理总是对每个个体发出指令，而不是一般地要求人们服从规则和规范。在伦理道德中，个体精神上升到了普遍性，但是，在精神的进一步发展中，为神献身的要求又会让个体做一个例外者，一个“信仰的骑士”（the knight of faith）。当然，伦理的东西并不因此消失，而是在更高阶段再现，个体主动地服从神。克尔凯戈尔经常使用“伦理－宗教”这个相关联的概念，这表明伦理和宗教在很大程度上是一致的。不过，宗教的目标无疑更为“崇高”，于是就会要求所谓的“宗教对伦理的悬搁”。无论如何，个体的基本精神品格或情感在伦理和宗教中既有连续性又有与根本的断裂。

第一节　伦理的英雄

在克尔凯戈尔看来，人作为主观实存者，他唯一的现实即伦理的现实。这表明，个体对理想目标的追求可以在伦理范畴内完成。但这是在人性自我意义上说的。就自我的发展而言，有人性的自我和神性的自我的区分。人性自我是伦理现实和伦理理想的目标。伦理因此表现为人追求自我理想的一个决定性环节或阶段，它是精神的一种表征，它是内在的、人性的精神；与此同时，它是超越的、神性的精神的起点。在克尔凯戈尔之后出现的西方人文哲学思潮中，大多数哲学家都把伦理规范看作应当被弃绝的东西。尼采全盘地否定了西方的伦理和宗教，认为传统的基督教道德是奴隶道德。它奴役人，使人不能成为道德的主人、不能主宰自己的命运，完全受制于社会规范。萨特也将伦理规范看作是一种压制性的力量，是自我选择和自由的障碍，个体把一切都诉诸伦理规范，正表明他是"自欺"的。也就是说，在世存在的一切行为本应当由个体自己负责，而个体却以伦理规范为避难所或托辞，从而丧失了本真的实存意义，使自己处于非本真状态中。海德格尔哲学被认为是中性存在论，萨特哲学被视为是中性实存论,因为它们都否定道德的规范作用。

克尔凯戈尔与后来各派人文哲学家不同，他不仅是伦理的拥护者，也是宗教的拥护者。尽管他强调个体主观性这个前提，但他仍然承认伦理规范的普遍性。他批评自己所处的时代缺乏伦理意识，人们生活在感性的领域内，习惯的力量、折中调和的庸众态度使他们忘却了伦理。人们不需要道德理想，他们只是按部就班地生活着，平庸地忙碌着，在他们那里，“道德理想被那些为了适应特定时代而赋予人们的习惯结构所取代”[①]。对克尔凯戈来说，伦理是一种既有强制性，又促动主体性，并因而推动人格发展的力量，而习惯则是一种消磨人的意志的、使人堕落的力量。在他看来，时代的基本状况是：伦理的声音并非完全没有，但却很难听到回声。人们总是言行不一，当伦理的要求在言论和思想中得以表达时，人们为之欢欣鼓舞，但在实际生活中，人们却置之不顾。伦理已经被美学化了，我们在剧院、在想象的媒介中看到并崇拜它，但在生活中它却无家可归，凡是想把伦理的东西置于事实基础上的尝试都被当作笑料。假如某个人是舞台上的伦理英雄，观众会为他的事迹所倾倒，为他的命运而哭泣，但在实际生活中，他却会被看作受到嘲讽的傻瓜。真正说来，我们把审慎、谦卑转换成了金钱、荣誉、尊重以及所有的世俗享受。[②]

因此之故，应当提出一套伦理规范，用以锤炼人的品格。克尔凯戈尔强调了伦理的普遍性特征。在《恐惧和颤怖》《非此即彼》《生活道路诸阶段》等著作中，他都表明，他所强调的伦理是“普遍性的”。那么，普遍性意指什么呢？克尔凯戈尔如是写道：“作为普遍的，它适用于一切人，从另一角度看，他适用于一切时代，它内在地停息于自身中，没有它之外的东西作为

① Kierkegaard, *Journals and Papers*, Vol. 1, p. 390.

② Kierkegaard, *Journals and Papers*, Vol. 1, p. 477.

目标，相反它是它之外的一切东西的目标。”[①] 由上面的引文可以看出，克尔凯戈尔理解的伦理的普遍性有如下特点：首先，它是对于一切人的要求；其次，它是对于一切时代的要求；再次，它是自身完备的，而且是一切事物的目标指向。他认为，在社会生活中，这种伦理普遍性是最高准则，与之相违就是罪恶。凡伦理的东西都体现着这种普遍性，“伦理地看待生活者看到了普遍，他使自己成为普遍的人，不是通过消融自己的具体，因为这样会使他成为虚无，而是让自己与它紧紧相联，让它渗透着普遍性”[②]。

婚姻最能表达伦理的普遍性。在《非此即彼》第2卷中，针对第1卷中的“年轻人”沉浸于初恋中不能自拔，威廉法官提出应当进入婚姻，只有婚姻才能够给予初恋以保障。在《生活道路诸阶段》中，威廉法官对婚姻反对者的疑问一一作答，并极力为婚姻辩护。在这两部著作中，威廉法官都作为婚姻的拥护者出现。初恋和性爱强调的是美感和欲望层面，婚姻强调的则是义务。当然，婚姻中也不乏美感意义，它并不否定性爱，而是主张以伦理将其纯化。克尔凯戈尔以为，爱只有一个，但它分别具有美感、伦理和宗教价值。在婚姻中，伦理成为首要目标，其他一切都只是次要的或不必要的问题。婚姻有其内在的伦理目标，它表现为一种义务感。义务感是普遍性的最好表达。婚礼是婚姻的象征，在婚礼中，这种普遍性就已经完全表达出来了。克尔凯戈尔自问自答说：“婚礼完成了什么？它提供了对

---

① Kierkegaard, *Fear and Trembling; Repetition*, p. 55.

② Kierkegaard, *Either/Or*, Vol. 2, p. 260.

于人类产生的考察，因此在人类的庞大的躯体上嫁接新的婚姻，它因此代表着普遍的、本质上人性的东西，并在意识中激发起这种普遍性。”[①]

婚姻把个体与人类的命运结合起来，因此婚姻之爱就是实现普遍性，实际上意味着个体与普遍之间的和谐。克尔凯戈尔写道：“爱，正如已经表明的，是普遍与特殊的统一。”[②]婚姻使个体既是个体，又是人类的象征。按基督教的道德，这种象征指的是人类的原罪。亚当和夏娃违逆神，犯了原罪，经过生育，罪恶遍及整个世界，罪成为连接人与人之间关系的纽带，因此原罪实际上是普遍性的一种决定性表达。也正是由于罪恶，个体的感性欲望必须在一定程度上用伦理规范加以控制。由此看来，婚姻是值得赞颂的：“荣誉归于婚姻，荣誉也归于每一个赞同婚姻的人。”[③]婚姻以伦理纯化感性，以理智战胜情感，以普遍取代偏执。人们经由婚姻而窥见到了生活的全部本质。克尔凯戈尔认为，人们通常总是打算通过旅游来增长见识，来认识人和世界，然而，他们没有注意到，婚姻使人们自己成了世界的一个缩影。只要你步入婚姻生活，即便足不出户，一切也会近在眼前，你也因此很容易地认识这个世界。

婚姻的普遍性确立了个体的责任和社会角色。婚姻是两个异性遵循伦理规范的结合。就男人而言，通过异性的她，他才成为一个男人，所谓只有已婚的男子才是真正的男人。也正是

---

① Kierkegaard, *Either/Or*, Vol. 2, p. 91.

② Kierkegaard, *Either/Or*, Vol. 2, p. 92.

③ Kierkegaard, *Either/Or*, Vol. 2, p. 97.

由于她，他才成了父亲，成了一家之长，成了妻儿的保护人。女人的情况也一样，由于异性的他，她成了妻子和母亲，成了家庭主妇，在这个家庭中承担起侍候丈夫和哺育子女的任务。由于婚姻的缔结，个体不再像初恋那样处于游离状态，忠贞的观念已经牢固地确立起来。初恋是抽象的、梦幻的，尽管山盟海誓，却无一点保障，婚姻却是具体的、实在的，当威胁出现时，男人总是敢于冒一切危险，“为了妻子儿女，一个男人有什么事情不会干呢？……一个已婚男人每时每刻都在冒险，每天都佩戴着义务之剑”[①]。这样一来，婚姻成了“人生活的中心”，对于男人而言，“成为一个丈夫是最美好最有意义的任务”[②]。婚姻中的伦理就集中地表现为种种义务。义务就是命令，如果个体把这种义务和命令与自己关联起来，就会为这种义务而献身。伦理规范之所以能在婚姻中实现，完全取决于人们对义务的认同。

婚姻正因为表达了伦理的普遍性，它也就构成了人的永恒性因素。人们在男女性爱中总是发誓相爱到永远，海枯石烂不变心。但是，如果没有婚姻的介入，这种永恒就难以实现。在初恋中，道德责任感没有确立，如果一直处于恋爱中，情况就会始终如此。初恋是诗意的，恋人们实际上陶醉于梦幻中，渴求幻念中的永恒，或以永恒自欺。纯粹的爱总是抽象的，因为爱的对象是可变的，义务无从说起，关于永恒的誓言只不过是一纸空文。没有义务之爱因此是没有基础的，“义务总是与爱相协调的，如果你分开它们，让其中之一作为整体，那么你总

---

① Kierkegaard, *Stages on Life's Way*, pp. 119-120.

② Kierkegaard, *Stages on Life's Way*, p. 120.

处于自相矛盾中，正如‘be’这个词，人们要将它分成 b 和 e，且以 b 为整体一样”[①]。爱正是在婚姻的义务感中得以从流变中静息下来。感性的爱追逐漂亮和美，并且以为只有少女才是美的。但在已婚的男人看来，女人随岁月的增加而越发漂亮。少女时代终究会像幽灵般飘然而去，成为一串幻觉。已婚妇女作为妻子和母亲，她的地位是现实的，对丈夫的爱，对子女的爱在义务烘托下显示出了女人的伟大。当她年老不能活动了时，回味起她为丈夫和子女作出的牺牲，她总会沉浸在幸福中。

性爱中的少男少女们把幸福寄托在亲吻、拥抱、交欢等短暂活动中，这一切正表明他们对永恒感到绝望。少女尤其哀怨岁月易逝，青春难驻。在婚姻中，爱寻找到了永恒，这是因为，义务感使人们不断地作出决断，不断地为爱提供滋养，因此爱总不会枯萎。在婚姻之爱中，虽然保存有性爱的内容，但它已经不再具有重要地位。爱主要表现为精神沟通，物质性的东西只是一个媒介而已。正因为此，外在的美和外在物质条件之消失反而会把两颗爱心紧密地结合起来。初恋的爱是漂泊的，是无“家”可归的，只有通过决断，选择婚姻作保障，才会寻找到“家”。克尔凯戈尔写道：“当恋人们把他们的爱情归于神时，这一感恩行为赋予初恋一种永恒的绝对印迹。”[②]获得神的祝福，乃是婚姻的标志，是获得普遍承认的标志。

伦理的普遍性在邻人之爱中也表现出来。爱邻是伦理上的一个根本要求，是一个绝对命令。它也是基督教观念的表达：

---

① Kierkegaard, *Stages on Life's Way*, p. 103.

② Kierkegaard, *Either/Or*, Vol. 2, p. 59.

如果你连邻人都不能爱，何谈对神的爱。邻人之爱和婚姻之爱一样，属于义务之爱。正因为如此，问题不在于爱邻，而在于义务之爱的普遍性。克尔凯戈尔写道:“我们希望探讨作为义务之爱，我们应该爱邻人。”① 在这种爱中，面貌的美丑更进一步地退居次要地位。美丑是直接性的东西，是感官爱憎的对象。伦理之爱不与美丑相涉，它只与“普遍人性”相关。于是，爱邻是无条件的，无条件的应当容忍了无条件性，因为它没有假定前提。这样看来，正是无条件性使得伦理之爱具有了普遍性。正因为如此，必须首先确立爱的义务，然后才有爱邻人的问题。

伦理的普遍性尤其在悲剧英雄的行为中表现出来。悲剧英雄由于伦理目标而遭受苦难，“悲剧英雄表达普遍，并为之牺牲自己”②。因此，他的事迹总是催人泪下，动人泣涕。这表明，伦理具有感动人的力量。悲剧英雄的行为是独自完成的，他走在一条困难重重的窄路上，这与信仰的骑士一样。但是，他与后者在本质上是不同的，因为他会获得人性的支持和理解，他的归宿是普遍性。克尔凯戈尔写道:“他经历了无限的曲折，而现在在普遍性中获得了安宁。”③ 信仰的骑士（如亚伯拉罕）为了神，不惜做一个例外者，甚至抛弃父母，抛弃妻儿，这些都是伦理难以容忍的行为。无论如何，“普遍不打算承认例外存在着”，人们“不敢承认例外”④。克尔凯戈尔因此总结性地指出:“悲

① Kierkegaard, *Journals and Papers*, Vol. 1, p. 413.

② Kierkegaard, *Fear and Trembling; Repetition*, p. 79.

③ Kierkegaard, *Fear and Trembling; Repetition*, p. 78.

④ Kierkegaard, *Journals and Papers*, Vol. 1, p. 475.

剧英雄之所以伟大是因为其道德品格，亚伯拉罕的伟大是因为个人品格。”[①]悲剧英雄之所以获得同情和共鸣，并不是由于他的个人魅力。他只是伦理的一种表征、一个符号，人们透过他而发现了自己应当与之关联的伦理普遍性。如此一来，在伦理中，精神是不是被归结为普遍性了呢？

在黑格尔哲学中，精神就是普遍性、客观性。克尔凯戈尔岂不是和黑格尔一致了？这里实际上存在着理想与现实的关系，如果把现实纳入与理想的关系中，这采取的是认知行为，如果把理想纳入到现实中，则属于伦理行为。[②]显然，他们两人分别偏向认知和伦理。伦理的确表达了精神的普遍性，但是，这仅仅是其中一个方面。伦理终归是个人选择的结果，我选择了这种伦理规范，我才因此受到其约束。真正说来，具有意义的不是伦理，而是对伦理的选择，这完全出于单独个体的主观努力。只是在主观性的视野中，伦理才具有普遍意义。正因为此，个体理应成为伦理的英雄。无论如何，应该突出个体的主观性在伦理中的意义。伦理规范的强制性力量，必须通过个体的主观性才能发挥真正的作用。换言之，任何真正的伦理都必须将普遍性与特殊性结合在一起，而特殊性的意义尤其值得注意。克尔凯戈尔认为，伦理实存模式的有效的基本训练是：“要懂得个体应该独处。”[③]这种说法大致同于儒家所说的慎独。没有个体的主动性，任何强制都是无用的。

---

① Kierkegaard, *Fear and Trembling; Repetition*, p. 59.

② Kierkegaard, *Journals and Papers*, Vol. 1, p. 399.

③ Kierkegaard, *Concluding Unscientific Postscript*, p. 287.

在感性生活的终点，个体的生活观进展到了绝望的边缘。绝望是一种心态，但它已经不是一种自发的力量，精神已经在一定程度上起着作用。也就是说，面对世上一切令人绝望的东西，通过自我反省，个体对自己的生活方式也绝望了，于是他选择了绝望。这就表明，个体要求一种新的生活观，而绝望恰恰展示了新的生活观的可能性。个体对初恋不具备永恒性感到绝望，使他意识到了婚姻的意义，因此他选择婚姻，所谓"婚姻包含着一种决定"[①]。正是这种选择，使自我的主观性得到了极大的发挥。生活观的确立，第一要素就是决断。在绝望中，一种非此即彼出现了：要么美感地生活，要么伦理地生活。这种"非此即彼"成了"一个可以摧毁整个世界的护身符"[②]。既然已经到达感性生活的边缘，绝望就不再针对具体对象，取而代之的也不再是具体的东西。从根本上说，一种新的生活态度已经进入个体的视野，但他依旧茫然无措。在新旧两种生活方式中，个体究竟何去何从呢？没有谁能代替他选择。克尔凯戈尔认为，这种选择的绝对对象应当是伦理。

或许有人要说，个体应当在善恶之间进行选择。但克尔凯戈尔想要表达的是，善恶都属于伦理范畴，选择了伦理，或善或恶也就分明了。他这样写道："我的非此即彼中的主要的东西乃是伦理，因此它还不是某种具体东西的选择。它不是某种选择东西的现实性问题，而是选择活动的现实性问题。然而，这

① Kierkegaard, *Stages on Life's Way*, p. 108.

② Kierkegaard, *Journals and Papers*, Vol. 1, p. 351.

恰恰是决定性的东西。”[1] 首先是选择本身具有意义，也即恰恰是绝对选择确定了伦理的意义：“然而总是存在一个选择问题。是的，一个绝对选择，只有通过伦理的选择，一个人才能选择伦理。”[2] 选择伦理实际上就是要确立自我的意义，自我是绝对选择的对象。然而，自我不是实体，它就其本质而言是自由。选择使自由出现了，而选择本身也就是自由。这样，伦理对个体的意义首先是由于个体对这种生活方式的选择使然，正是由于决断和选择，伦理的精神品格才得以表达。克尔凯戈尔写道：“由于决断，或在决断中，心灵的最大力量开启了。”[3] 如果个体与普通人一样，根据习惯而生活，或者说自然地接受既定的伦理规范或道德准则，他的生活就是平庸的。

个体选择了伦理，表明他应当伦理地生活。如果说美感地生活意味着他是其直接所是的话，“伦理则是由之而成为他要成为的东西”[4]。个体的伦理生活要求他应当为了理想目标而奋斗，应该“成为”理想的自我，而不能够满足于其当下所是、直接所是。因此，伦理要求自我实现。克尔凯戈尔这样写道：“个体在他自身内有其目标，因此他的自我乃是他为之奋斗的目标。”[5] 他进而表示：“当个体知道并选择自己时，他将实现自我，但是，由于他是自由地实现自我，他必须知道他要实现的是什么，他要实现的事实上是他自己，他的理想自我不是在别处获得，而

① Kierkegaard, *Either/Or*, Vol. 2, p. 181.

② Kierkegaard, *Either/Or*, Vol. 2, p. 181.

③ Kierkegaard, *Journals and Papers*, Vol. 1, p. 419.

④ Kierkegaard, *Either/Or*, Vol. 2, p. 182.

⑤ Kierkegaard, *Either/Or*, Vol. 2, p. 279.

是在他自己那里获得。”[①] 这意味着一种内在活动，不然就会停留在原先状态中。所谓内在实指这种活动只关涉自己的独特处境，它由决断和选择构成，外在活动则只具有美感意义。克尔凯戈尔区别伦理活动和感性活动说：“伦理个体如同静水深流，美感个体则是随波逐浪。”[②] 伦理个体不是在他自身之外，而是在自身内拥有义务，当他完成了这一义务后，他外在方面也无什么变化，内心却转换了。美感个体则使一切活动外在化，尽管表面上改变很大，内心一点也不充实。

伦理个体总是面对着成为自我的任务，他决不旁求，因此，他的活动是具体的。克尔凯戈尔本人是这样说的：“因此个体选择作为由多种方式决定的具体，而且根据他的持续性选择自己，这种具体是个体的现实。”[③] 从个体现在还不是自己的理想自我来看，这种理想只是一种可能，但是，他既然在通过内在活动实现这种理想，就表明他在向自己的理想现实转化，因此他总处于现实与具体中。现实在实存活动与情感中产生，不存在实存活动之外的现实。克尔凯戈尔把追求人性范围内的自我理想的实存活动统称为伦理的现实，并且认为它是个体的唯一的现实。这表明伦理不单单是一个普遍义务问题，更主要的是对自己尽义务，即通过伦理之助，实现自我理想。事实上，这种理想本身就是现实的最好说明。克尔凯戈尔在解释“真实”一词时说：“什么是真实？真实即理想性。但是，从美感和理智的角

---

① Kierkegaard, *Either/Or*, Vol. 2, p. 264.

② Kierkegaard, *Either/Or*, Vol. 2, p. 261.

③ Kierkegaard, *Either/Or*, Vol. 2, p. 256.

度看，理想即可能。伦理地看，理想乃个体自身内的现实。现实乃是对实存的无限兴趣，它在伦理个体中得以展示。”[①] 由此看出，个体选择伦理，实际上是在选择自己的自我理想，并全力以赴地实现它。

选择自我的这种内在活动与认识无关，它只关涉主体的情感，这种情感导致个体的伦理决断。热情和决断因此体现了个体在伦理中的地位，它调动了个体的心智，使他全身心地专注于伦理目标。在克尔凯戈尔看来，真正的伦理把理想与现实结合起来，或者说把理想带入现实。尤其值得注意的是，“道德价值只与心灵的非理性部分关联在一起”[②]。与此同时，决断也不是向别人信誓旦旦，而是专注于自己的伦理。伦理地生活并不要求别人怎么样，而是要看自己如何践履。不管伦理的普遍性如何具有决定性，没有个体的体用就毫无意义。外在环境和外部要求只具有消极的意义。伦理从来不要求一个人尽别人的义务、尽一般的义务，而是要求每个人都尽他自己的义务，这样的义务才表明了个体的实在意义。克尔凯戈尔通过威廉法官指出：“我从来不说一个人尽义务，而是说他尽他的义务。我说，‘我尽我的义务，你尽你的。’”[③] 这就表明，伦理并非提出一般性要求，而是针对具体个体提出要求，要求把普遍与特殊结合起来。

威廉法官评论说：“这表明个体同时是普遍的和特殊的。义务是要求于我的一种普遍，因此，如果我不是普遍的，我不能

① Kierkegaard, *Concluding Unscientific Postscript*, p. 289.

② Kierkegaard, *Journals and Papers*, Vol. 1, p. 399.

③ Kierkegaard, *Either/Or*, Vol. 2, p. 268.

履行义务。另一方面，我的义务是某种特殊的东西，是只属于我自己的。不过，既然是义务，它又是普遍的。”① 当我们通常谈到义务时，只感受到它是一种普遍要求，但没有认识到，它就是对具体个体的要求。有人认为，义务是自由的障碍，殊不知，义务正好与自由联系在一起。正因为个体是自由的，他才能够肩负起道德责任来，才能尽自己的义务。如果没有自由，如果一切都是道德原则的产物，个体就不会有道德责任感，就会把道德原则作为行动或不行动的托辞。总之，伦理的本质不是强制而是自由，个体在自由中实现自己的伦理任务。婚姻最能体现伦理中的个体性和主体性的意义。婚姻是爱情的伦理保障，个体由性爱而婚姻乃是决断的产物。威廉法官说道：“婚姻的本质，我倾向于认为是爱和决心的综合。”② 个体面对着“你应当”，他必然要在内心深处下定是否尽这种义务的决心，否则一切都会消逝在短暂的情爱中，不能维系爱直至永恒。

决断告知个体应当紧紧地抓住爱，这就意味着要战胜一切外在的危险和诱惑。在感性形态中，诸如美丑、门户、物质条件之类的东西都会改变爱的情境，造成恋人之间的悲欢离合。在婚姻和伦理中，义务感和献身精神使个体为了爱而不惜一切代价。爱于是构成他的生活中的本质内容，而不是偶然性的东西。为此之故，他的主观决断具有了决定性意义。尽管他在普遍性旗帜下生活，他追求的却是理想的自我，婚姻的完满构成理想自我的一个重要方面，使个体始终执着于伦理的追求。伦

① Kierkegaard, *Either/Or*, Vol. 2, p. 268.

② Kierkegaard, *Stages on Life's Way*, p. 114.

理是普遍性和特殊性的结合，它尤其表现为个体向上，追求自身完满的一种努力。伦理自我是人性自我的最高实现，它超越了美感生活的不安定性，为个体的精神的发展奠定了比较稳固的基础。因此，精神在伦理活动中是现实的、具体的、积极的，它已经达到了自由的形态。当然，它只是肯定精神的起点，个体的最高努力并不是人性的自我，而是在神面前的虚无。因此，在神的天平上，任何人的任何努力都是无用的，至多只是一种过渡或楔子而已。

第二节　精神的转换

伦理与美感之间存在的是“非此即彼”的关系，为了实现自我理想，个体必须由美感生活阶段进展到伦理阶段。尽管两者之间不可能没有连续性，例如婚姻承认了初恋的“有效性”，但两者之间具有质的不同。换言之，美学和伦理之间的转换关系，意味着一种质的不同的辩证法开始了。[①] 然而，精神的发展使个体再度面对“非此即彼”：要么伦理地，要么宗教地实存。伦理与宗教具有一致性、相通性，但它们两者之间也存在着巨大的差异。对于试图成为精神的个体而言，宗教高于伦理。因此，存在着伦理向宗教的转换，反过来说，存在着宗教对伦理的悬搁。克尔凯戈尔很多时候都把伦理和宗教关联在一起，但他最终突出的还是宗教的地位。所谓的孤独个体或单独个体最终是神面

---

① Kierkegaard, *Journals and Papers*, Vol. 1, p. 371.

前的罪人，因此具有的是一种宗教的地位。

首先，在伦理和宗教之间存在着一致性，其首要表现是两者都抛弃思辨与客观性，把主观实存放在首位。实存是与思辨相对立的一个范畴。于伦理而言，个体必须注重自我目标，只有在决断和自我选择中，他才能够维护自己的现实性，他在思辨中绝无现实性。苏格拉底是伦理实存观的代表，他只关心自己的伦理实存，按照“灵机”的提示而活动。伦理个体只能在实存中才能够把握真理，并且本真地关注自己。就宗教而言，实存也是首要的问题。基督教并不是由客观的教义组成的，相反，它展示的是基督的实存方式。所以，克尔凯戈尔指出：“基督教是实存沟通，且只能通过实存获得表达。”[①]他认为在基督教和人之间的真正冲突就在于这一事实：基督教就是绝对，或者它教导说存在着某种绝对，并且要求基督徒，其生命要表达存在着一种绝对。[②]克尔凯戈尔于是要求人们沿着基督的“路”走向天国，而基督教由此成为一种实存提示。在伦理中，个体的道德践履是决定性的，在基督教中，仿效基督的实存方式是其本质。显然，两者都突出了实存活动的重要地位。与此同时，由于突出实存，主观性的意义就十分明显了。人的精神主要体现在内在情感中，由于情感冲突，个体实存充满了张力。

在伦理和宗教中，决断都具有首要意义，而且，这种决断是痛苦的。从感性生活向伦理生活的转变并不是一种自然而然的行为，相反地，它是个体精神的一种飞跃、一种质变，也就

① Kierkegaard, *Journals and Papers*, Vol. 1, p. 191.

② Kierkegaard, *Journals and Papers*, Vol. 1, pp. 191-192.

是说它经由了他的决断行为，他选择伦理并因此抛弃了感性。在伦理向宗教的过渡中，情况也是如此。亚伯拉罕面对着在伦理和宗教之间作出选择，要么维持伦理的普遍性，要么作一个例外者，为了神而抛弃人伦。他选择了信仰之路。两种决断都具有痛苦的性质，在放弃感性的决断中，个体必须抛弃人的本能所趋向的东西，无疑让个体有忍痛割爱的叹息。在选择宗教时，痛苦更为显著，个体必须放弃一切，包括自己的家庭、地位，甚至自我努力，要让自我奋斗在神之镜中显示为徒劳无益。伦理的努力是自我奋斗，宗教的努力是自我否定，这两者对个体都是一种内在的考验。在伦理的努力中，美感生活常常引诱着个体，要让他堕落，伦理生活的单调、乏味，使美感因素常常乘机侵入，个体一旦丧失热情，他就会抛弃自己的伦理责任，而重新沉入感性的放纵中去。在伦理向宗教的转变中，个体必须放弃自我的努力，这对于雄心勃勃的奋斗者来说无疑是沉重的打击，个体因此可能抗拒这种臣服的要求，可能产生自傲的情绪。总之，决断不可能是顺其自然，而是伴有痛苦的。

最为重要的是，伦理和宗教都是精神实存的真正领域，只有在这两个领域中，才会有精神品格。感性直接性不是精神，否定精神毕竟是消极的。伦理自我是精神发展的第一阶段，也就是人性自我阶段，这是个体在人性范围内的最高实现。在此，自我和精神的最后发展的条件已经奠定。在伦理自我中，精神的主观性和行动方面已经全部表达出来。但是，精神的发展在此却要求一种超越的努力，它要求个体超越人性的自我而达到神性的自我。神性的自我即完全服从于神的自我。神完全是精神，个体必须成为精神才能与神打交道。成为精神使个体忘却一切、抛弃一切，成为神面前的虚无。伦理的自我以为自己的努力能够带来一切，宗教的自我已经放弃种种努力，承认自己无能为力，唯有神才能决定一切。克尔凯戈尔告诉我们，基督教并不强调人在何种程度上成功地符合或满足了要求，绝不是人的努力带来了救赎，因此人应当“学会谦卑和依赖恩宠”[①]。表面上看，一个是人性自我，一个是神性自我，两者间截然不同，实际上两者都表现为加强个体的主观性、内向性。

人性自我要求的是筹划和行动，要求个体践履道德准则；神性自我则要求信仰，要求个体完全服从于神。这两种情况代表的都是个体的内向性活动，它们之间只有程度的差异而已。伦理当然不是目标，它要求转型，宗教就是伦理的转型。人将自己对人的义务转型为对神的义务，因此才有克尔凯戈尔的如下言论：“伦理地，个体的义务就是死离这个世界以见到神。”[②]由此，伦理是宗教的基础、准备，是宗教的必经环节。两者都走在通向精神目标的“路”上，伦理精神与宗教精神只有程度差异而已，或者伦理和宗教是精神的不同程度的表达。克尔凯戈尔的《非此即彼》和《生活道路诸阶段》两部著作之间的关系可以说明伦理和宗教间的这种一致性。通过前者，克尔凯戈尔主要探讨了美感和伦理之间的“非此即彼”；通过后者，他则探讨了美感、伦理和宗教三者间的关系。这是否意味着不一致呢？实际情况是这样的：在《非此即彼》中，伦理和宗教融贯在一起，而在《生活道路诸阶段》中，两者被分别作了探讨。

---

① Kierkegaard, *Journals and Papers*, Vol. 1, p. 433.

② Kierkegaard, *Journals and Papers*, Vol. 1, p. 439.

在《非此即彼》中，威廉法官力图在美感和初恋之间维持平衡，他以为婚姻之爱优于初恋的地方在于：初恋在婚姻中仍然具有合法性，不但如此，由于伦理和宗教的庇护，婚姻之爱具有了某种永恒性。而纯粹初恋，作为美感范畴，就如同整个美感生活整体一样是虚幻的，易逝的。他在区别婚姻和爱时说道："婚姻中包含有某种伦理、宗教因素，而爱不是这样。"[1] 我们由此可以看出，克尔凯戈尔在此所谓的伦理不纯粹属于人性范畴，因为宗教观念已经渗透其中，或如威廉法官所说，婚姻中包含了一种基督教运动[2]。显然，婚姻作为一种人伦获得了宗教的认可和保证。更为明显地体现伦理和宗教关系的是《非此即彼》第2卷的最后结语。克尔凯戈尔在那里暗示，伦理不是最高的，个体有成为宗教例外者的任务。威廉法官写信告知，他要把自己的一位牧师朋友的两篇布道词寄给"年轻人"。克尔凯戈尔在这里暗示了突破美感、伦理两分，并因此引出宗教生活方式的问题，这为《生活道路诸阶段》埋下了伏笔。

在《非此即彼》中，美感和伦理问题各占一卷，篇幅大致相当，在第2卷中融有宗教内容。在《生活道路诸阶段》中，反映宗教倾向的"受难的故事"《罪抑或非罪》占据了大约三分之二的篇幅，反映美感生活的《酒宴记》和反映伦理生活的《一个已婚男人关于婚姻的评论》一共只占了三分之一的篇幅。这表明，克尔凯戈尔是从一种"思维经济原则"出发的，即《非此即彼》中已经被充分表达的内容在《生活道路诸阶段》中只

---

① Kierkegaard, *Either/Or*, Vol. 2, p. 37.

② Kierkegaard, *Either/Or*, Vol. 2, p. 37.

获得了简单的论述，而没有被很好表达的内容则获得了详尽探讨。如果两书合并，三部分的份量大致相等。这样一来，展现在我们面前的就是三种可供自由选择的生活方式了。我们注意到，《罪抑或非罪》是《非此即彼》第 2 卷中所包含的一些宗教暗示的展开，相关主题的发展似乎是顺理成章的。在一定意义上可以说，它暗示了宗教与伦理的某种一致性。克尔凯戈尔自己对两部作品的关系有过说明。在《非科学的结论性》附笔中，他让该书的假名作者约翰尼斯·克莱马库斯评论过两者间的关系。

克莱马库斯指出，人们通常只注意到《非此即彼》，不怎么注意《生活道路诸阶段》，原因就在于前者文学味道浓厚，尤其是《诱惑者日记》很吸引人，后者长篇大论，其反映内心忧郁的“爱情故事”《怪人日记》因其宗教氛围则不怎么合人们的口味。当然，人们很容易看出两者间的联系：“它与《非此即彼》的关系是显然的，最根本的表现就在于前两部分运用了《非此即彼》中熟悉的名字。”① 克尔凯戈尔认为，两书之间没有本质的不同。尽管《生活道路诸阶段》不是采用两分的方式，而是采用了三分的形式，但这种三分不是抽象的。它不像黑格尔哲学中从直接性到间接性再到两者的综合那样属于三段式概念演绎，而是有其实存规定，以享乐－沉沦、行动－胜利和受难－拯救的三段式出现。基于这种规定，“尽管该书是三分的，它仍然是一个非此即彼”②。也即，最根本的选择仍然是美感与伦理

① Kierkegaard, *Concluding Unscientific Postscript*, pp. 252-253.

② Kierkegaard, *Concluding Unscientific Postscript*, p. 255.

宗教间的选择,伦理和宗教因此是一致的。克尔凯戈尔写道:“伦理和宗教两种方式事实上具有本质的联系，问题在于,《非此即彼》是伦理地得出结论，而《生活道路诸阶段》作了区分，宗教获得了应有的地位。”[①]

尽管伦理和宗教有许多共同性，但它们毕竟是精神发展的不同阶段，两者之间存在着巨大的差异，它们体现为肯定精神范畴内的两极。这两极不可能平行地发展，要么做凡人，要么做基督徒，何去何从，终归得进行一番选择。我们首先应该注意的是，伦理和宗教关注的现实是不同的，或者说存在着伦理现实和宗教现实的差异。克尔凯戈尔认为，人性自我关注的唯一现实是伦理的现实。个体在伦理中关注自己，让自己与伦理的普遍性相关联。人绝不能伦理地向别人提出要求，也不会关注别人的伦理。伦理地问什么是现实的是可以的，但这不是泛泛而问，也不是问别人，只有问自己时，这个问题的提法才是正确的。对于别人的伦理，自己最多只能通过思考予以理解，而这种理解已经使别人的现实处于可能性的媒介中了。只有在道德践履的个体行为中才有伦理的现实。宗教的现实观大不相同，它要求个体对超越于自身之外的现实感兴趣，而不是维系于自身的现实。但这种兴趣不是思想的范畴，因此它不可能是另一个体的现实。它只关注神的实在。

伦理和宗教因此区别开来了:“在此我们清楚地注意到严格意义上的宗教与伦理的差异”,“无限兴趣地寻问不是自身的现

① Kierkegaard, *Concluding Unscientific Postscript*, p. 261.

实者乃是信仰”,“只关注自己的现实者”即是伦理[①]。伦理使个体关注自己，宗教使个体关注神，这就是两者间的不同。伦理的现实实即自我理想或精神目标的现实性，伦理要求的正是实现这一理想目标，而“信仰的对象却是导师的实在，即导师真正实存过”[②]。基督作为神人在世上出现乃是一个悖谬的事实，个体一旦确信这一点，就会投入神的怀抱，就会将对人的义务转为对神的义务。伦理强调普遍性，而宗教强调孤独个体。伦理要求社会中的每一个体都伦理地生活，尽管伦理必须经由个体的主观性来实现，但是它仍然使人立足于社会关系之网中。伦理地，你应当爱自己的父母、爱自己的妻儿，伦理规范决定了你不能为了其他目标而抛弃他们，伦理就是个体的目标。尽管伦理只能由个体践履，但社会却要求你如此这般，个体如果拒绝，就会受到公众责难；另一方面，当某人表现突出时，又会赢得普遍尊重，对历史人物的功过是非的评价主要是伦理的。

伦理世界具有一种秩序，它强调个体与普遍融合到一起，个体总应当时刻听从社会的呼唤，为了普遍性而牺牲个体。悲剧英雄表达的正是这种情况：“悲剧英雄表达的是普遍性，并且为此而牺牲自己。”[③]安提戈涅表现的正是悲剧英雄的形象，她不顾禁令去埋藏她的哥哥，履行了伦理的普遍性的要求。另一方面，于宗教个体而言，孤独个体、例外者乃是他的名字。克

① Kierkegaard, *Concluding Unscientific Postscript*, p. 288.

② Kierkegaard, *Concluding Unscientific Postscript*, p. 290.

③ Kierkegaard, *Fear and Trembling; Repetition*, p. 290.

尔凯戈尔认为，作为有信仰的人，他必须牺牲伦理以保全信仰，牺牲普遍以保全个体，信仰强调的正是个体，“信仰即这种悖谬，单独个体高于普遍性”[①]。个体本来生活在社会和人群中，他使自己作为单独个体孤立出来，从而超出了普遍性，这就是牺牲普遍以保存个体的含义，也就是作一个例外者的含义。总之，根据克尔凯戈尔的看法，亚伯拉罕面临的处境是，“要么是杀人犯，要么是有信仰的人”[②]。人伦要求他爱儿子，信仰要求他爱神。为了神而献祭儿子，显然有违人伦，显然是谋杀儿子，但是在信仰者的眼里，恰恰表明宗教个体已经超越了伦理的普遍规范。这就是伦理和宗教的一种本质区别。

伦理和宗教都关注自我，但是，自我在两种生活观中具有不同意义。尽管它们两者之间存在着由低而高的连续性，但是彼此之间也存在着巨大的鸿沟。伦理的自我依靠自己的力量在自身内建构自我理想，起建构和推动作用的应当是精神，而精神在这种建构中建构自身。这无疑是一个循环，如果单单指望伦理地建构自我理想，这一循环就不可克服。绝大多数人都只是追求这种自我，更高意义上的自我似乎很少有人问津，难怪克尔凯戈尔把真正意义上的基督徒称作为“例外者”。人与自己的最高关系不能由自己设定，因为只有神才能决定这种关系。神出现在个体生命中，他主宰着人的命运：“需要神是人的最高完善。”[③]对于自以为是的人而言，不求诸己而求诸于外无疑是

---

① Kierkegaard, *Fear and Trembling; Repetition*, p. 55.

② Kierkegaard, *Fear and Trembling; Repetition*, p. 57.

③ Kierkegaard, *Journals and Papers*, Vol. 1, p. 22.

一件痛苦的事情，而这正表明他的自傲阻止了他的成熟，他的自我理想是幼稚的。伦理的和宗教的自我是不同层次上的自我，而且这两个层次绝不平衡，神的呼唤高于良心的呼声，个体不得不放弃伦理而选择宗教自我的实存方式。伦理和宗教都是寻找精神自我的努力，但是，宗教生活才是精神得以实现的最高领域，因此，要寻找真正的自我，个体必须以宗教悬搁伦理。

宗教对伦理的悬搁是精神发展的必然。在克尔凯戈尔看来，精神意义上的自我能够依靠神之助而在永恒中恢复一切在人性中丧失的东西。这就是他所要表达的“重复”观念。所谓重复，是指低级阶段失去的东西在高级阶段以新的姿态再现。初恋中的男女被世俗的东西分离，他们可以寄希望于永恒，在神的帮助下，他们可以破镜重圆。前提是，这种爱情已经具有了神圣的含义。进入宗教，在世俗的眼光中是失去甚多；但对于信仰者来说，不仅没有失去，反而多有获得。或者说，失去的是琐碎的一切，获得的是精神的完满。在人性自我中，真理被认为存在于自我的主观性中，而在神性自我中，真理存在于神性中，启示高于一切，个体不再处于与导师的接生术关系中，他乃是真理的见证人。实际上仍然需要进行选择，而且是二者择一或非此即彼：“在最深的意义上，真正说来，只有两种可供选择的类型，而在这种选择中实际上有着‘个人’这一范畴，或者服从神，怕他并且爱他，贴近神而反对人类，并以此在神那里爱人，或者贴近人类而反对神，由此曲解并人化神，‘不理会神的事物，但理会人的事物。’因为在神与人之间存在着争斗，一种生与死的争斗，神人不是被处死了么！”[1]

如果个体明确了宗教高于伦理，神性高于人性，一句话，如果他对神有信仰，他就必然会选择宗教，从而以宗教悬搁伦理。克尔凯戈尔的基本出发点是孤独个体的实存。在伦理中个体虽有其独特的实存方式，而且是独自地关注自己的伦理，但他终究是社会的一个成员，他具有伦理义务和责任感，一切活动总会受到社会的评判。在这种生活中，个体总低于大众，他无权也无力超出于“庸众”之外，在如此氛围中，要实现自我是十分困难的。在宗教生活中，情况完全不一样了，基督一直是一个孤独个体的形象，他不为大众所理解，他遭受磨难，甚至最后被送上十字架。基督教要求的就是这样的例外者，他甘愿不被理解，以自己的方式孤独地实存。亚伯拉罕是仿效基督的第一人，他如此做也是为了突出个体对普遍的超越。个体只有在宗教意义上才是真正独立存在的，这是因为，他作为罪人，只能独自地面对神，大众解救不了他。自我发展的要求表明，只有通过宗教对伦理的悬搁，才能找到自我真正实现的土壤。伦理被宗教悬搁的必然性还在于，伦理作为一种精神形态尚不“纯洁”，它总处于与物的关系中。例如，在婚姻关系中，不仅存在着个体的责任感与义务，同时还伴有感性的层面，诸如性爱和物质条件都是不可缺少的，美感仍然具有“有效性”。

更为重要的是，人性本来是不稳定的，周围环境的影响很容易使个体滑入感性的深渊，并重新恢复感性生活方式，因而以感性直接性或动物性取代精神性。克尔凯戈尔在谈到婚姻受

---

① 祁克果：《祁克果日记》，第 184 页。

到的威胁时说："如果个体没有与作为精神的神保持一种信仰关系，异端思想就会如同虚幻的记忆一样萦绕他的脑际，因此使他不能进入任何婚姻。"[①] 婚姻如此，伦理领域的其他方面亦然。因此，精神要么向高处发展，要么向下回滑，始终停留在中间点上是不可能的。为了保持人的精神品格，必须对伦理进行宗教的悬搁。克尔凯戈尔对自己的《恐惧与颤怖》一书十分欣赏，他十分自信地写道："在我死后，单单《恐惧与颤怖》也会使我作为一个作家的名字不朽于世。"[②] 该书旨在通过亚伯拉罕的故事来分析宗教对伦理的悬搁。萨特在《实存主义是一种人道主义》中也引用了亚伯拉罕的故事，借以分析人在面临选择时的绝望心境。萨特在许多方面都利用了克尔凯戈尔关于这一故事的解释，但是，由于他拒绝承认宗教意义的解释，其分析也就有些模糊和不圆满。

在克尔凯戈尔看来，宗教对伦理的悬搁是可能的、可行的，"亚伯拉罕的故事包含的正是宗教对伦理的悬搁"[③]。这样的先例为宗教信仰者树立了精神榜样，并明确地要求人们应当以个体取代普遍。个体对这种悬搁不取思考的态度，根本不存在通盘考虑的余地。就伦理而言，亚伯拉罕献祭独子是悖谬的。然而，亚伯拉罕却悖谬地采取行动，且正是这一"悖谬"，使他超越了普遍。克尔凯戈尔所理解的悖谬具有"积极"意义，它抗拒理性、提升激情。人们为悲剧英雄流泪，悲剧英雄也因此备感荣幸。

---

① Kierkegaard, *Stages on Life's Way*, p. 106.

② Kierkegaard, *Fear and Trembling; Repetition*, p. 257.

③ Kierkegaard, *Fear and Trembling; Repetition*, p. 56.

而亚伯拉罕这一“信仰的骑士”会说，请不要为我流泪，你们应当为自己流泪。为悲剧英雄流泪，仅仅是一种伦理上的共鸣，而为自己流泪，就是自己投身于活动中，将自己完全献身于神，这就是所谓的对神的绝对义务。如果伦理未被悬搁，人不可能绝对地爱神，普遍性会使他分心；在伦理被悬搁的情况下，个体的义务有了转型，获得了神圣的表达。宗教个体与伦理决裂，也因此时刻处于紧张中，他总是面临着在孤独中作出决断，这就是悬搁的必然后果。个体已经没有退路，只能背水一战。但这正是信仰的证明，是实存热情的最高表达。

第三节　信仰的骑士

伦理表现为自我肯定和自我奋斗，这是内向性和主观性的一种努力。但是，伦理目标毕竟是较低层次的，它将伦理的理想自我看作是绝对目标，这就将相对目标绝对化了，没有看到超越的意义。在精神的进一步发展中，个体意识到神才是绝对目标，因此应当将个体完全献身于神。正因为如此，克尔凯戈尔把信仰的骑士抬高到道德律令之上，他相信对伦理的神学悬搁。[①] 但是，由于精神发展的内在性（immanence）的连贯性，个体虽然否定了自我的努力，他还是在内在的主观性中看待自己与神的关系，因此个体完全内在地对待神，没能从神本身出发。他在内心的热情中否定尘世的自我，让自己服从于神，从而在

① Klemke, *Studies in the Philosophy of Kierkegaard*, p. 8.

内心深处引发了一系列情感冲突。由于完全凭主观性而未看到基督教本质上是悖谬的，个体在很大程度上还依赖理智的眼光，而且，在不同个体那里也存在着关于神的不同观念。在克尔凯戈尔看来，任何其他宗教都属于内在的宗教，它们显然低于基督教；与此同时，现行的基督教实质上也没有达到真正的基督教水平，同样属于内在的宗教。他认为处在内在的宗教阶段的个体仍然不是真正的基督教徒。

不过，意识到神的全能和自己的无能为力，为成为基督徒提供了基础，因此，内在的宗教实际上是超越的宗教即基督教的前提。当然，克尔凯戈尔以为，虽然各种内在的宗教主要是情感的（pathetic），但在它们那里也不乏辩证的成分。也就是说，个体为了放弃自我而做出了种种令人哀婉、催人泪下的努力，并因此体现了实存的悲情（existential pathos）。这种实存的悲情具有原初的表达、本质的表达和决定性的表达等三种形式，具体内容则含涉在顺从、受难和罪过感中。其中顺从是实存悲情的原初表达。顺从是个体与神保持关系的一种重要方式，神要求的就是人们的顺从。克尔凯戈尔指出："顺从比肥美的羔羊更能让神喜爱。"[①] 要顺从神就必须与尘世保持距离。这种顺从使个体必须将相对目标和绝对目标区分开来，从而对绝对目标保持绝对关系，对相对目标保持相对关系。顺从之所以表现为实存悲情，原因或根源在于，个体需要把自己的实存与永福（eternal happiness）关联起来。永福无疑表明了个体的理想实在，因此个体总应当与这种理想性的永福打交道。

---

① 祁克果：《祁克果日记》，第164页。

问题是，在这种实存努力中，个体需要放弃尘世的许多东西，因而使自己处于决断的激情中，从而让自己的生活具有悲情性。实存悲情就在于，个体要抛弃一切有限的东西以追求无限、抛弃财富以追求精神、抛弃人性自我以追求神性自我。由此有了“充满悲情的过渡，辩证的过渡”[①]。然而，真正说来个体并没有抛离世界，他只是把自己的有限目标与长远目标作了一种区分。他优先考虑自己与永福的关系，他赋予永福以绝对意义，给世上的一切以相对意义。这种目标意识的产生改变着自己的生活，他意识到自己与直接性生活已经格格不入。在这种情况下，“个体因而很容易自己决定他如何与永福保持关系，或者他是否有如此关系，他只需要使他的整个直接性及其渴望与欲求屈从于服从的审查”[②]。所谓对个体的直接性的审查意指他“不能够在直接性中生活”，而“服从的意义在于意识到在他的生活中会发生什么”。[③]也就是说，他的生活不再是按部就班的，而是需要一种宗教转型，需要服从一种新的激情辩证法。相对的有限目标和长远的绝对目标具有根本不同的意义。

在相对目标中，个体的行动不会是长久的，在绝对目标中，情况则完全相反。按克尔凯戈尔的看法，“在相对目标的例子中，献身于奋斗的时间只是一部分，然后就出现了平安地占有的时期”；但在绝对目标的情形中，个体必须始终保持实存奋斗，“既然是绝对目标，整个时间与存在都属于奋斗时期就是正当的

---

① Kierkegaard, *Journals and Papers*, Vol. 4, p. 285.

② 祁克果：《祁克果日记》，第 164 页。

③ Kierkegaard, *Concluding Unscientific Postscript*, p. 353.

了"[①]。相对目标使个体可以停留于享受中,他放弃了一些东西,同时却有所收获;对绝对目标而言,不仅要放弃一切,而且获得也是遥遥无期的,唯一实在的只有奋斗,其他指望都是不现实的。在个体的实存活动中,唯一的辩证法就是"非此即彼",他要么放弃一切以获永福,要么保有一切而放弃对永福的追求。一旦他确定了绝对目标,其选择的天平就自然倾斜了。但在日常生活与思辨中,人们却坚持另外一种原则,这一原则就是"两者都",不仅要获得永福,同时也要获得尘世幸福。克尔凯戈尔认为,这种同时追求是不可能的,因为实存意味着奋斗,而两者兼顾却使人分心,从而消融其奋斗的勇气。确定相对目标只会有部分丧失,因此调和原则在一定程度上还具有意义。但对于绝对目标而言,调和原则是绝对不适用的。克尔凯戈尔这样告诉我们:"在相对目标中,调和原则还可以有其适当的运用,但在绝对目标中,任何调和原则都意味着把它拉回到相对目标这一等级上。"[②]

很显然,作为一种实存悲情,服从的根源在于"非此即彼"原则而不是"两者都"原则。正因为此,个体时时刻刻都处于辩证的张力中。克尔凯戈尔认为,在绝对目标中,个体并没有什么指望,他唯一面对的只是受难,只是难以理解的悖谬,如果他不满足于此,就意味着他回到了世俗智慧,要么感性地、要么理智地化解神人现象,从而放弃信仰。如果单单追求绝对目标也就罢了,使人处于更加紧张状态中的乃是这一情况:他

---

① 祁克果:《祁克果日记》,第 164 页。

② Kierkegaard, *Concluding Unscientific Postscript*, p. 359.

在与绝对目标保持绝对关系的同时，必须与相对目标保持相对关系。粗略地看起来，在此似乎仍然存在着“两者都”这一调和原则，但究其实，这一原则在这里是外在的。个体追求绝对目标完全是一种内在的努力，而这并不妨碍他的外在活动与常人的共同性。调和意味着取消绝对目标，使其成为诸多相对目标中的一种。实存个体并不这样行动，在任何情况下，他都以绝对目标为第一要务，尽管他生活于有限性之中，但是他的决断已经使他与有限割断了联系，因此与有限的关系就如同同床异梦、貌合神离。

克尔凯戈尔如是说道：“但是他并不调和绝对目标与有限目标，在其直接性中，个体扎根于有限中，但是当顺从使他确信他已经接受了达到绝对目标的绝对方向时，一切都改变了，根基被割断了，他仍然生活于有限中，但是在有限中他已无生命可言，他的生命具有如同其他人一样的特征，但是他是生活于他们中的一位穿着借来服装的陌生人，他是有限世界的陌生人，但是他并不以穿戴之异显示他的不同、他与世俗的分离。”[①] 因此顺从的行为是完全内在的，外在活动没有丝毫意义。中世纪的苦修苦练并不就是宗教的本质，服从神的个体在外观上与旁人无异，但他的情感完全是内在的，从外在行为方面判断一个人是否顺从是不可能的。苦修苦练者通过肉体折磨来显示宗教情感，而这种外在受难只不过是有限的、世俗的活动，它们根本不可能表达永恒。克尔凯戈尔评论道：“世俗热情之白我折磨

① Kierkegaard, *Concluding Unscientific Postscript*, p. 369.

的矛盾产生于对有限目标保持一种绝对关系。”① 神与人是绝不相同的，因此必须以一种绝对不同的方式来表达，也即人们必须放弃世俗的一切，包括对神的崇拜和顺从的世俗性表达，以期与神处于一种绝对关系中。

确立并服从于绝对目标完全是一种内在决断，个体不应该也无法明确地将其表达出来，这表明个体的内心痛苦是难以言状的；与此同时，个体的顺从可谓漫无止境，他对目标的获得不存幻想，他只是一味地行动，而且完全不顾及世人难以理解的目光：“一个实存的个体无法找到，也不敢给予自己以虚幻的宁静，因为只要他存在，他就永远不会成为永恒，实存中的格言就是‘向前’。”② 如果目标是相对的，个体总会有完成目标的不同程度的满足感，至少觉得目标是可期的。但针对绝对目标，情况完全不同。按照克尔凯戈尔的看法，要在基督教界中成为一名循规蹈矩的基督徒，就像穿着紧身衣做体操一样不可能的。③ 与世俗分离的孤独，抗拒世间诱惑的艰辛，奋斗的持久性，如此种种处境，使个体处于极度的热情状态，因此内心痛苦是剧烈的，实存也因此是极度悲情的。顺从只是实存悲情的最初表达，它表明个体已经献身于永恒，他为了永福而愿意牺牲世间的一切。但是，宗教个体的实存并非如此简单，其实存之路总是越走越窄，他越来越需要接受更严格的考验。

受难是实存悲情的本质性表达，意味着宗教个体始终面临

① Kierkegaard, *Concluding Unscientific Postscript*, p. 377.

② Kierkegaard, *Concluding Unscientific Postscript*, p. 368.

③ Kierkegaard, *Journals and Papers*, Vol. 1, p. 166.

着更多的、更大的磨难。在这种表达形式中，实存的悲情与绝对的关系在更困难的情况下出现了。受难作为宗教范畴与幸运或不幸的美感范畴是完全不同的，它是个体面对永福而在内心深处产生的一种心境。个体让自己诉诸永恒，直接性的生活方式（态度）已经完全退隐，然而，他仍然实存（保留）在有限中。而且，即使他脱离了有限也不一定就真正实存于宗教中，因为种种宗教的幻想影响着他，使他错误地理解宗教之精神。这意味着他要接受精神的考验，这种精神的考验只是一种谦卑，这样他才不会变得傲慢。[①] 这是神针对他进行的所谓的诱惑性考验（Anfechtung），他无法与人分享，无法向他人咨询意见，这使得他在宗教实存的道路上举步艰难，许多时候处于进退两难的状态，因此，个体的内在痛苦更为剧烈。个体追求绝对目标，因而他处于决断和行动中，而且这种行动是内向性的。如果按照通常的看法，行动与受难是完全不相同的概念，因此说受难是实存悲情的本质表达似乎让人好生奇怪。

克尔凯戈尔认为，这是外在地看待个体的行动的结果："外在活动可能改变存在，但不是个体自己的存在，它可能改变个体的存在，但不是个体自己的内在存在。"[②] 这种外在活动的确表现不出受难来。它最多产生幸运与不幸的美感悲情，只能体现美感规则而不能触及个体实存。本质的悲情却完全围绕个体实存，或者说本质的实存悲情从根本上说与实存相关，而本质的实存即内向性。克尔凯戈尔认为正是内向性表明个体的受难

① Kierkegaard, *Journals and Papers*, Vol. 1, p. 247.

② Kierkegaard, *Concluding Unscientific Postscript*, p. 387.

处境:“内向性中的行动就是受难，因为个体不能使自己被理解，任何一种如此企图都同仿效一样是纯粹的受难，因此受难是内向性中的最高行动。”[①]引文中的“仿效”，也即个体仿效基督的实存榜样，尤其是他的受难。基督到世上来救赎人类，却被世人误解以至于被钉死在十字架上，这就是宗教中受难的表征。被钉死在十字架上的肉体痛苦并不是紧要的，关键的是人们不理解基督，不被理解才是真正的受难，这也是基督被送上十字架的原因。任何一个宗教个体都面对着同样的处境。

单就外在的肉体痛苦来说，基督的死可以说是他的不幸，而世人未上十字架则是幸运的，这是美感生活的原则。因此美感悲情关心的是命运的直接性，受难的意义遭到了歪曲。宗教个体的出发点完全不同，他“把受难理解为某种本质的东西”，他要求受难“就如同直接性个体要求幸运一样，即使在没有外在不幸的情况下，他也要求或者拥有痛苦”[②]。感性生活中无疑充满不幸与磨难，但美感个体追求的却是快乐和幸福。而且，感性直接性的目标就是要消灭痛苦和不幸。宗教刚好相反，它以为，只有在受难中，人才会有生机和勇气。在宗教的布道中，许多教士都误解了受难，他们习惯于把人分成幸运的、不幸的两类，这实际上是将宗教美感化了。从真正的宗教立场看，一切人都是受难者。克尔凯戈尔这样指出:“宗教性即内向性，内向性即在神面前个体与自己的关系，他对自己的反思恰恰由此而派生出了受难，这也是它本质上粘附于宗教生活的根源，因

① Kierkegaard, *Concluding Unscientific Postscript*, p. 388.

② Kierkegaard, *Concluding Unscientific Postscript*, p. 389.

此受难的缺乏意味着宗教性的缺乏。”[①]

因此，受难是实存的本质成分，而维持在这种受难中就意味着个体在持久奋斗，意味着个体发挥着自己的主观热情。个体的内在奋斗精神不仅揭示了个体受难的本质，同时也使受难与幸运、不幸区别开来。克尔凯戈尔把其反映宗教生活方式的《罪抑或非罪》称作“受难的故事”，这表明他把受难看作是宗教的本质。个体受难的最根本的原因是，他必须接受神性严格的诱惑性考验。德文 Anfechtung 是这种考验的比较准确的表达。常人把它简单地等同于诱惑，甚至等同于日常生活中的各种骚扰。克尔凯戈尔认为，它的确是一种诱惑，但它是一种拒斥性的（dispelling）诱惑，它让个体不要向宗教靠拢，因为宗教并非向谁都敞开大门，它并不打算容纳一切人。人要向宗教靠拢，却遭到了拒绝，这正是诱惑产生之源。只要个体想保持与永福的关系，他就面临着这种诱惑和考验，而如果他放弃与绝对目标保持绝对关系而使自己转入有限目标之中，这种考验就不存在。神性的诱惑表现为上对下的诱惑，有别于通常出现的低级者拖高级者的后腿。

克尔凯戈尔描述这种诱惑说：“在诱惑性考验中，最高级的东西在引诱，它仿佛在嫉妒个体，力图把它吓回到原来的地方。”[②]这种特征似乎有悖于常理，通常以为，引诱者总是低级的东西，它妨碍着人们上进，但现在的情况是，高级者引诱低级者，同样是“阻止”他上进。克尔凯戈尔指出，这种特征的

① Kierkegaard, *Concluding Unscientific Postscript*, p. 391.

② Kierkegaard, *Concluding Unscientific Postscript*, p. 410.

引诱随着个体的宗教感的增加而更具威胁和危险。他说："诱惑性考验首先诞生在本质的宗教领域，并且在最后阶段才发生，它的增强是与宗教性成正比的，因为个体发现了极限，而诱惑性考验表现了极限对于有限个体的反应。"① 通常的诱惑产生于人的软弱时刻，或者发生在弱者身上，蛇引诱夏娃就属这种情况。而诱惑性考验则发生在个体坚定地要求与绝对目标保持绝对关系的时刻。个体无论如何在此时都是最坚定的，因为他放弃了一切以追求绝对，然而他却受到了绝对的拒斥性回报。克尔凯戈尔描述人的这种处境时说："在诱惑性考验中，个体的确是无辜的，然而它包含的痛苦却无疑是可怕的。"②

不被理解的受难形态是容易忍受的，个体可以对之置而不顾。然而，如果处于不为神所接受的处境中，个体就必须正视它，因此他内心不会平衡。他必须认识到，这种处境强化着他的宗教性，他时刻面临的仍然是非此即彼，要么向前，要么后退；如果个体持久地经受住这种考验，他放弃世间一切以服从神的实存努力就获得了本质性的表达。他的原则就是："个体对自己绝对地无所作为，而只能作为神面前的虚无。因为，在这里，否定乃是与神的关系被认知的标志，而自我否定又是与神的关系的本质形式。"③ 对于这种"无所作为"，常人或许感到好笑，你不是在漫步、逛公园、劳动吗？这种外在活动看似有所作为，但对于精神而言，它们毫无意义。在伦理中强调的是行

① Kierkegaard, *Concluding Unscientific Postscript*, p. 410.

② Kierkegaard, *Concluding Unscientific Postscript*, p. 410.

③ Kierkegaard, *Concluding Unscientific Postscript*, p. 412.

动—胜利原则,现在却要个体放弃努力。克尔凯戈尔引用《圣经》中空中的小鸟、田野中的百合花的故事表明，飞鸟和百合花无所作为，全然依靠神的恩宠而悠然实存，人也应当安于此。安于此意指物质上无所求，从而专注于精神，但根本的精神就是服从神，服从就是无所作为，唯信仰神而已。克尔凯戈尔写道："神与人之间存在着无限的、根本的、质的差异。这意味着，或者可以这样表述：人绝对一事无成；是神赐予了一切；是神带来了人的信仰，等等。这就是恩典，这就是基督教的大前提。"①对于个体的奋斗精神而言，放弃无疑是一种受难。

克尔凯戈尔因而批评中世纪僧侣运动的自我鞭笞是外在地看待受难，自我折磨绝不意指在神面前无为，因为他的自我折磨就是有所作为了。他不外表明，个体通过苦修苦练就可以锤就精神。这显然与宗教的内心热情和"无"的观念矛盾。无论如何，个体实存的本质就是受难。克尔凯戈尔明确表示："受难是最高生活的本质成分。"②美感的痛苦只是实存中的偶然关联，是可以摆脱的，在宗教中却不可能摆脱它。直接性相信幸运，宗教却以受难为本质。克尔凯戈尔认为，人总希望与永福保持关联，而这种关联只有通过受难才能实现，所谓永福以受难为标志，而不以幸福作为标志，因为基督以受难才唤起了人们对永福的意识。受难表明个体与幸福的分离，他追求的是受难而不是幸福，但他却在孜孜追求永福。克尔凯戈尔处处以否定为肯定的标志，实际上赋予否定的东西以肯定的含义。美感生活

① Kierkegaard, *Journals and Papers*, Vol. 2, p. 113.

② Kierkegaard, *Concluding Unscientific Postscript*, p. 394.

追求幸福，不可能看到受难，即便是基督受难图，给予他们的也不会是宗教情感，而是一种审美愉悦。伦理以世事为要务，尽管它在悲剧英雄中显示出某种受难的表象。但是，悲剧英雄的行为唤起的同情和理解却融解了受难的心。受难在同情中解除了，为人类而献身的崇高感使个体感到的是幸运。

其实，在伦理和宗教间有一过渡环节，此即所谓的幽默。在这种状态下的个体认识到实存就是受难，但是他满足于这种认识，他嘲弄那些追求尘世幸福而为命运左右的人，但仅此而已，他并不在宗教中表达这种受难。只有在宗教中，个体才真正认识到了受难，并且把受难与自己的实存联系起来，而且一直关注自己的实存与受难的关系，“只要个体活着，受难就一直持续着”[①]。按照克尔凯戈尔的总结性描述:“受难的含义就在于远离直接性，它的实在在于它的持续性，但是它属于人的内向性，不能外在地表达自身。”[②]如此说来，受难的内蕴有三个要点：一是远离直接性，即脱离感性生活态度；二是维护持续性，即承认宗教实存的艰难；三是坚持内向性，即宗教生活充满的是内在情感性。由于受难的考验，个体已经具有了某种“虚无”意识，然而，“虚无”意识使个体认识到自己的一切努力都是无益的。对于成为基督徒而言，无益的努力无异于犯罪。

罪过感是实存悲情的决定性表达。既然个体被看作是有罪的，个体粗看起来离绝对目标越来越远了。但是，克尔凯戈尔再度启用了自己的否定即肯定的辩证法，或者说后退是为了更

① Kierkegaard, *Concluding Unscientific Postscript*, p. 412.

② Kierkegaard, *Concluding Unscientific Postscript*, p. 446.

好地前进。他提醒说:“在罪过感中，任务并未忘却，这一考察在某种方式上把它放在心上，向后回溯，深深地投入到实存中去。”[①] 我们必须根据克尔凯戈尔的思路，来考察个体是如何在罪过感中投入到实存热情中去的。个体通过放弃直接性而一步一步地向永福靠近,希望似乎就在眼前,但在不断前趋的要求中，一个声音在提醒他:“你是一个有罪的人。”对于那有上进心的个体而言，这声音无异于当头棒喝，他不得不反思:“我真的有罪吗？”如果有罪，那我为什么有罪呢？个体是具体的，时间也是具体的，个体在时间中开始其绝对目标。但是，当他正要准备开始时，时间已经流逝了，新的开始又有了必要。个体在任何时候似乎都感觉到虚度了光阴，而正当其悔恨时，时间又虚度了，这种时间的耽误是日常生活中人的根本处境。这恰恰表明个体处于直接性中，对直接性和有限领域仍有留恋。只要个体不作决断，情况就会一直如此，这就是罪过的含义。

而且，这种罪过在不断地增加和强化，因此实存个体处于实存的困境中，他越是回溯地看待自己，他越是感到自己有罪。反过来说，个体也有了前瞻地努力的可能，这只不过因为，他看到自己有罪，表明个体意识到自己在时间中耽误决断，仍然沉溺于直接性中。这是他之有罪的根源。他于是就会要求摆脱罪恶，回归实存，而这意味着他在寻找实存的根基。就其任务本应当向前而言，回去寻找根基似乎是一种后退。但是只有扎根于实存才能摆脱直接性，才能完成永恒的任务，因此从最终意义上说这乃是一种前进。罪过感为什么是实存悲情的决定性

---

① Kierkegaard, *Concluding Unscientific Postscript*, p. 469.

表达呢？个体使自己与永福相关联，罪过似乎在取消个体与这种永福的关联。但克尔凯戈尔认为，没有罪过感，就不可能使自己与永恒相关。问题就归结为这样的情形，个体实存者确定了自己与永福的关系，而“实存者与自己相关，有罪与此同时是实存的最具体的表达，因此罪过感是这种关系的表达”[①]。这里实际上有一个三段式推理，即，大前提：实存是与永恒相关联的；小前提：罪过与实存是分不开的；结论：因此，罪过就与永恒是相关联的。没有罪过感，表明个体还未真正关注自己的命运，从而不关注自己与永福的关系。

克尔凯戈尔对于罪过的论述显然具有一种奇特的逻辑。就算个体无罪吧，那他如何为自己辩护呢？他当然会说自己在某一特殊情况下是无罪的，另一个情况下也是如此。但是，真正无罪的人不存在辩护问题，因此，当他辩护自己在特殊情况下无罪时，恰恰表明他在本质上、总体上是有罪的。只要确立了总体上的有罪，具体时刻之有罪无罪都无关宏旨，它们只是派生的问题。如果不意识到这一点，具体的有罪、无罪就不可辩护。克尔凯戈尔写道：“罪过的辩证法是如此巧妙，以致，完全为自己辩护的人，就是在责难自己，而部分地为自己辩解者就是从整体上责难。”[②]所谓的有罪的辩证法就是，在具体情况下有罪的人，在总体上一定有罪，在总体上有罪的人，在具体情况下不一定有罪。这也是符合逻辑规则的。个体因此没有理由为自己辩解，“在一具体情况下有罪说明了一个人本质上责难自己有

① Kierkegaard, *Concluding Unscientific Postscript*, p. 470.

② Kierkegaard, *Concluding Unscientific Postscript*, p. 471.

罪，即使在具体情况下无罪也是这样”[①]。如上看法表明，克尔凯戈尔强调总体罪过的优先性，也就是说，正是在总体有罪的情况下，才能区分个别情况下的有罪无罪。与永福相关联的罪过并不就是具体的罪过。

真正说来，罪过是一种质的概念，不同个体的有罪是不同的，因此，有罪把个体区别开来，让他孤独无依地与神关涉。于是，这种罪就不同于日常生活中的罪过，比如说一个人今天犯了罪，不久又无罪了，过一段时间又犯了，这完全是外在评判标准，是对罪过的天真看法。实际上，不存在时有罪时无罪的情况，有罪无罪都只是罪过这一质的概念的衍生式。本质的罪不像日常的罪那样是违反社会准则的，相反，它认为凡是违背个体实存之原则的就是罪过。个体反思到自己处于一种罪过处境中，逆向地揭示出自己与神的关系。这种关系是异在的，它处于失调中，更正之，个体就会向前走向永恒。如何更正呢？早作决断是唯一的方式，不能再虚度时光，永恒总在如此地提醒个体。罪过表明个体是不完满的，这正是个体追求永恒的理由。如果个体无罪，他就是自身完满的，根本无须他求，更无趋向神的必要。罪过是常人所不愿承认的。宗教个体由于意识到自己有罪，也就使自己与人群更加远离，实存之路也就越来越窄。

人群不可靠，自己无能为力，永恒遥遥无期，路越走越窄，这都表明，实存是悲情的。在有罪的感觉中，个体通过这种感觉的维持把自己完全地回溯到了主观性和内向性中，这就把他与外界隔绝开了。其实，个体仍然停留在内在领域，以为通过

---

① Kierkegaard, *Concluding Unscientific Postscript*, p. 471.

自己的努力可以获得永福，还没有达到超越之境。实存悲情的如上三种表达表明：实存个体在一步一步地作放弃自我的努力，而这种努力是内向性和热情增强的标志。但是，此时的个体仍停留在自身中，要求通过放弃旧的自我以实现新的自我来达到与神相沟通。他没有认识到，只有在完全的“虚无”中才能与神打交道，他仍然处于内在的宗教这个低层次的宗教领域中，这与伦理活动有某种相似性，其差别只在于，一个是放弃自我，一个是肯定自我。但它们的出发点都是自我，没有看到对象的辩证本性，因此没有从对象的角度来思考自己的永恒，离超越之境距离甚远。克尔凯戈尔以为，人的真正精神在超越中以“虚无”的方式出现。因此，他的思想逻辑地进展到了所谓的超越的宗教中。

克尔凯戈尔把一般宗教称作宗教 A 或内在的宗教，而以为有一种高过它的宗教 B 或辩证的宗教（dialectical religion），也就是超越的宗教或真正的基督教。超越的宗教是实存的辩证表达，当然其中也包含情感，或者不如说，超越的宗教中的个体处于辩证的实存悲情中。克尔凯戈尔认为，只有情感和辩证两重因素的结合才能完整地表达宗教精神。宗教的目的无疑是要为个体确定永恒目标，个体对这一目标既情感地又辩证地对待。按照他自己的表述：“问题乃是情感－辩证的。”[①] 也就是说，问题的本性使得人们必须将个体的情感和对象的悖谬结合起来。内在的宗教中也不乏辩证因素，但在本质上是情感的，因为它表达的是个体在放弃自我时体现的情感冲突，以及他面对这种

① Kierkegaard, *Concluding Unscientific Postscript*, p. 345.

情感冲突而显示出的实存悲情性。但是，光有情感还不能揭示永福问题。因为情感仍处于内在性中，它还未正视对象的超出理解的特性。况且，只有当辩证因素引入时，个体的情感冲突才会达到最高的紧张状态，辩证因素可以起到“火上浇油”的作用。

内在的宗教已经表明，个体在放弃自我时要面临各种各样的外在困难，与此同时，他本身也是一种妨碍；现在，超越的宗教表达的则是永福自身的矛盾和悖理。也就是说，个体放弃了尘世上的一切东西甚至自我，以求绝对，而现在呢，那绝对的东西之本性却是悖谬的，是难以理解的，理智对它丝毫也不能触及。在这种情况下，个体唯有“盲目”地相信它而已，所谓“信则灵”的观念盖源于此。超越的宗教因此使个体达到了内向性的最高层次，这就是所谓的坚信。坚信包含了情感性和辩证性两者，只有这两者的结合才能处理个体的宗教实存。难怪克尔凯戈尔强调指出：“问题的困难最终存在于把两者结合起来。”[①] 因此，他在谈论内在的情感宗教后，即刻转入超越的辩证宗教。他不是像常人那样泛泛地谈论宗教，他关心的是一个已经是基督徒的个体如何成为一个真正的基督徒。宗教精神在他那里因此就有了明确的区分。那么，超越的宗教的特征如何呢？克尔凯戈尔力图突出基督教不同于一般宗教之处，极力避免人们对基督教的错误看法。

首先涉及的是对象的突现。在内在的宗教中，主体与主观性的地位十分突出，然而，内在的宗教还不是本质的宗教，它

① Kierkegaard, *Concluding Unscientific Postscript*, p. 346.

只代表一般的宗教性，还不具有真正的基督教精神。超越的宗教具有决定性意义，因为它乃是最高的宗教——基督教。克尔凯戈尔以为基督教是最高的宗教，其他异端宗教虽有其存在的合理性，但它们是低层次的，这一点是他要竭力维护的。但是，基督教也有本质的宗教与非本质的宗教之区分。大众基督教是低级的，最多只达到内在的宗教阶段，因此由内在的宗教过渡到超越的宗教并不完全是指由异端宗教过渡到基督教，同时也指由基督教 A 过渡到基督教 B，或者说由情感性宗教向辩证性宗教转化。当然，个体通常也难以跨越宗教 A 直接跃入宗教 B。正因为如此，克尔凯戈尔强调必须以内在的宗教为起点，"辩证部分只有在其与情感结合以创造新的悲情时才是决定性的部分"①。与此同时，个体又必须从内在的宗教转向超越的宗教。按照克尔凯戈尔的看法，在通常的宗教布道中，布道者只强调情感方面而忽略了辩证性因素，并且将这种情感与美感、伦理甚至或内在或超越的宗教混淆在一起。这种大杂烩显然有悖于基督教的基本精神。他主张必须将不同的情感区别开来，也必须将情感性和辩证性区别开来。

情感性属于个体的主观性，辩证性则是对象（永福，永福之条件）的根本品格。实质上，超越的宗教辩证地强调了对象的意义。超越的宗教的特征正在于辩证性，尤其是悖理的辩证性。克尔凯戈尔正是根据悖理性来区分两种宗教的。他这样表示："内在的宗教乃是内心转换的辩证法，它是与永福的关系，它主要表现为关系的辩证性的内在体用而非其他，因此它只以体用

① Kierkegaard, *Concluding Unscientific Postscript*, p. 346.

的内在性及其辩证性为条件。其次，我们一直称作超越的宗教或者悖理的宗教的，或具有辩证性的宗教，相反地设定了条件，这条件不仅辩证地包含内向性，而且是某种更密切地界定了永福的东西，不是更密切地界定了个体的把握，而是更密切地界定了永福自身。”[①] 在克尔凯戈尔看来，没有悖理，就没有激情，我们因此不应该忽视悖理的极端重要性。在信仰中，悖理性并不属于个体，它完全属于个体面对并服从的对象。正是在这种严格的悖理中，永福作为第一位的东西凸显出来了。克尔凯戈尔强调的是“绝对的悖理”（the absolute paradox）[②]。问题不在于理解，而在于信仰。借用路德布道来说，人要么诅咒基督，要么承认他是主，因为崇拜的颠倒的激情就是诅咒。[③]

于是有必要界定永福的本性，它具有什么样的特征，我们的思想是否可以把握它，如此等等。个体在内向性中主要通过情感体验把握对象，在很大程度上他还可以思考它，但是，当永福作为第一位的东西被提出来时，个体面对的却是悖谬的或不可理喻的东西。克尔凯戈尔指出：“基督教即实存沟通，它将婉言谢绝被理解。”[④] 不能被理解恰恰表明了对象的悖谬性。对象的突出，使得个体的地位越来越退隐，但这并不意味着内向性的减弱。内在的宗教要么异端地要么人性地表达神性，而超越的宗教恰恰要突出对象的悖谬性，从而通过反映对象的特点

① Kierkegaard, *Concluding Unscientific Postscript*, p. 494.

② Kierkegaard, *Philosophical Fragment*, p. 37.

③ Kierkegaard, *Journals and Papers*, Vol. 4, p. 299.

④ Kierkegaard, *Concluding Unscientific Postscript*, p. 497.

来折射个体内向性的张力。这一切代表的恰恰是永福的条件的辩证性。永福是个体追求的目标。异端或思辨的基督教可以在思想中把自己与永福联系起来，但是，一旦真正地、实存地面对永福时，通常意义上的思想就毫无用处了。个体从前的自我努力已经没有多大意义，因为个体在其精神发展中意识到，永福是不可能人性地被把握的。永福是一种外在的赐予，也就是说存在着某种外在的条件。当然，这里的外在是与超越相应的，而不是日常生活意义上的外在，人的永福就取决于这种超越性的外在条件。

现在的问题是这种条件的本性如何，人应当如何对待它。辩证的悲情性就在于，面对幻相，个体敢于正视悖谬的外在条件，或者说，“紧紧把握绝对悖理的质的辩证法，并且向一切幻相挑战”[①]。正因为如此，个体必须进入到对于绝对悖理之条件的把握中。他不可能用知性来把握这种外在条件，这是由其质的辩证法决定的。这种超越性的外在条件不会被理解，以免被误解。因此，于人而言，理性或知性都应当被抛弃，或者说，在对永福之条件的理解中，知性自身否定了知性。按通常观念，理解与不可理解还存在着调和的可能，也即可以部分地理解，在一定程度上达成理解。对于永恒幸福而言，不存在这种部分理解的问题。从根本上说，知性对于成为基督教徒是无益的，而且，严格地讲来，智力和知性越高，人越容易陷入思辨的幻念中，从而也就更难成为基督徒。“聪明反被聪明误”的流俗格言或许能见一斑。这种外在条件的不可理喻正是基于它的悖谬、悖理

① Kierkegaard, *Concluding Unscientific Postscript*, p. 498.

或困思，并以多种形式体现出来。

首先，个体在内在的宗教中已经使自己与时间中的东西分离，然而现在的问题是，个体应当在时间中，通过与某种时间中的东西的关系来指望永福。通常的基督教观念以为，今世与来世是分离的，现世是人应当抛弃的东西，来世则是其永恒天国。但是，神现在却另有策略，他不是让人向之而趋，而是下凡为人。因此，永福自身在时间中的某一瞬间已经来到世间中。于是，原先意义上的来世与今世之区分已经失去了意义，必须在今世中理解来世，以来世来规范今世。克尔凯戈尔指出，永福之来到世上乃一种矛盾，而通过这一矛盾，“实存被悖理地强调，实存因永恒自身在时间中某一刻来临的理由而被悖理地强调这一事实则使今世与来世获得了绝对的界定”[①]。如何看待今世与来世因此决定了实存的本质。如果不面对永恒自身来到了世上这一事实而空幻地谈论今世或来世，那么个体就等于忽视了实存的意义。不管个体反思自己还是反思神，个体都已经在与永恒打交道，因为基督教自身是一种实存交往。

内在的宗教停留在内在的领域，还相信逻辑和一定程度的知性，还相信存在着一致，但超越的宗教却主张与内在决裂，不再相信逻辑，认为矛盾就是一切。克尔凯戈尔写道：“它强调实存是一种绝对的矛盾，因此它不处于内在之中，相反它是与内在相对抗的，不再有暂时与永恒的内在的基本亲缘关系，因为永恒自身已经进入到时间中并构成了这种关系。”[②]也就是说，

① Kierkegaard, *Concluding Unscientific Postscript*, p. 505.

② Kierkegaard, *Concluding Unscientific Postscript*, pp. 507-508.

在内在的宗教中，强调内在与外在的区分，并使个体保持在内在之中,以与超越保持关系,现在超越已处于“外在事物”中了，那么个体必须与时间中的超越之化身打交道，由此内在这道栅栏就必须冲破。这显然是让人难以理喻的。当个体由外在向内在回归时，个体忍受了不尽的痛苦和内心折磨。然而，个体现在却不得不再次向“外”，虽然这种“外”已有很大的不同，但它毕竟要求个体具有放弃内在的勇气。永恒真的会存在于时间中吗？人能在外在事物中或历史中寻找到永福的根据吗？理性或知性再也无能为力了，个体因此要么完全地陷入迷惘中，要么走向信仰。

其次，一个历史事件决定了我们的永福。个体本来以为，永恒是高于历史和时间的，因此，在内在的宗教中，个体不把自己与永恒的关系建立在自己实存于时间中这一事实上，相反，他与永恒的关系决定了他在时间中的实存必须符合永恒的要求，并通过一种实存转换来实现这种要求。于是，永恒决定了他该如何实存，永恒决定了他在历史中的意义。他由此认为，永恒是超越于历史之外的，它绝非一种简单的历史事件，人们的永福也不可能建立在一个历史事件的基础上。但是，现在却要声称一个历史事件决定了人们的永福，这岂不是一个矛盾吗？克尔凯戈尔认为，从表面上看的确如此，但是，现在所谓的历史事件已经有了质的不同，因为他突出地强调这种历史事件的本质乃是悖谬。这一悖谬的历史事实就是：“神圣，永恒在时间中的某一刻作为一个个体的人来到了世上。”① 神圣与世俗在本质

① Kierkegaard, *Concluding Unscientific Postscript*, p. 512.

上是不相容的，基督为神之子，生活于天国之中，然而他却来到世上成为凡人。这是如何可能的呢？答案是：通过悖谬。

应该从两个角度来看待这种悖谬性：神违背自己的本性来到世上，这是悖谬之一；人对于这种神性的在世难以理解，则是悖谬之二。悖谬是相对于理性而言的，正因为它不符合理性，因此是悖谬的。这种非理性的特征使悖谬与信仰紧密联系在一起。克尔凯戈尔说，“悖谬与信仰是不可分割的”，与此同时，“当信仰者具有信仰时，悖谬就不悖谬了——信仰转换了它”。[①] 这意味着，在信仰者眼里，一切都是可能的。基督来到世上，这本质上就是神话。凡人都想与其永恒的可能性相关，而这一事实却反过来，可能性要实现于现实中，因此信仰高于理性。克尔凯戈尔指出：“这是悖理的宗教领域，信仰的领域，它可以被信仰，它抗拒理解。”[②] 如果有人说他理解了这一历史事件，只能表明他误解了它，表明他生活在幻相中，不敢面对那神圣的历史事实。然而，如果他相信它，就表明他真正具有了基督性。在克尔凯戈尔眼里，“真正的信仰在悖谬中健康地、幸福地呼吸，而虚弱的信仰则必须凝视和思辨”[③]。

辩证因素强化了个体的实存悲情。内在的宗教企图通过人性的努力以获得永福，他只看到神的神圣面，而没有看到他在世上的卑微面，因此不能体会到神圣的悖谬。认识到神性之悖谬者为数甚少，因此达到超越的宗教者是很难得的。克尔凯戈

---

① Kierkegaard, *Journals and Papers*, Vol. 1, p. 7.

② Kierkegaard, *Concluding Unscientific Postscript*, p. 513.

③ Kierkegaard, *Journals and Papers*, Vol. 1, pp. 7-8.

尔说:“超越的宗教是有差别地对待的、选择性的、有争议性的:只有在某一确定条件下才被祝福，因为当我绝对地把自己与这种条件相关联时，我排斥其他一切不如此把自己与该条件联系在一起的人。”[①]这表明孤独是教徒的本质，越是向上进展，情况越是如此，因此也就有一点“高处不胜寒”的味道。看起来超越的宗教只对个别人施予恩宠。但是，从根本上来说，还是取决于个体对这种悖理的东西的信仰。对于任何人，做神的选民的信念都必须强化，面对悖理，如果没有信心，个体只会走向绝望。凡不与这种历史条件相契合者，也即凡不能够见证基督下凡的人都不可能获得幸福。然而，并非所有见到基督受难的“实况”者都是见证人。如果没有信心，在一个见到“实况”者的眼里，受难也只意味着一个罪犯被处死了。因此所谓见证需要的并不是与基督同时代，而是信仰。

只要你信仰，只要你处处动用“信仰之眼”，尽管时有流逝，地分八方，你总与基督同在，你总是基督在世的见证人。按照克尔凯戈尔的说法，个体与神的关系始终是一种现实的关系，“与神的一种二手关系就像二手地坠入爱河一样完全是不可能的、完全是无意义的”[②]。问题的关键是信仰，也就是必须面对悖谬，并由于悖谬而“不断地实存在实存的边缘处境中”[③]。由于信仰，实存的悲情得到了强化，这种“边缘处境”表明，个体处于“尖锐化的悲情”中。而罪意识是这一悲情的集中表达。在内在的

① Kierkegaard, *Concluding Unscientific Postscript*, p. 516.

② Kierkegaard, *Journals and Papers*, Vol. 2, p. 145.

③ Kierkegaard, *Concluding Unscientific Postscript*, p. 505.

宗教中，克尔凯戈尔强调了个体不应当具体地看待某一罪过，而是在总体上表达一种罪过感，也就是说，罪过是一种质的界定，它是无须区分时间、地点、数量的。但是，这种总体上的罪过根本上还是一种人性意义上的过失。通常，基督教要人们忏悔的正是日常罪过，但这种罪过感还不是决定性的。在精神发展到能够正视悖谬性时，个体猛然意识到自己从根本上是违逆神性的，因此处于“罪”中。罪之原意就是违逆神。克尔凯戈尔强调这种罪意识，认为“这种意识乃是实存的悖理性转换的表达，罪意识是实存的媒介”①。

在悖理的宗教中，罪意识是一种本质的情感表达，这种情感因面对悖谬而紧张、更强化。有罪感保持在内在的领域，实存个体还有某种退路，在罪意识中，个体已经与内在性决裂，他已经不是人性意义上的罪犯，而是违离神的渎神者。但是，罪也是一种表征，正因为人有罪，他才要求被拯救，神的存在也才是有意义的。如果说在罪过中，个体可以通过自己的努力以求解脱的话，现在的情况是，没有神，就不可能有拯救，因此个体只有信仰那悖谬的历史事实，才有救赎的希望。克尔凯戈尔在谈到罪意识的意义时说：“罪意识正是主体自身的改变，他成了他之外的另外一个人，他成了罪人，这使得他成为罪人的力量是时间中的神。”②成为罪人而且意识到自己的罪，与此同时又勇于直面神，表明个体已经克服一般的人性，在此，就个体实存而言，精神成了第一位的，因为作为一个有罪意识的人，

---

① Kierkegaard, *Concluding Unscientific Postscript*, p. 516.

② Kierkegaard, *Concluding Unscientific Postscript*, p. 157.

他摆脱了自己与世俗的关系，他完全在神之镜中照看自己。这样一来，他就处于一种“身在曹营心在汉”的状态中，这就是他作为罪人所具有的悲情。总之，悲情性和辩证性的结合，真正地体现了基督教精神，这就是信仰的根本含义。

宗教精神有其发展的进程。伦理和宗教属于真正严肃的精神，而宗教又分成内在的宗教和超越的宗教。在伦理和宗教之间的关系中存在着后者对前者的延续与悬搁的问题，也即，它们之间存在着内向性不断增强与人格转换的双重过程。当然，这一双重过程也是一致的，人格转换使内向性更加强化，这种关系主要表现在伦理和内在的宗教之间。问题在于，停留在内在的宗教是不够的，为了提升精神，还必须从心性进展为神性，这就出现了超越的宗教对内在的宗教的超越。情感和辩证两方面的因素对于一个真止的基督徒而言是缺一不可的。内在的宗教强调了情感方面，超越的宗教强调了辩证因素；但是，内在的宗教并不缺乏辩证性，虽然它缺乏悖理的辩证性。超越的宗教不仅没有消解情感因素，相反加强了情感性，使情感在更尖锐的程度上表现出来。因此，两者的结合才能揭示宗教的本质。然而其间的区分也是显然的，两者间具有程度和层次的区分。

人们通常易于接受宗教情感方面的因素（易于接受内在的宗教），放弃自我需要激情，这是人力所能及的事情；尽管内向热情是决定性的因素，人的理性和思辨反思在一定程度上还可以有所助益，而且伦理的要求在一定程度上与内在的宗教并不是完全相冲突的。尽管它和伦理有不同，一个放弃自我，一个肯定自我，但它们都是为了一个理想自我才或肯定或否定的，因此内在的宗教与伦理总有着千丝万缕的联系。根本的一点就在于，不管个体是放弃自我还是肯定自我，自我在他那里都具有中心地位，外界条件的意义未被重视。悖理的宗教由于强调条件而具有了新的品格，它的情感更为剧烈，却不易为人接受，因为，使他的情感因素尖锐化的是一种悖谬的力量，理智对此已经毫无助益。与此同时，伦理的因素已经不再起任何作用。当此之时，自我已经不是中心，悖谬的条件自身的辩证本性成为个体关注的焦点。

内在的宗教甚至还具有某种美感倾向。内在的宗教作为一种与内在世界联系比较紧而未达到超越之境的宗教，它与感性事物仍有剪不断的牵连。训导是一切宗教的方式，在基督教的内在的宗教阶段同样如此。但这种训导具有明显的感性倾向，这是因为：一方面，布道者往往把外在的服从、受难看作是根本的，没有意识到外在的感性活动并不能取代内向性热情，中世纪自我折磨的僧侣运动便是这种外倾行为的集中表现。另一方面，个体意识到正是自己成了自己的永恒幸福的妨碍，因此要求放弃自我，但是他没有看到外在条件的意义，即便他认为自己应当依赖外在条件，也是把这种条件看作感性的。因此，处于内在的宗教阶段的个体要求作为“生理之眼”意义上的见证人。但是，在超越的宗教中没有训导存在，个体孤独地进行宗教沉思，表现为世上的例外者。这种沉思完全以那悖谬的事实为根据，个体根据“信仰之眼”，而不是“生理之眼”看待那外在条件，于是那外在条件丝毫没有美感意义，其价值完全是宗教性的。

个体放弃了一切外在意义上的活动，完全投入到自己与悖谬的关系中。克尔凯戈尔如是说道：“如果不在这一意义上牢牢地坚持悖理，内在的宗教就是最高的，而作为整体的基督教就会被还原为美感关系。”[①] 无论如何，处于内在中的宗教即内在的宗教不可以被称作真正的基督教，这是因为：“内在的宗教领域中的训导性成分本质上是内在的成分”，而“以内在为乐的最极度的福利也只是一件可爱的事，但却不是有益的、本质上的与神的关系”。[②] 因此，保留在内在中还是与内在决裂成为内在的宗教和悖理的宗教的分界线，后者由于与内在决裂而远离了美感。内在的宗教也可以存在于异端中，任何宗教都达到了内在的宗教的层次，它也可以是基督教界中任何一个人信仰的宗教。这是因为，异端是与基督教信仰者不同的其他信仰者，因此也具有宗教倾向。但凡具有宗教倾向的人都有永福的要求，在这种永恒意识中，个体让现实的一切受制于这种对永福的期望，因此，理想的目标引导着现实，个体也因此实现了实存转换。

在悖理的宗教中，个体被要求相信时间中、历史上就出现过这种永福的条件，因此永福不是一种理想，而是一种现实。个体必须信仰并仿效这种条件所展示的内容，这样，个体就由期望转向了行动。内在的宗教是一种人性的努力，超越的宗教应当以内在的宗教为前提。克尔凯戈尔写道：“在有任何对超越的宗教的辩证性意识之前，内在的宗教首先必须呈现在个体中，当个体以其决定性的实存悲情与永福联系起来时，才能意识到接下来的辩证性如何把人置于悖谬的悲情中。”[③] 个体如果没有

---

① Kierkegaard, *Concluding Unscientific Postscript*, p. 498.

② Kierkegaard, *Concluding Unscientific Postscript*, p. 497.

③ Kierkegaard, *Concluding Unscientific Postscript*, p. 494.

放弃自我的真正努力而妄称自己是基督徒，这是可笑的，因为放弃自我乃是成为基督徒的前提性条件。但是，内在的宗教如果不上升一个台阶，它就完全处于否定中，而不能与神保持一种积极的关系。内在的宗教是在“真正的”基督教之外表达永福的种种努力，是人性要求的一部分，而超越的宗教完全以一种神性的要求出现，个体完全成了精神，信仰是其唯一的东西。这样，个体通过“服从→受难→有罪感→罪意识→信仰”而完成了宗教精神的全部发展。

结 语

我们的整个努力都致力于重构克尔凯戈尔的哲学体系，以便确立他作为一个“独立”哲学家的地位。哲学史家理应根据历史和逻辑相一致的原则撰写哲学史，由此排列哲学家们的序次。然而，实际情况是，人们主要在考虑逻辑的层面，也即思想之传承与影响，并因此从思潮的角度来确立哲学家的地位。这样一来，一些哲学家由于时运不佳（当时无甚影响，其后大放光芒），就只能在哲学史上往后排名。这往往让人们觉得他们本身并无多大价值，只不过是后来的人利用了他们，才让他们成为名家。这无形中使他们的地位处于可疑的境地。克尔凯戈尔在时间上处于黑格尔之后，是19世纪的人，但哲学史家们对他基本上没有时间概念，始终将他与实存主义联系在一起，这无疑使他的思想失去了自身价值，因为他只是实存主义的一个远祖、一个源头、一种契机。雅斯贝尔斯、海德格尔、萨特、梅洛-庞蒂等人知道“饮水思源”的道理，但只承认他给予了他们以某些启示，而不认为他的思想具有自身价值。实存主义者待克尔凯戈尔如此，那些研究者亦然，除了套用一些成熟的实存主义用词外，似乎就无法理解其思想。

我们强调克尔凯戈尔哲学的自身价值，这并不是说我们就否认他对其后各种思潮的影响，相反，确立了他的哲学的自身价值，才使其影响成为有基础的，否则他的地位只能完全依赖于后人。作为黑格尔主义的直接反叛者和后期现代人本主义思潮的始祖之一（另一个是叔本华，尼采后于他们），他在哲学史上是功不可没的。思辨性的形而上学和绝对主义观念不仅妨碍着自然科学的探索，也不利于揭示人的个性的全面发展。作为最早意识到哲学危机的人之一，克尔凯戈尔为探索哲学发展的新思路作出了自己的贡献。德国古典哲学终结了，马克思和恩格斯转向了社会实践方面，而克尔凯戈尔转向了个体实践方面。克尔凯戈尔和叔本华有许多共同性，那就是与黑格尔的客观主义、绝对主义、思辨立场对抗。宗教在他们那里也都扮演着重要角色，只不过一个要改造基督教，一个根本就抛弃了基督教。克尔凯戈尔这样写道："叔本华贬低基督教，在与印度智慧的比较中嘲笑基督教。"[①] 不过，由于他们所处的学术环境主要是黑格尔主义的，他们的反叛不可能是彻底的，激进的外表无法掩饰他们与黑格尔哲学的许多一致性，这是他们自己无法看到的盲点。例如，叔本华在一定程度上调和了理性与非理性，而且还具有追求真理的愿望；而克尔凯戈凯尔发挥了辩证法观念，并力图恢复许多传统的伦理规范。克尔凯戈尔和叔本华是传统的反叛者，又是新思潮的开启者，具有承上启下的地位，这也

① Kierkegaard, *Journals and Papers*, Vol. 4, p. 31.

决定了他们不可能完全与后来的哲学合拍，最多只能说他们在沿着这一方向探索。

我们把精神概念作为读解克尔凯戈尔哲学的钥匙，实际上是对这一哲学的这种承上启下地位的把握。精神是一个比较具有歧义的概念。黑格尔的精神概念已经给我们留下了某种阴影，使我们难以理喻克尔凯戈尔的精神概念。实际上，在后者那里，这一概念包含着革命性的转变。这是因为，和叔本华的意志概念一样，这一概念主要是指个体的非理性的实存情感。由激情取代理性，由实存取代思辨，精神概念发生了质变，标志着后期现代哲学与早期现代哲学乃至整个传统哲学的决裂。因此，一个保守的概念包含了革命性的内蕴。这当然是由精神概念本身的包容性造成的。同时应该注意的是，作为一个基督教哲学家，克尔凯戈尔的精神概念既包含了人性的含义，又包含了神性的含义，它因此既对实存主义又对新正统神学产生了影响。当然，这一精神概念的人性方面的含义较之其神性方面的含义更具颠覆性，而其中的个体主观性 / 主体性或实存主观性 / 主体性思想尤其确立了他在后期现代哲学乃至整个哲学史中的地位。如果说从主观性 / 主体性、内向性、实存性角度界定精神概念，表明了克尔凯戈尔哲学具有的承上启下的意义，那么关于精神发展的探讨才真正揭示了这一哲学的自身价值。

主观精神的界定只不过是一个宣言，而个体精神如何发展则需要实质性的、建设性的理论探讨。一般而言，在既往的研究中，人们更多地看到了精神概念在美感生活领域、伦理生活领域和宗教生活领域三大主要领域的非此即彼的跳跃，而较少探讨精神概念的发展演变及其包含的连续性。这也反映出人们对他的理论建树的忽视。作为一个基督教思想家和哲学家，克尔凯戈尔主要探讨的是个体的人格和精神的发展。这种发展分为人性和神性两个大的阶段，而它们又可以细分为不同的小阶段。从总体上看，精神的发展是与内向性的发展平行的，也就是说，精神的发展表现为个体的内向性的不断增强。的确，克尔凯戈尔本人曾经指出："对于实存的一切解释都是与个体对内向性的辩证理解之程度平行的。"① 因此，内向性成为衡量精神发展的一种尺度。综观克尔凯戈尔哲学，其精神发展经历了如下几个阶段：感性直接性→否定精神（焦虑、绝望、反讽）→伦理→幽默→内在的宗教→超越的宗教。

如果个体是向外寻求的，也就是说，如果他追求外在的东西并以之为目的，他就处在美感直接性中而不具有精神品格。美感领域中之所以没有精神，恰恰因为个体不是内向地寻求，而是外向地寻求，从而没有内向性热情，没有自我的理想目标。个体追求的只是欲望的满足，美感生活的根本原则是享乐－沉沦，这表现为没有精神冲突和实存悲情的自我肯定。在美感生活中，个体与感性对象是没有分离的，个体作为欲望的器官与欲望的对象处于直接的同一中。在此，精神失落了，或者说精神处于直接性中。但是，感性生活必然伴随着厌烦、忧郁、不幸、客观的焦虑与绝望等情绪，这意味着个体对感性生活的一些具体对象和方式产生了疑问。从根本的意义上说，这种怀疑不具有颠覆性，个体不断欲求其他对象，不断寻找新的方式以作替代。

① Kierkegaard, *Concluding Unscientific Postscript*, p. 506.

然而，如果这种怀疑没有尽头，最终会导致个体对美感生活方式本身产生怀疑，从而是对自己人格的怀疑，他怀疑并因此认识到应该走出美感生活领域。然而个体处于某种软弱状态，他既不敢向前，也不愿退后，处于一种两难境地。显然，个体由感性直接性的抽象肯定，走向了抽象否定，这就是否定精神的状况。焦虑和绝望两种否定精神具有的是消极性和被动性。但它们冲破了感性的充实性和直接性，因此为精神的发展提供了可能。

反讽是对美感生活的超越，它同时也超越了否定精神的被动性。否定精神不作决断，不发表意见；反讽则以戏谑的方式对待美感生活。个体嘲弄美感生活，但他并没有找到根基，他还没拥有伦理的实在。实际上，他看到了伦理目标，但他没能实现它，而是让它与日常生活平行，从而展示了美感生活的矛盾，也就是说，“反讽产生于把有限的特殊性和无限的伦理要求持久地并置,因而允许矛盾存在”[①]。反讽者不具有积极的态度，他只是讽刺地对待一切，并以说反话的方式把内向性的秘密展现出来。克尔凯戈尔在区别反讽和伦理时说：“反讽是伦理和文化的综合，伦理无限内向性地强调与伦理要求相关的个体人格，文化则是无限外向地与人格自我分离。”[②]个体有了上进的要求，却又未能完全摆脱感性直接性，因此，伦理的要求和感性直接性的满足反讽地结合在一起。这就表明，个体具有了一定程度的内向性，但他却要把它表露出来，而这恰恰是反讽之所在。

① Kierkegaard, *Concluding Unscientific Postscript*, p. 448.

② Kierkegaard, *Concluding Unscientific Postscript*, p. 119.

无论如何，反讽意味着个体具有了某种程度的精神。克尔凯戈尔十分看重苏格拉底式反讽的意义，认为他是伦理的潜行者。在伦理的潜行者那里，“反讽乃是在内心中永远强调自我的伦理热情与现象中不断抽离自我的善的教养两者的结合”[①]。

自我的伦理热情体现的是完全的内向性原则、主体性原则，善的教养则体现为完全的客观性原则。前者要求自主性、活动性、创造性，后者要求的是服从、被动性、被灌输。反讽介于两者之间：反讽者因其将内向性和外在原则并置而不完全是受动的，但他并不要求完全的自主性，他对主体性原则和客观性原则两者都同样持消极的态度，从而获得某种消极的自由。克尔凯戈尔这样表示：“当我接下来探讨主体时，我又在一切形式的反讽中有一个规定，即主体是消极地自由的。”[②]反讽实际上也可以表现为以严肃的态度对待不严肃的事物，或者以不严肃的态度对待严肃的事物。在此，事物的本质或者说本来面目被掩盖起来了，直接通达有了困难。而反讽意味着，一个事实“可以被理解，却不能被直接理解”[③]。换言之，在反讽中，语言遮掩了本质，从而使接受者摆脱了被动性，他必须有自己的主观性，在一定程度上，他能够自由地对待被沟通的东西。

伦理要求个体必须内向性地生活，他因此不应当将内在活动外在化，“使他成为伦理人格的是这样一种精神运动，通过它，他使自己的外在生活内向性地与伦理的无限要求并列，而这是

① Kierkegaard, *The Diary of Soren Kierkegaard,* p. 120.

② Kierkegaard, *The Concept of Irony*, p. 264.

③ Kierkegaard, *The Concept of Irony*, p. 265.

某种非直接性的事情”[①]。反讽尽管没有完全摆脱感性直接性，但它把矛头对准这种直接性，因此它可以成为伦理的某种表达方式。伦理个体如果外在地表达自己的伦理理想，就会处于不真诚的境地，为了避免这种情形，个体让自己与世界表现为一种反讽关系。在这种关系中，他把一切其他的东西都看作是无关紧要的，通过对这些东西的反讽而避免伦理热情本身受到反讽。反讽既承认伦理的要求，又与感性直接性有染，因此它还不是积极的精神，伦理取代反讽，才有精神的真正发展。伦理表现为什么样的精神处境呢？一般而言，伦理表现为一种自我肯定，这是精神第一次以积极的姿态出现，在此个体的根本原则是奋斗－胜利。个体处于内向性的自我肯定中，从自己出发设定自我理想，他只是在纯粹人性的目标中努力，而没有意识到需要神之助。克尔凯戈尔表示，苏格拉底没有真正的理想，既没有罪的概念，也没有人的救赎需要一个被钉在十字架上的神的概念，正因为如此，反讽对于他来说还有重要意义；但对于一个基督徒而言，反讽是不够的，尽管它在基督教界曾一度被用来唤醒人们，反讽永远无法触及“救赎意味着神被钉在十字架上”这一可怕的事实。[②]

克尔凯戈尔还看到了幽默在个体精神成长中扮演的角色。它介于伦理和宗教之间，是一种超越于伦理却又未达到宗教水平的实存情感。他是这样区别幽默者和宗教个体的：“幽默者不断把神的观念和其他东西并置，并引起矛盾，但他并不在严格

---

① Kierkegaard, *Concluding Unscientific Postscript*, p. 464.

② Kierkegaard, *Journals and Papers*, Vol. 4, pp. 213-214.

意义上以宗教热情保持与神的关系，相反，他使自己转换成一种戏谑然而却深刻的交流场所。”“宗教个体也把神的观念与其他东西并置并看到了矛盾，但他在其意识的最深处与神关联。”[1]幽默者发现了神的观念与日常生活之间的矛盾，因此认识到了通常的基督教观念是可笑的，但他并不因此转向对神的信仰，而是对非真实的基督教保持一种幽默的姿态。宗教个体则相反，他发现了本真的宗教观念与世俗观念的矛盾，于是转向内向性，并把永福作为自身目标，从而与外界断绝了联系，做一个世上的陌生人。幽默因其看到了宗教与世俗的矛盾，可以作为宗教的潜行者。作为宗教个体，人是完全内向性地实存的，但他并没有离开这个世界，他的内向性努力因此会受到阻碍，于是他起用幽默，以防止客观化倾向破坏掉内向性的努力。克尔凯戈尔这样表示：宗教个体“的确发现了矛盾，恰恰因为他没有成功地回到内向性，幽默成了他的潜行者，成了他内向生活的标指”[2]。

个体在幽默中具有一定程度的内向性，但他仍然具有表达的愿望。在幽默中，个体的服从、受难、罪过感都被轻松的气氛取代了。幽默者看到了矛盾和痛苦的根源，但他并不因此接受痛苦，幽默的个体尚未完全扎根于实存中。如果个体自己努力地放弃所有的外在的东西，并且意识到不可能单靠自己的力量建立起自我理想，也即如果他意识到需要神的帮助，就应当放弃人性的自我，放弃人性的努力，以永福意识来转换自己的

---

① Kierkegaard, *Concluding Unscientific Postscript*, p. 451.

② Kierkegaard, *Concluding Unscientific Postscript*, p. 454.

实存，并因此接受宗教的洗礼，这是内在的宗教的情况。在此，个体在自身范围内意识到了内向性的张力，但没有意识到超越本身的辩证本性。最高的实存方式表现为神性与人性、超越与内在的决裂。在此，个体应当放弃一切人性的努力，他与旧的实存方式的一切关联都要被截断，他要被带到实存的最边缘：作为一个罪人。在内心深处，他的罪意识与信仰的冲突异常剧烈，而对象的辩证本性使内心冲突更甚，因此而有“尖锐化”的实存悲情。在这种情绪中，实存性与内向性处于极端的紧张中，“决裂使内向性成为最大可能”，“这种悖理的内向性是最大的可能性”。[①] 个体精神正是在悖理的宗教中达到了顶峰。

克尔凯戈尔无疑主要致力于为我们指出一条通向天国之路，这是精神成长的道路，后世哲学家所发挥的仅仅是这一精神旅程的某些阶段。实存性、情感性、个体性和宗教性的结合是其精神概念的基本内蕴，其中每一含义都被发挥到了极致。据此，我们可以说他是一个主观观念主义者、非理性主义者、极端个人主义者、信仰主义者。这并不是要给他扣帽子，这是他本人乐于接受的，也是他作为一个“主观思想家”的真诚之所在。我们就这样伴随克尔凯戈尔哲学漫游了精神世界。尽管我们没有神的观念，没有宗教虔诚，但我们还是受到了这一成为精神之旅的某种触动。每个人都拥有自己心中的太阳，在后现代思潮产生广泛影响的时代，西方世界文化形态多元和生活方式多样的并存愈来愈明显，我们在这里无意对各种生活方式

---

① Kierkegaard, *Concluding Unscientific Postscript*, p. 507.

逐一进行评判。作为一个中国学者，我们绝不可能走信仰之路，我们要找寻的是另一种精神。克尔凯戈尔的精神之旅，在一定意义上具有启示意义。因此，我们应该感谢哥本哈根的这位孤独的哲人。

参考书目

Allen, *Three Outsiders: Pascal, Kierkegaard, Simone Weil*, Cowley Publication, 1988.

Chroust, *Socrates, Man and Myth*, University of Notre Dame Press, 1957.

Collins, *The Mind of Kierkegaard,* Princeton University Press, 1983.

Derrida, *Dissemination*, Chicago University Press, 1981.

Derrida, *Margins of Philosophy*, Chicago University Press, 1982.

Elrod, *Being and Existence in Kierkegaard's Pseudonymous Writings*, Princeton University Press, 1975.

Hanney, *Kierkegaard*, Routledge-Kegan Paul Press，1982.

Heidegger, *The History of the Concept of Time*, Indianna University Press, 1985.

Jaspers, *Philosophy*, Vol. 1, University of Chicago Press, 1969.

Jaspers, *Reason and Existence*, Routledge-Kegan Paul,1956.

Klemke, *Studies in the Philosophy of Kierkegaard*, Martinus Nijhoff The Hague, 1976.

Kierkegaard, *Attack upon Christendom*, Princeton University Press, 1968.

Kierkegaard, *Christian Discourse etc.*, Princeton University Press, 1974.

Kierkegaard, *Concluding Unscientific Postscript*, Princeton University Press, 1968.

Kierkegaard, *Diary of Soren Kierkegaard,* Citadel Press, 1960.

Kierkegaard, *Either/Or*, Vol. 1, Princeton University Press, 1971.

Kierkegaard, *Either/Or*, Vol. 2, Princeton University Press, 1971.

Kierkegaard, *Fear and Trembling; Repetition*, Princeton University Press, 1983.

Kierkegaard, *Journals and Papers*, Vol. 1, Indiana University Press, 1967.

Kierkegaard, *Journals and Papers*, Vol. 2, Indiana University Press, 1970.

Kierkegaard, *Journals and Papers*, Vol. 3, Indiana University Press, 1973.

Kierkegaard, *Journals and Papers*, Vol. 4, Indiana University Press, 1975.

Kierkegaard, *Journals and Papers*, Vol. 7, Indiana University Press, 1978.

Kierkegaard, *Philosophical Fragment*, Princeton University Press, 1985.

Kierkegaard, *Self-examination and Judge for Yourself, The Unchangeableness of God*, Princeton University Press,1970.

Kierkegaard, *Stages on Life's Way*, Schochen Books, 1967.

Kierkegaard, *The Concept of Anxiety*, Princeton University Press, 1980.

Kierkegaard, *The Concept of Irony*, Indianna University Press, 1968.

Kierkegaard, *The Corsair Affair etc.,* Princeton University Press, 1982.

Kierkegaard, *The Point of View for My Work as an Author*, Harper & Row, Publishers, 1962.

Kierkegaard, *The Sickness unto Death*, Princeton University Press, 1980.

Kierkegaard, *Training in Christianity*, Princeton University Press, 1972.

Kierkegaard, *Two Ages: A Literary review*, Princeton University Press, 1978.

Michelfelder and Palmer (ed.), *Dialogue and Deconstruction*, State University of New York Press, 1989.

Nietzsche, *The Will to Power*, Gordon Press, 1974.

Tulstrup, *Commentary on Kierkegaard's Concluding Unscientific Postscript*, Princeton University Press, 1984.

艾耶尔:《维特根斯坦》，中国社会科学出版社，1989。

柏拉图 :《柏拉图五大对话集》，上海国立编译局，1934。

柏拉图:《柏拉图对话集六种》，上海商务印书馆，1933。

柏拉图:《苏格拉底的最后日子》，上海三联书店，1988。

柏拉图:《泰阿泰德——智术之师》，商务印书馆，1963。

陈村富:《古希腊名著精要》，浙江人民出版社，1989。

陈麟书:《宗教学原理》，四川大学出版社，1986。

戴文麟主编:《现代西方本体论研究》，浙江人民出版社，1993。

范明生:《柏拉图评传》，上海人民出版社，1984。

伽达默尔:《科学时代的理性》，国际文化出版公司，1988。

海德格尔:《存在与时间》，生活 · 读书 · 新知三联书店，1987。

黑格尔:《精神现象学》，商务印书馆，1983。

黑格尔:《小逻辑》，商务印书馆，1982。

黑格尔:《哲学史讲演录》，第二卷，商务印书馆，1960。

胡塞尔:《欧洲科学危机与超验现象学》，上海译文出版社，1988。

华尔:《存在哲学》，生活 · 读书 · 新知三联书店，1987。

康德:《纯粹理性批判》，商务印书馆，1960。

康德:《道德形而上学探本》，商务印书馆，1957。

卢卡奇:《理性的毁灭》，山东人民出版社，1988。

吕大吉:《宗教学通论》，中国社会科学出版社，1989。

苗力田:《古希腊哲学》，中国人民大学出版社，1989。

尼采:《查拉斯图拉如是说》，文化艺术出版社，1987。

尼采:《尼采美学文选》，生活 · 读书 · 新知三联书店，1986。

帕斯卡尔:《思想录》，商务印书馆，1985。

祁克果:《祁克果日记》，台湾水牛出版社，1973。

汝信:《克尔凯戈尔》,《西方著名哲学家评传》第八卷，山东人民出版社，1985。

萨特:《存在与虚无》，生活 · 读书 · 新知三联书店，1987。

色诺芬:《回忆苏格拉底》，商务印书馆，1984。

司退斯:《黑格尔哲学》，中国社会科学出版社，1989。

维特根斯坦:《逻辑哲学论》，商务印书馆，1985。

亚里士多德:《范畴篇 · 解释篇》，商务印书馆，1957。

杨大春:《解构理论》，台湾扬智文化公司，1994。

叶秀山:《苏格拉底及其哲学思想》，人民出版社，1986。

尹大贻:《基督教哲学》，四川人民出版社，1987。

后记

克尔凯戈尔毕竟属于过去了的时代，我的研究反映的也只是我的一段时间的心境。我现在转向了后现代主义哲学研究，但依然对他有些着迷。我常想，在不久的将来，我或许会以某种解构的眼光重新审视这位古怪的哲人，并因此使自己也从先前的沉重的精神中解脱出来。

这部书稿是由我的博士论文修改而成的。在付梓出版之际，我首先应当感谢夏基松先生和戴文麟先生的悉心指导。在写作中，本书的主要资料来自戴文麟先生和南京大学图书馆，我为此表示真诚的感谢。

中国社会科学院的涂纪亮先生、贾泽林先生、傅乐安先生，南京大学的戴文麟先生，复旦大学的尹大贻先生、陈京璇女士，南开大学的王元明先生，南京师范大学的刘恩久先生，辽宁大学的陶银骠先生作为论文评审或评议人，提出了许多宝贵意见。涂纪亮先生、戴文麟先生、尹大贻先生、陈村富先生、马志政先生、庞学铨先生、夏基松先生作为答辩委员会成员提出了许多批评性的和建设性的意见。在此之际，我对上述各位先生表示衷心感谢。

这部著作得以出版，获得了“杭州大学董氏文史哲研究奖励基金”的资助，得到了中国社会科学院涂纪亮先生、人民出版社副社长田士章先生和责任编辑陈亚明女士的多方面帮助。在学术著作出版十分困难的情况下，本书能够出版，我无法用言词表达我对所获帮助的谢意。

杨大春

1994 年 10 月于西子湖畔

修订本后记

这部论著系作者于 1992 年提交答辩并获得通过的博士论文，原名为《索伦·克尔凯戈尔的精神概念》。我于 1987 年 6 月在四川大学哲学系获得哲学学士学位，随后于 9 月份进入南京大学哲学系攻读现代西方哲学硕士学位，并于两年后提前攻读外国哲学博士学位，导师为夏基松教授，副导师为戴文麟教授。由于导师夏基松先生工作调动，我和同届同学孙周兴兄于 1991 年初转入杭州大学哲学系继续学业。我原本希望能够在南京大学毕业，故提前一年半完成了学位论文。很遗憾的是，校方没有同意我的相关申请，我因此在南京大学就读三年半，最终却未能获得一纸文凭或证书。这部在我 25 岁左右基本定稿的著作显然有诸多缺陷：一是心智不成熟、专业训练不充分；二是因为赶时间，完成得比较仓促；三是当时还没有克尔凯戈尔中译原著出版、甚至找不到任何相关中文研究专著，能够获得的英文原著和研究资料也非常有限。

进入杭州大学之后，我把主要精力转向了法国哲学研究，也因此没有花费精力和时间作进一步完善。虽然在出版时作了一定的修订，但主要局限于按出版社的要求进行一些规范性处理，也在个别地方稍微表露出了某种后现代心态。1995 年前后的学术界远没有如今这么“繁荣”，著作出版非常困难。幸赖杭州大学董氏文史哲研究奖励基金提供了一万元的资助，加上中国社会科学院涂纪亮先生的大力推荐，拙著得以在人民出版社出版，并且在一年后收入东方出版社“哥伦布丛书”再版。我当时按出版社的要求，对书稿进行了必要的压缩。为了把字数控制在 20 万以内，我甚至没有列出参考书目，尤其是把“精神沟通论”一章作为一节整合到了“主观精神论”中。由于已经于 1992 年修改为论文“反讽与间接沟通——克尔凯戈尔对苏格拉底问题的消极解决”投稿，该章第一节完全被排除在著作之外了。

修订本没有提供任何新的参考材料，也没有补充任何新的论题、新的论证或新的思路。除增补上原博士论文所列参考书目外，主要作了一些技术性的工作，尽可能在原有材料和文本基础上把论证和思路表述得更简洁和顺畅一些。为此，在整体框架不变的情况下，作者重新调整了章节或段落关系，适度更新了某些章节的标题，重新处理了注释格式，核对了相关引文出处，同时增补了部分引文。克尔凯戈尔研究虽然算不上热点，但也吸引了不少重要学者和广大读者的关注。中国社会科学院哲学所王齐研究员和丹麦华人学者京不特在研究和翻译方面尤其作出了突出贡献。由于时间和精力所限，参考书目均保持为原有版本，没有参考相应的新版本，更没有参考学界新的著译成果。从商务印书馆关群德编审处了解到，克尔凯戈尔的相关译著在国内的发行量还是相当不错的。虽然我在这方面没有任何著译计划，但对我曾经感兴趣的研究对象获得重视，还是倍感欣慰的。修订出版拙著并不是为了凑热闹，而是重温自己比较幼稚的学术起点。自 1992 年 6 月毕业留校并从事教学科研工作开始，我主要的研究方向是法国哲学，但始终在现当代哲学的观念主义、精神主义和物质主义的演进进程中进行相关哲学问题的思考。虽然最初没有意识到这一点，但“克尔凯戈尔的精神概念”显然处在“精神主义”的范畴之内。

在 30 多年的学术生涯中，我一共出版学术专著和小册子 15 本，发表论文 90 余篇，此外还为其他学者主编的著作撰写过一些章节。我已经对自己在法国哲学研究方面的成果进行修订，整理汇编为十一卷，其中“杨大春法国思想文化研究系列”十卷本将于近期在北京师范大学出版社出版，另有一卷受版权限制，暂时不在此次出版之列。剩下还有两部著作，它们不属于法国哲学研究范畴，其中一部同时受版权限制，暂时不能修订出版；而《沉沦与拯救——克尔凯戈尔精神哲学研究》是唯一不受版权限制却无法纳入“系列”出版的著作。崇文书局黄显深先生邀约将拙著《感性的诗学——梅洛-庞蒂与法国哲学主流》纳入“崇文学术文库”出版，因该书已经纳入前述“系列”而错失机会。感谢黄先生接受我的建议，将《沉沦与拯救》列入崇文书局的出版计划。在修订本出版之际，我要再次感谢初版中提到的各位老师提出的建设性的和批评性的建议或意见，怀念和感恩已经仙逝的夏基松先生、涂纪亮先生、傅乐安先生、尹大贻先生、刘恩久先生对我的厚爱和栽培。不像如今普遍实行匿名评审，在我们“攻博”的那个时代，还能够把评审意见与评审专家对应起来，同时也有机会向他们当面请教。非常可惜的是，由于当时电脑的使用还不普及，评审意见都是手写的，而我却没有想办法复制并留下这些宝贵的意见。

杨大春

2024 年 9 月 10 日于杭州三墩

崇文学术文库·西方哲学

01. 靳希平 吴增定：十九世纪德国非主流哲学——现象学史前史札记
02. 倪梁康 现象学的始基：胡塞尔《逻辑研究》释要（内外编）
03. 陈荣华 海德格尔《存有与时间》阐释
04. 张尧均 隐喻的身体：梅洛－庞蒂身体现象学研究（修订版）
05. 龚卓军 身体部署：梅洛－庞蒂与现象学之后
06. 游淙祺 胡塞尔的现象学心理学
07. 刘国英 法国现象学的踪迹：从萨特到德里达[待出]
08. 方红庆 先验论证研究
09. 倪梁康 现象学的拓展：胡塞尔《意识结构研究》述记
10. 杨大春 沉沦与拯救：克尔凯戈尔精神哲学研究
11. 刘胜利 身体、空间与科学——梅洛－庞蒂的空间现象学研究（增订版）[待出]

崇文学术文库·中国哲学

01. 马积高 荀学源流
02. 康中乾 魏晋玄学史
03. 蔡仲德 《礼记·乐记》《声无哀乐论》注译与研究
04. 冯耀明 “超越内在”的迷思：从分析哲学观点看当代新儒学
05. 白 奚 稷下学研究：中国古代的思想自由与百家争鸣
06. 马积高 宋明理学与文学
07. 陈志强 晚明王学原恶论
08. 郑家栋 现代新儒学概论（修订版）[待出]
09. 张 觉 韩非子考论
10. 佐藤将之 参于天地之治：荀子礼治政治思想的起源与构造
11. 任剑涛 伦理政治研究：从早期儒学视角的理论透视[待出]
12. 栾调甫 墨子研究论文集[待出]
13. 容肇祖 明代思想史

崇文学术·逻辑

1.1 章士钊：逻辑指要　1.2 金岳霖：逻辑
1.3 傅汎际 译义，李之藻 达辞：名理探
1.4 穆 勒 著，严复 译：穆勒名学　1.5 耶方斯 著，王国维 译：辨学
1.6 亚里士多德 著：工具论（五篇 英文）
2.1 刘培育：中国名辩学　2.2 胡 适：先秦名学史（英文）
2.3 梁启超：墨经校释　2.4 陈 柱：公孙龙子集解
2.5 栾调甫：墨辩讨论　2.6 谭戒甫：墨经易解
3.1 窥基、神泰：因明入正理论疏 因明正理门论述记（金陵本）
3.2 王恩洋、周叔迦：因明入正理论释（二种）

西方哲学经典影印

01. 第尔斯（Diels）、克兰茨（Kranz）：前苏格拉底哲学家残篇（希德）
02. 弗里曼（Freeman）英译：前苏格拉底哲学家残篇
03. 柏奈特（Burnet）：早期希腊哲学（英文）
04. 策勒（Zeller）：古希腊哲学史纲（德文）
05. 柏拉图：游叙弗伦 申辩 克力同 斐多（希英），福勒（Fowler）英译
06. 柏拉图：理想国（希英），肖里（Shorey）英译
07. 亚里士多德：形而上学，罗斯（Ross）英译
08. 亚里士多德：尼各马可伦理学，罗斯（Ross）英译
09. 笛卡尔：第一哲学沉思集（法文），Adam et Tannery 编
10. 康德：纯粹理性批判（德文迈纳版），Schmidt 编
11. 康德：实践理性批判（德文迈纳版），Vorländer 编
12. 康德：判断力批判（德文迈纳版），Vorländer 编
13. 黑格尔：精神现象学（德文迈纳版），Hoffmeister 编
14. 黑格尔：哲学全书纲要（德文迈纳版），Lasson 编
15. 康德：纯粹理性批判，斯密（Smith）英译
16. 弗雷格：算术基础（德英），奥斯汀（Austin）英译
17. 罗素：数理哲学导论（英文）
18. 维特根斯坦：逻辑哲学论（德英），奥格登（Ogden）英译
19. 胡塞尔：纯粹现象学通论（德文1922年版）
20. 罗素：西方哲学史（英文）
21. 休谟：人性论（英文），Selby-Bigge 编
22. 康德：纯粹理性批判（德文科学院版）
23. 康德：实践理性批判 判断力批判（德文科学院版）
24. 梅洛－庞蒂：知觉现象学（法文）

西方科学经典影印

1. 欧几里得：几何原本，希思（Heath）英译
2. 阿基米德全集，希思（Heath）英译
3. 阿波罗尼奥斯：圆锥曲线论，希思（Heath）英译
4. 牛顿：自然哲学的数学原理，莫特（Motte）、卡加里（Cajori）英译
5. 爱因斯坦：狭义与广义相对论浅说（德英），罗森（Lawson）英译
6. 希尔伯特：几何基础 数学问题（德英），汤森德（Townsend）、纽苏（Newson）英译
7. 克莱因（Klein）：高观点下的初等数学：算术 代数 分析 几何，赫德里克（Hedrick）、诺布尔（Noble）英译

西方人文经典影印

01. 拉尔修：名哲言行录（希英对照）[待出]
02. 弗里曼（Freeman）英译：前苏格拉底哲学家残篇
03. 卢克莱修：物性论，芒罗（Munro）英译
    爱比克泰德论说集，马可·奥勒留沉思录，乔治·朗（George Long）英译
04. 西塞罗：论老年 论友谊（拉英对照）[待出]
05. 塞涅卡：道德文集（拉英对照）[待出]
06. 波爱修：哲学的慰藉（拉英对照）[待出]

07. 蒙田随笔全集，科顿（Cotton）英译
08. 培根论说文集（英文）
09. 弥尔顿散文作品（英文）
10. 帕斯卡尔：思想录，特罗特（Trotter）英译
11. 斯宾诺莎：知性改进论 伦理学，埃尔维斯（Elwes）英译
12. 贝克莱：人类知识原理 三篇对话（英文）

13. 马基亚维利：君主论，马里奥特（Marriott）英译
14. 卢梭：社会契约论（法英），柯尔（Cole）英译
15. 洛克：政府论（下篇） 论宽容（英文）
16. 密尔：论自由 功利主义（英文）
17. 潘恩：常识 人的权利（英文）
18. 汉密尔顿、杰伊、麦迪逊：联邦论（英文）[待出]
19. 亚当·斯密：道德情操论（英文）[待出]
20. 亚当·斯密：国富论（英文）

21. 荷马：伊利亚特，蒲柏（Pope）英译
22. 荷马：奥德赛，蒲柏（Pope）英译
23. 古希腊神话（英文）[待出]
24. 古希腊戏剧九种（英文）
25. 维吉尔：埃涅阿斯纪，德莱顿（Dryden）英译
26. 但丁：神曲（英文）
27. 歌德：浮士德（德文）
28. 歌德：浮士德，拉撒姆（Latham）英译
29. 尼采：查拉图斯特拉如是说（德文）
30. 尼采：查拉图斯特拉如是说，康芒（Thomas Common）英译
31. 里尔克：给青年诗人的十封信 杜伊诺哀歌 致俄耳甫斯的十四行诗（德文）
32. 加缪：西西弗神话（法英），贾斯汀·奥布莱恩（Justin O'Brien）英译
33. 荷尔德林诗集（德文）
34. 普鲁塔克：希腊罗马名人传，德莱顿（Dryden）英译

崇文学术译丛·西方哲学

01.〔英〕斯退士 著，鲍训吾 译：黑格尔哲学
02.〔英〕斯退士 著，庆泽彭 译：批评的希腊哲学史
03.〔法〕笛卡尔 著，关文运 译：哲学原理 方法论
04.〔德〕康德 著，关文运 译：实践理性批判
05.〔英〕休谟 著，周晓亮 译：人类理智研究
06.〔英〕休谟 著，周晓亮 译：道德原理研究
07.〔美〕迈克尔·哥文 著，周建漳 译：于思之际，何所发生
08.〔美〕迈克尔·哥文 著，周建漳 译：真理与存在
09.〔法〕梅洛－庞蒂 著，张尧均 译：可见者与不可见者［待出］
10.〔日〕慎改康之 著，叶晨阳 译：米歇尔·福柯：一种挣脱自我的哲学尝试

语言与文字

01.〔法〕梅耶 著，岑麒祥 译：历史语言学中的比较方法
02.〔美〕萨克斯 著，康慨 译：伟大的字母
03.〔法〕托里 著，曹莉 译：字母的科学与艺术
04.〔英〕麦克唐奈（Macdonell）：学生梵语语法
05.〔法〕迪罗塞乐（Duroiselle）：实用巴利语语法
06.〔美〕艾伦（Allen）、格里诺（Greenough）：拉丁语语法新编
07.〔英〕威廉斯（Williams）：梵英大词典
08.〔美〕刘易斯（Lewis）、肖特（Short）：拉英大词典
09.〔丹麦〕叶斯柏森（Jespersen）著：语法哲学
10.〔瑞士〕索绪尔（Saussure）著，〔美〕巴斯金（Baskin）译：普通语言学教程

中国古代哲学典籍丛刊

1.〔明〕王肯堂 证义，倪梁康、许伟 校证：成唯识论证义
2.〔唐〕杨倞 注，〔日〕久保爱 增注，张觉 校正：荀子增注
3.〔清〕郭庆藩 撰，黄钊 著：清本《庄子》校训析
4. 张纯一 著：墨子集解

唯识学丛书（26种）

禅解儒道丛书（9种）

徐梵澄著译选集（6种）

其他

〔英〕修中诚（Hughes）译：古典时代的中国哲学（英文）
〔英〕策纳（Zaehner）译：印度圣典（吠陀 奥义书 薄伽梵歌，英文）
谢 观：中国医学源流论